珍藏本
纪念版

汉译世界学术名著丛书

就业、利息和货币通论

（重译本）

〔英〕约翰·梅纳德·凯恩斯 著

高鸿业 译

商务印书馆
SINCE 1897 The Commercial Press

2017年·北京

John Maynard Keynes
THE GENERAL THEORY OF EMPLOYMENT, INTEREST AND MONEY
Macmillan and Co., Limited
London, 1936
本书根据英国麦克米伦图书公司 1936 年版译出

本书为国家教委社会科学博士点研究项目
（翻译和评注外国经济著作）

汉译世界学术名著丛书
（120年纪念版·珍藏本）
出版说明

2017年2月11日，商务印书馆迎来120岁的生日。120年前，商务印书馆前贤怀揣文化救国的理想，抱持“昌明教育，开启民智”的使命，立足本土，放眼寰宇，以出版为津梁，沟通中西，为中国、为世界提供最富智慧的思想文化成果。无论世事白云苍狗，潮流左右激荡，甚至战火硝烟弥漫，始终践行学术报国之志，无改初心。

逐译世界各国学术名著，即其一端。早在20世纪初年便出版《原富》《天演论》等影响至今的代表性著作，1950年代后更致力于外国哲学和社会科学经典的译介，及至1980年代，辑为“汉译世界学术名著丛书”，汇涓为流，蔚为大观。丛书自1981年开始出版，历时三十余年，迄今已推出七百种，是我国现代出版史上规模最大、最为重要的学术翻译工程。

丛书所选之书，立场观点不囿于一派，学科领域不限于一门，皆为文明开启以来，各时代、各国家、各民族的思想与文化精粹，代表着人类已经到达过的精神境界。丛书系统译介世界学术经典，引领时代思想，为本土原创学术的发展提供丰富的文化滋养，为推动中国现代学术和现代化进程做出了突出的贡献。

为纪念商务印书馆成立120周年，我们整体推出“汉译世界学术名著丛书”120年纪念版的珍藏本，寄望既利于文化积累，又便于研读查考，同时向长期支持丛书出版的译者、编者和读者致以敬意。

两甲子后的今天，商务印书馆又站在了一个新的历史时间节点上。我们不仅要铭记先辈的身影和足迹，更须让我们的步伐充满新的时代精神。这是商务人代代相传的事业，更是与国家和民族的命运始终紧密相连的事业。我们责无旁贷，必须做好我们这代人的传承与创造，让我们的努力和成果不仅凝聚成民族文化的记忆，还能成为后来人可以接续的事业。唯此，才能不负前贤，无愧来者。

商务印书馆编辑部

2017年10月

译者导读

本书的作者是英国经济学家，约翰·梅纳德·凯恩斯(1883～1946年)。

凯恩斯，英国人，毕业于剑桥大学并在该校执教。1906年通过英国文官考试，进入英国统治印度的机关；1913～1914年间，为印度通货和财政皇家委员会的成员；第一次世界大战期间，在英国财政部工作，战后充任该部的巴黎和会代表，嗣后成为财政大臣顾问团顾问和苏格兰银行董事。由于他对英国的贡献，他在1942年被晋封为勋爵。1944年，他率领英国代表团，参加在布雷顿森林举行的国际货币会议，参与规划和创立了目前仍然存在的国际货币基金和世界银行。1945年，他以英国代表团团长的身份，参加英美贷款谈判，获得巨额美国贷款，用于恢复英国战后的经济。除了政治方面的活动以外，凯恩斯也经营私人企业。他是国民互助人寿保险公司董事长和一家投资公司的负责人并从事金融投机事业。此外，他创建了剑桥艺术剧院，还在数年中担任目前仍继续出版的西方经济学权威杂志之一，《经济学杂志》的主编。凯恩斯的遗产约为50万英镑，大致相当于目前的1000万美元，成为有史以来最富有的西方经济学家之一。

凯恩斯的著作包括十余本书籍和大量的文章，其中本书被公认为是20世纪最重要的西方经济学著作。自从本书于1936年出版以来,凯恩斯主义成为西方世界通用的名词,而由于本书,凯恩斯不但被认为是本世纪最重要的西方经济学家,而且还被置身于具有历史里程碑意义的西方经济学家的行列,能与亚当·斯密相提并论。例如,英国的《泰晤士报》为凯恩斯撰写的讣告说:"要想找出一位在影响上能与之相比的经济学家,我们必须上溯到亚当·斯密"。[①] 有的西方学者甚至把本书对世界的重要性和达尔文的《物种起源》和马克思的《资本论》等同齐观。美国著名教授哈里斯于1953年写道:"也许我们要稍早一点宣称:《通论》(指本书,下同——引者)和达尔文的《物种起源》以及马克思的《资本论》一起构成过去一百年中出现的最重要的著作"。[②] 另一位西方学者说:"如果凯恩斯能和马克思、达尔文、弗洛伊德和爱因斯坦都属于最宏伟层次的创新性的思想家,从而导致现代思想革命的话,那是由于他在《就业、利息和货币通论》中的对经济学的贡献,其中包括对经济科学和对政策指导的贡献"。[③]

除了其重要性以外,本书也被公认为是一本难于被看懂的著作,特别对初学者来说,更是如此。曾获诺贝尔经济学奖的萨缪尔森承认,他在开始阅读时看不懂《通论》,并且接着说:"根据我个人记忆犹新的回想,我敢断言,而我并不算泄露什么秘密,如果我宣称:在该书出版后的约一年到一年半期间,在麻省剑桥(即美国哈

① 《泰晤士报》,1946年4月22日。

② 哈里斯,"凯恩斯导读前言",载汉森,《凯恩斯导读》,麦格劳-希尔公司,纽约,1953年,第9页。

③ 明斯基,《约翰·梅纳德·凯恩斯》,麦克米伦公司,伦敦,1975年,第1页。

佛大学、麻省理工学院等名牌院校所在地——引者)没有任何其他人真正知道该书的内容是什么”。[①]

虽然介绍、批评、论述、攻击、保卫和发展凯恩斯的经济思想和凯恩斯主义的著作为数众多,以千百种计,其数量在目前仍在继续增加,但是,据译者所知,专门从事解释《通论》的著作却只有一本,即凯恩斯在美国的著名追随者,汉森教授的《凯恩斯导读》[②]。即使这本《导读》也并没有对《通论》中的大多数的公式以及某些晦涩之处加以推导和说明。

有鉴于此,为了使初学者易于阅读和理解本书并在理解的基础上能对它作出比较确切的评价,以便达到“去芜存菁、洋为中用”的目的,译者承担了本书重译的任务,因为本书早已由徐毓枬先生译成出版,由于徐的译文采用的是当时的半文言、半白话的风格,而这种风格会给现在的读者造成阅读困难。除了翻译本书以外,还写了这篇分量较大的“译者导读”并在本书的有关部分添增了一定数量的“译者注”。[③] “译者导读”企图对本书作出较全面的说明,而“译者注”的目的则在于对书中的晦涩难懂之处加以解释,并推导出凯恩斯在本书原注中没有明确推导出的一些公式。通过这两种做法,译者试图表明:在翻译西方经济学的著作中,适当地对原著添增评注部分是有必要的。由于本书的重要性和下面即将论述的特点,对本书添增译注部分更有必要。即使对那些不愿意阅

① 萨缪尔森,“论《通论》”,载哈里斯编《新经济学》,诺泼出版社,纽约,1948 年,第 146 页。

② 汉森,《凯恩斯导读》,麦格劳－希尔公司,纽约,1953 年。

③ 为同原注相区别,本书译者注均用六角括号标出。

读评注部分的读者，评注也不会造成不方便之处，因为，他们完全可以略去这一部分。

本书之所以难于读懂，其原因在于它的三个特点，下面将依次对这三个特点加以说明。

（一）

传统的西方就业理论的基本内容

本书的第一个特点是：凯恩斯把《通论》出版时的西方职业经济学者作为读者对象。他在本书的原文序言中明确指出，本书“主要是为我的同行经济学者而撰写的”。[①] 就是说，他认为，读者已经具备作为西方职业经济学者已经掌握的“古典学派”理论的知识，[②]即在 20 世纪 30 年代已经存在于西方的传统的经济思想。因此，对缺乏这种知识的初学者，阅读本书会有困难。为了弥补这一点，我们首先对传统的西方经济思想加以说明。由于本书所牵涉到的主要是其有关就业理论的部分，所以限于篇幅，我们的说明也仅限于这一部分的内容。

传统西方就业理论的核心是萨伊的销售论，普遍地被西方学者称之为萨伊定律。关于这一定律的错误之处，我们将推迟到“译者导

① 见本书序。

② 凯恩斯区别“古典学派”的方法与我们所使用的不相一致。我们根据马克思的区分方法，把 1830 年作为古典学派和其后的庸俗经济学的分界线；而凯恩斯则把本书出版前一切正统的西方经济学称为古典学派。两种区分方法代表重大的理论分歧。关于这种分歧，经济学说史的著作一般都加以说明，这里不再重复。

读”的第四部分加以论述。在这里,我们仅仅对它的内容加以说明。

萨伊定律在西方具有许多不同的表达方式,其中最简单的一个是“供给创造自己的需求”;意思是说,生产者进行生产的目的(除了自己使用的部分外),是为了拿自己的产品和其他生产者进行交换,以便得到他自己所需要的东西,正像农民把多余的粮食拿到集市上来交换日用品那样。萨伊用这种事例来表明,只要社会上存在着一种供给(在这里为粮食),就会自动地存在着一种相应的需求(在这里为农民所需要的日用品);换言之,粮食的供给会创造出相应于自己的对日用品的需求。因此,按照萨伊把这一事例普遍化的说法,社会上的一切产品都能被卖掉,从而,不会出现生产过剩的现象。不仅如此,据说由于每个生产者都想享用品种最多和数量最大的各种物品,所以每个生产者都尽量制造出最大数量的产品和别人相交换。就是说,该社会不但没有生产过剩的现象,而且还能使生产达到最高的水平,即达到充分就业状态。

显然,对一个抽象的以物易物的简单商品生产的社会,萨伊定律的没有生产过剩和失业状态的结论是可能成立的。然而,就一个使用货币的高度发展的资本主义而言,上述结论是否还会有效?对于这一问题,传统的西方学者给予了“有效”的答案。为了论证这一答案,他们提出了一套说法,即:传统西方经济学的有关失业的理论。关于这一理论,本文即将加以介绍。

该理论可以说由三个部分所组成:

第一,劳动市场论。按照传统西方经济学的就业论,社会的就业量和实际工资系由对劳动的供求双方所决定。关于劳动的供求,本书第2章的译者注有较具体的说明。这里仅着重论述与目前介绍有关的供给方面。在劳动的供给方面，导致人们从事劳动的动机被认为是得到实际工资，即货币工资所能购买到的实物；而阻挠人们从事劳动的阻力是劳动的负效用，即由于劳动而带来的不舒服之处，如疲倦、精神紧张等。据说对性质相同的劳动（如一小时的木工），不同的个人具有不同的负效用；懒惰的人负效用较高，而勤奋的人负效用较低。因此，在既定的实际工资水平，凡是认为该水平的工资能补偿其劳动的负效用的人们都已经就业，只有那些嫌工资太低，不足以补偿其负效用的人才会失业。这些不愿"屈就"的人，因为他们拒绝为现行的工资而劳动，所以被西方学者称为自愿失业者。由于人们对产品的需求几乎是无穷的，所以资本家一定会把产量维持在尽可能高的水平，因之而会把雇用劳动者的数量增加到最大的限度，也就是，除了自愿失业者以外的一切人都能就业的限度。就是说，资本主义总是处于充分就业状态；处于这一状态，一切愿意从事劳动的人都会就业；只有自愿失业者或正在转换就业位置的人（即暂时性的"摩擦失业"）才会处于失业的状态。然而，据说这种少量的和暂时性的失业并不是由于资本主义本身的弊端而造成的。因为，自愿失业的原因来自劳动者嫌工资低而不愿"屈就"。对这种来自劳动者的意愿所造成的失业，其咎不在于社会，而由于转业或择职而导致的暂时性的"摩擦失业"是经济运行中的正常现象。造成这两种失业的原因既非资本主义制度也非生产过剩。因此，传统的西方学说认为，萨伊定律仍然适用于发达的资本主义社会。

第二，利息论。在萨伊定律的物物交换的例子中，人们用粮食交换日用品；这里不存在生产资料的问题。然而，在发达的资本主义社会中,整个社会必须进行投资,以便改善生产技术和补充被消耗掉的生产资料。这一事实是否会影响萨伊定律的充分就业的结论?传统西方经济学认为,没有影响;其理由来自它的利息论。

按照传统的说法,投资资金的来源是储蓄,而人们储蓄的目的是为了在将来能得到利息,以便获取更多的消费。因此,利息被认为是“节欲”(即节制现在的消费)或“等待”(即等待将来的消费)的报酬。利息率越高,报酬越大,储蓄量也越多;反之,储蓄量越少。另一方面,利息也构成投资必须为之而支付的成本;利息率越高,成本越大,投资量越小;反之,投资量越大。这样,储蓄代表投资款项的供给,投资本身代表投资款项的需求,而利息率则为使供求相等的价格,正和任何商品的价格可以使该商品的供求相等一样。就是说,通过利息率的作用,整个社会产品的没有被消费掉的部分,即储蓄,能够自动地转化成为投资。因此,即使存在着投资于生产资料的复杂情况,资本主义社会的全部产品都会被购买掉,不是被用于消费,便是被用于投资,从而,该社会不会存在生产过剩的失业现象,正如萨伊定律所宣称的那样。

第三,旧货币数量论。[①] 在上面用以说明萨伊定律的例子中,人们使用物物交换的制度。这种以物易物的制度已经不在发达的资本主义中使用,而代之以货币作为产品交换的媒介。在如此的条件下,萨伊定律的结论是否会受到影响?传统的西方经济学对这一问题的答案仍然是“没有影响”。他们用旧货币数量论对此进行解释。

① 这里用旧货币数量论的名称以便和其后的新货币数量论相区别。

按照旧货币数量论，人们之所以需要金钱(即货币)，原因仅在于金钱能够买到的物品，如投资品、消费品等。因此，“合乎理性的人”，即企图使自己的利益最大化的人，除了在手中存放一小笔现款，以便购物时的方便以外，不会持有多余的现款，因为，存放于个人手中的现款得不到利息或其他类似的收益，从而不能使自己的利益最大化。因此，如果他具有多余的现款，他会把它用之于购买股票、债券、房地产、从事工商业经营或存放于银行来收取利息；总之，把它使用掉，不是用于购买消费品，便是用于投资。就是说，货币不过是交换的润滑剂，其唯一的作用仅仅是交换媒介。除此以外，它没有任何其他功能。

既然货币只具备交换媒介的功能，而根据上述第一和第二点，资本主义总是处于产量最大的充分就业状态，那么，如果货币的数量增加，其后果不外乎使价格、工资等作同比例的上升；如果减少，则后果相反。据说由于这一原因，货币数量的增减对实际经济变量(如产量、实际工资、就业人数等)不会发生任何作用，而仅能影响这些实际变量的货币数值的大小(如产值、货币工资、就业人员的收入等)，其后果就等于把一切以货币表示的标记作出同比例的增加或减少一样。换言之，货币的引入不会影响经济的运行，从而，也不会影响上述第一和第二点论证的萨伊定律的结论。

上面的三个相互关联的论点构成传统西方经济学有关就业的理论，其目的在于证明：资本主义总是能处于充分就业的状态，而不会出现生产过剩的危机。这显然不过是萨伊定律的另一种表达方式。

在传统的西方经济学断言失业和生产过剩的危机不可能在资本主义发生的情况下，整个西方却在1929年爆发了一次空前严重的被传统的西方经济学论证为不可能出现的危机。这次危机的严重性已经成为众所周知的常识；用最简单的语言来说，它的严重性使得整个资本主义濒于覆灭的地步。直到目前，关于1929年的大危机，西方人士仍然谈虎色变，害怕它的再度到来。

面对如此严峻的经济形势，受到传统"教条"的束缚以致严格遵循萨伊定律的西方学者无法对危机作出解释，从而也就提不出有效的对策。对于这次危机，他们大体采取了两种态度。第一，认为危机是暂时的经济失调现象，从而繁荣即将到来。这种态度可以在美国当时的胡佛总统提出的口号中反映出来。他的口号是："繁荣正在街角的地方拐弯"，意思是说，它即将出现在人们面前。另一种态度表现在传统经济学在当时世界范围内的权威人物，如在英国剑桥大学继承马歇尔教授职位的庇古教授对这次危机所持有的解决办法上。他认为，危机的原因是由于工会人为地把工资规定在过高的水平，从而妨碍了市场机制发生应有的自我调节作用来恢复繁荣；因此，解决危机的办法是削减工资。在当时大量的工人处于饥饿状态之时，庇古教授居然能提出降低工资的解决办法，这至少可以证实这位传统经济学的代表人物坚信他们的就业理论的程度。

凯恩斯撰写本书的目的就在于反对传统的学者所信奉的就业理论以及由此而导致对付危机的态度。具体地说，他企图推翻传统的有关就业理论赖以组成的上述由劳动市场论、利息论和货币论组成的三个部分并且提出他治理危机的对策。从这里可以理解，为什么本书被定名为《就业、利息和货币通论》，而在本书中，削减工资成为一个反复进行争论的重要主题[①]。

必须指出，凯恩斯并没有真正推翻传统经济学的萨伊定律，而不过说明该定律仅适用于资本主义宏观经济运行的一个特殊情况。例如，西方的德鲁格教授写道："凯恩斯并没有抛弃古典学派的任何一个理论。他甚至保留了认为储蓄总是等于投资的'萨伊定律'，使该定律成为一个特殊事例"。[②] 读者在下面即将看到，由于凯恩斯认为他在本书中提出的新理论能适用于包括充分就业和小于充分就业在内的经济运行的一切情况，所以本书的标题中含有"通论"的字样。

（二）
凯恩斯理论的轮廓

本书的第二个特点是：凯恩斯对自己提出的新理论的陈述含糊不清。在本书中，凯恩斯不但企图推翻传统的劳动市场论、利息论和货币论，而且也企图在这三个方面提出自己的见解并把三者结合在一起形成一个新的理论体系。然而，对这一新理论体系，凯恩斯却陈述得不够清楚。关于这一点，萨缪尔森写道："在该书（指《通论》——引者）中，凯恩斯的理论体系没有被明确地表示出来，好像该书的作者没有认识到体系的存在以及体系的性质，而在涉

① 例如，见本书第 19 章。

② 拜耳与克里斯多尔编，《经济理论的危机》，基本书籍出版社，纽约，1981 年，第 5 页。

及该体系与过去的体系之间的关系的地方，作者的论述特别不清楚”。[①] 因此，有必要在这里提供一个凯恩斯理论的轮廓，以便使初学者易于掌握本书的内容。

在凯恩斯看来，一社会的总产量、国民收入和就业量在短期中是大致等价的概念。所谓短期，系指社会的技术水平和生产资料的数量大致保持不变的期间。由于产量具有不同的物质单位（如一架机器、两斤粮食等等），所以它只能用价值的多少表示出来，而产量的货币价值即是国民收入；国民收入除以社会的平均工资（即凯恩斯的工资单位）便成为就业量。因此，在短期中，再假设工资和价格大体不变，上述三个概念的数值会保持相同比例的变化，也就是说，三个概念中的任何一个的变化能够表示其他两个概念的相应的变化。三者等价的意思即在于此。在本书中，除了特殊情况外，三者大致被视为相类似的概念而被混同使用。为了避免不必要的纠纷，我们在这里仅使用国民收入的概念。

凯恩斯写作本书的最终理由是想提高国民收入，使它达到充分就业状态，以便解决资本主义的失业问题和生产过剩的经济危机。因此，他想首先在理论上说明国民收入是由哪些变量决定的，而在找出这些变量之后，则企图用国家的政策来控制这些变量，最终使充分就业得以实现。

凯恩斯认为，国民收入系由消费和投资两个部分组成，因此，前者数值的高低取决于后者这两个组成部分的数值的高低。然而，什么因素又决定消费和投资这两个组成部分的数值的高低？

① 萨缪尔森，“论《通论》”，第 148～149 页。

按照凯恩斯的意见，消费的数值取决于消费倾向；投资的数量则取决于资本边际效率和利息率。在这里，资本边际效率又取决于预期收益和资本资产的供给价格（或重置成本），而利息率则由货币数量和流动性偏好所决定。上述凯恩斯的理论框架可以用下图表示出来：

- 国民收入（或就业量）
  - 消费——消费倾向
  - 投资
    - 资本边际效率
      - 预期收益
      - 市场价格
    - 利息率
      - 货币数量
      - 流动性偏好

通过上图所表示的理论框架，凯恩斯对国民收入（或就业量）的决定作出解释。先从图的最上方的消费开始。消费倾向代表社会的消费量和国民收入之间的比例。例如，假使一社会的国民收入为 100 亿，如果其中的 60％被用之于消费，该社会的消费倾向为 0.60。在一般情况下，由于社会的消费量不会超过它的国民收入，所以消费倾向的数值低于 1.0。换言之，社会总是会把国民收入的一部分储蓄起来。例如，假设消费倾向等于 0.60，而充分就业的国民收入又为 100 亿，那么，被储蓄起来的部分便有 40 亿（100－100×0.6＝40）。这个被储蓄起来的部分必须由对投资品的购买加以弥补，否则，充分就业的社会所生产出来的全部产品（其价值＝100 亿）的一部分便会卖不掉，从而造成生产过剩的危机以及随之而来的失业现象。

然而，按照凯恩斯的理论，资本主义并不能保证投资的数量足以弥补在充分就业条件下被储蓄掉的部分（在我们的例子中为 40

亿);因为,根据他的上述理论体系,投资量取决于资本边际效率和利息率的相对的数值,而没有理由认为,二者的相对数值正好使投资量与储蓄量相等。因此,资本主义制度会出现危机和失业的现象。总之,凯恩斯的理论企图论证的是:资本主义制度不能保证决定储蓄量的消费倾向以及决定投资量的资本边际效率和利息率正好处于能维持充分就业时的数值,而只有在偶然的情况下,才能如此。换言之,危机和失业会在资本主义社会中经常出现,而充分就业仅仅偶然存在。

虽然本书的最终目的在于提出解决资本主义的危机和失业问题的对策或政策,然而,凯恩斯在本书中却没有对此加以系统的论述;[①]有关这一方面的内容以支离破碎的形式散见于全书之中。总的说来,凯恩斯的意思是:解决危机和失业问题的对策或政策不外乎使消费倾向、资本边际效率和利息率的数值处于能维持充分就业的状态,而要想做到这一点,必须对上图最右方的五个变量加以控制。在五个变量中,消费倾向、预期收益、供给价格和流动性偏好这四个变量系由人们的自发的市场行为所决定,从而,国家的政策很难加以控制。只有五个变量中的一个,即货币数量,能由国家的货币政策所掌握。即使如此,由于本书所提到的种种原因,控制这一变量所取得的效果不会很大。因此,国家必须直接进行投资来使社会的投资量等于充分就业条件下的储蓄量,以便解决资本主义的危机和失业问题。为了达到这一目的,凯恩斯甚至提出

① 关于解决危机和失业问题的对策或政策,凯恩斯的追随者,特别是美国的汉森教授,出版了大量的著作。

了投资社会化的主张。

以上便是本书中的凯恩斯理论体系的轮廓。正如上面已经指出的那样，凯恩斯对这一轮廓的论述是晦涩不清的。为什么如此？译者认为，原因在于：当凯恩斯撰写本书的时候，他已经具有相当大的名声。他知道，不论他的论述是否通畅明晰，人们总是会阅读他的著作。事实上，在《通论》出版以前，当那时的西方经济学者得知撰写本书的信息时，他们已经在等待本书的问世，都想先睹为快。总之，不论原因何在，由于本书的晦涩不清的特点，预先了解凯恩斯的理论轮廓会有助于读者对本书的阅读。

（三）

思路不清和故作玄虚之处

除了上述第一和第二个部分所涉及的两个特点以外，本书还具有第三个使人难于看懂的特点，即：凯恩斯有时对他在本书中所论述的问题并没有思考清楚就把他的想法表述出来，因此，他的表述也就不可能使人们完全理解。关于这一点，萨缪尔森对《通论》的书评写道：该书“具有大量的故作玄虚或令人混淆之处。”[①]在这里，译者举出两个在西方经济学界众所周知的例子。

第一个例子是凯恩斯的利息论。在本书中，凯恩斯除了建立自己的利息论以外，还在不同的地方，特别在第14章“古典学派的利息率理论”中，对传统西方经济学的利息论的错误加以抨击。他

① 萨缪尔森，“论《通论》”，第149页。

抨击的主要论点是：传统的利息论不能自圆其说。因为，按照传统的说法，对投资的需求曲线和对投资的供给曲线（即储蓄曲线）的交点决定利息率的高低。然而，凯恩斯指出，由于储蓄量的多寡取决于收入的多少，即在富裕时，社会储蓄较多，而在贫穷时，社会储蓄较少；所以，储蓄曲线的位置取决于收入的水平。这就是说，相对于某一个收入水平，存在着一条相应的储蓄曲线，从而，在各种不同的收入水平，就会存在着一系列的储蓄曲线。这些储蓄曲线和既定的投资曲线会有许多代表不同的利息率的交点，而不是单一的交点。换言之，在收入有待于决定的条件下，人们不可能知道，在投资与储蓄曲线所决定的为数众多的利息率中，究竟哪一个代表实际存在的利息率，从而，传统经济学的投资与储蓄能决定利息率的说法不能成立。可以看到，凯恩斯抨击的主要论点即在于说明：在不同的收入水平，储蓄曲线的位置也不相同。为了说明这一点，他还使用了本书第 186 页的唯一图形。

然而，凯恩斯自己的利息论也具有和他所抨击的“古典学派”利息论相同的错误。按照他的利息论，利息率的高低取决于货币的需求和供给。货币的需求被分为两个组成部分，即 $L_1(Y)$ 和 $L_2(r)$。[①] 从这里可以看到，货币需求的一个组成部分（L_1）的大小取决于国民收入的高低（Y），从而，对货币需求的总和（L_1+L_2）也必然受到 Y 的影响。因此，正和“古典学派”的储蓄曲线一样，在凯恩斯的利息论中，相对于各种不同数值的收入水平，也有着一系列相应的货币需求曲线。因此，在收入尚未决定的情况下，仅凭凯

① 本书，第 206 页。

恩斯的货币需求和供给曲线是无法决定利息率的。

《通论》出版两年以后，希克斯的一篇著名的文章用目前西方教科书中普遍使用的 ISLM 图形弥补了凯恩斯的错误。[1] 虽然凯恩斯同意希克斯的做法，但他是否认识到他的错误所在尚不得而知。在这里也可以顺便看到，正是由于凯恩斯的利息论需要把收入的因素考虑在内，所以西方经济学教科书把不涉及利息率的收入决定论称为简单凯恩斯模型，而一旦把利息率引入于该模型之内，收入决定论便成为希克斯的 ISLM 分析。

第二个例子是凯恩斯在本书中所说的投资与储蓄的相等。根据凯恩斯的定义[2]：

收入＝产量的价值＝消费＋投资

储蓄＝收入－消费

因此，　储蓄＝投资

从上面三个式子中可以看到，储蓄之所以等于投资，来源于凯恩斯的定义。因此，在凯恩斯的定义下，储蓄恒等于投资。所谓恒等就是二者随时随地永远相等。

然而，凯恩斯的整个理论即在于说明：由于投资未必能等于充分就业下的储蓄，所以资本主义才出现危机和失业问题。这样，储蓄又可不等于储蓄。

---

① 希克斯，"凯恩斯先生和(古典学者)"，载《计量经济学杂志》，1937 年，第 147～159 页。该文被转载于许多论文集中，其中一本为：林道沃编，《宏观经济学论文集》，自由出版社，纽约，1968 年，第 53～60 页。

② 本书第 70 页。

因此,《通论》出版以后,关于二者是否相等,西方经济学界一度出现混乱现象。最终的定论是:二者时刻相等系指事后的或统计数字的相等,但这并不意味着事前的或意愿的储蓄和投资的相等。事实上,正是由于事前的或意愿的储蓄和投资的不等,所以才导致了事后的或统计数字的储蓄和投资相等于不同的国民收入的水平。这种解释虽然很可能代表凯恩斯的本意,但在本书中,凯恩斯却未能对此加以说明。

除了凯恩斯自己没有思索清楚的地方以外,本书也还存在着他的故作玄虚之处,所谓故作玄虚是指凯恩斯有时也把用简单明了的语言可以说清楚的地方,反而用相当复杂的办法加以解释。这里以本书第 17 章中“各种商品的自己的利息率”作为例子。

凯恩斯之所以论述“各种商品的自己的利息率”,其目的无非在于说明为什么:(1)货币具有很小的、甚至为零的生产弹性;(2)货币的替代弹性为零或接近于零;(3)当利息率降低到某一低水平时,很难继续下降。[①] 然而,凯恩斯在实际说明货币的上述的特点时却很少使用“商品的自己的利息率”作为解释的工具。因此,在该章的第 1 和第 2 节中使用大量的篇幅于“商品自己的利息率”,似乎没有必要,而且还会使读者感到困惑。

按照凯恩斯的追随者,美国的汉森教授的说法,整个第 17 章在很大的程度上是多余的。他写道:“关于利息和货币性质的第 17 章与第 13 和第 15 章所论述的货币与流动性偏好相呼应。但是,论述的内容被提高到非常抽象的水平。当《通论》最初问世的

① 见本书第 17 章,第 3 节。

时候,人们对第17章有点着迷,其部分原因无疑是该章论述的含混不清。然而,在仔细挖掘之后,很快就发现,该章却并非金矿。虽然该章的论述(仍然可以大为改善)并非完全没有价值,从其中某些地方仍然可以找出有意义的论点,但总的说来,如果去掉该章,全书的内容不会失去很多。"①

总之,本书的第三个有关思索不清和故作玄虚的特点增加了阅读本书的困难程度。

把上面三个部分所论述的三个特点综合起来,第一和第二个特点表明,凯恩斯在本书中一方面抨击传统西方经济学的有关就业、利息和货币的理论,另一方面也提出了他自己的相应的学说。这样,本书既含有大量的抨击,又含有为数众多的正面观点。抨击和正面观点的并存再加上已经指出的凯恩斯的"随意写来"的写作态度有时使抨击和正面的论点纠缠在一起。同时,代表第三个特点的凯恩斯在某些地方的思路不清和故作玄虚之外又使纠缠在一起的正反面的论点更加杂乱无章。有鉴于此,译者认为,这篇"译者导读"的上面三个部分对这些特点的论述不但可以使阅读本书较为方便,而且还能提醒读者,在某些章节中,读者之所以可能感到困惑,其过错未必一定来自读者的理解能力,而很可能来自本书自身。

(四)

对本书的基本论点的分析和评论

本书囊括了凯恩斯的整个理论体系,要想在一篇"导读"中对

① 汉森,《凯恩斯导读》,第159页。

这一理论体系的全部内容加以分析和评论是不可能做到的，但是，我们却能找出该理论体系的最基本的论点，并且对这个最基本的论点进行分析和评论，因为，对基本论点分析和评论的结果关系到凯恩斯整个理论体系的正确和错误以及据此而制订的政策是否有效。

我们首先找出凯恩斯的最基本的论点。为了找出这一论点，

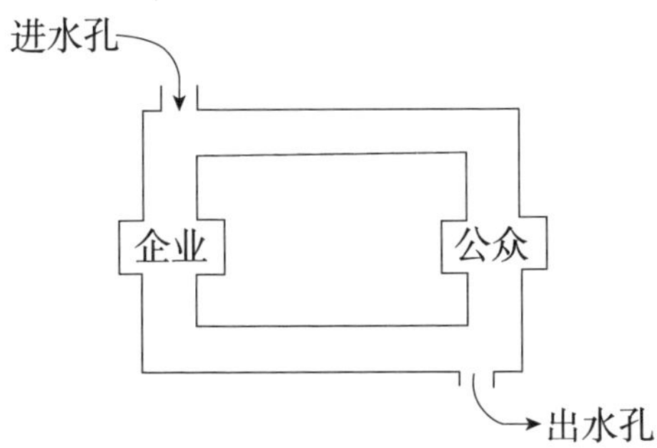

先考察上面的图形。

上图表示一个环形管道，管道中的水流量代表一社会（或国家的）国民收入。管道左方的企业表示该社会全部企业合并在一起的整体；右方的公众则为同一社会的全部居民，包括劳动者、资本家和地主在内。管道的左上方和右下方顺次是一个进水孔和出水孔。

暂时不去理会这两个水孔，或者认为它们已经被塞住。假设在某一时期（如一年）中，该社会的全部企业一共生产了卖价（或价格总额）为 100 元的最终产品。[①] 为了生产这 100 元的产品，企业必须向公众购买“生产要素”，如劳动、资本使用权和土地使用权。

① 为简单起见，我们使用元为单位。当然，可以用亿元或 10 亿元为单位。

如果把利润也算作为购买生产要素(如风险、管理等)而支付的代价,那么,为了生产 100 元的产品而必须支付的金额必然也是 100 元,因为,产品的卖价总是等于由于生产该产品而导致的一切开支再加上它的利润。这些开支和利润又构成图中的“公众”所得到的收入。大致说来,这笔收入(100 元)便是凯恩斯在本书中所指的国民收入(Y)①。

现在,图中企业的方框里存在着 100 元的最终产品,而 100 元的货币作为居民的收入已经通过下面的管道流入公众的方框。这 100 元的最终产品被认为是该社会的总供给,公众向企业购买消费品和投资品而花费的钱被认为是该社会的总需求。如果公众把全部 100 元货币都用于购买消费品和投资品,总需求即为 100 元。在这种情况下,总需求等于总供给。100 元的货币通过管道的上方流入企业的方框,企业所生产出的产品正好全部卖掉,因此,企业在下一时期(如一年)还会以相同的规模生产出相同数量的 100 元最终产品。这样,100 元的货币流量便在环形管道中反复流动。假设 100 元代表该社会充分就业的国民收入,该社会的宏观经济运行便处于充分就业状态。

然而,由于上述两个水孔的存在,问题还要复杂一些。图中右下方的出水孔代表公众的储蓄。公众不一定把全部的 100 元都用之于向企业购买产品,即:消费倾向小于 1。例如,他们可以储蓄 40 元,而把剩下来的 60 元用于购买消费品(消费倾向=0.6);这笔 40 元的储蓄大致代表本书中的储蓄量。这样,市场上有 100 元

① 假设折旧等于零。

的总供给，却仅有60元的总需求。需求小于供给，一部分产品销售不掉，企业便要缩小生产规模。结果，管道中的国民收入的流量减少，整个社会处于失业和萧条状态，即本书所说的小于充分就业状态。但情况是否如此，还要看管道左上方的进水孔。注入此孔的水代表本书所指的资本家进行的投资。假设资本家投资为40元，其数量正好等于储蓄，那么，总需求仍为100元（60＋40＝100）。这样，总需求还是等于总供给，社会仍处于充分就业的状态。在本书出现以前，传统的西方学说认为，由于利息率的自动调节的作用，所以投资总是会和充分就业条件下的储蓄相等，从而资本主义永远处于充分就业状态。简言之，在环形管道的图形中，出水孔和进水孔是连接在一起的。

然而，本书指出，并没有一条管道把出水孔和进水孔连结在一起。由于投资诱导不足，即由于利息率往往未能小于资本边际效率，所以投资量也往往未能达到40元的水平；因此，市场上的购买力不足（即有效需求不足），从而导致本书所说的生产过剩的经济危机和萧条状态，也就是小于充分就业的状态。

根据上述分析，凯恩斯的政策建议不外乎使用货币政策和财政政策来弥补私人投资的不足，以便使总投资量等于充分就业条件下的储蓄，从而解决资本主义的危机和萧条问题，也可以说：在环形管道图形中，用政策把出水孔和进水孔连接在一起。然而，由于本书所说的种种原因，货币政策的效果不会很大，所以必须通过财政政策来增加投资量；为此，凯恩斯甚至提出“投资社会化”的主张。[①] 所

① 本书第24章第394页。

有上述一切便是本书的基本论点。对本书的基本论点，可以作出下列三点评价。

第一，从本书的基本论点中可以看到，凯恩斯主要通过流通领域来对资本主义的失业、经济萧条和危机问题进行分析。按照他的看法，造成这些问题的原因在于流通领域中没有足够的购买力来使生产出来的全部产品被销售出去，从而造成了生产过剩。既然造成问题的原因被认为是来自流通领域，所以凯恩斯解决问题的办法也必然出自流通领域。他的解决办法是：只要在流通领域中提供足够的购买力，那么，便能避免资本主义生产过剩的危机，使它处于充分就业状态。这种把理论分析和政策建议局限于流通领域的做法是判别本书的正确与错误的关键。

为了判别本书的正确与错误，我们可以用马克思主义经济学对上面环形管道图形所显示的凯恩斯对资本主义失业问题所作的理论分析和政策建议加以说明。

按照上面的数字例子，图中的企业方框具有价值为 100 元的产品，它卖掉 100 元产品给公众，然后把所得到的 100 元用来向公众购买 100 元的生产要素。这一过程就是简单商品流通过程 $W—G—W$。从公众方框看，原来具有价值为 100 元的生产要素，出售给企业而得到 100 元，再向企业购买价值为 100 元的产品。这也同样是简单商品流通过程 $W—G—W$。本书所涉及的无非是对这两个流通过程是否能完成的解释，而它的政策建议都是为了一个目标，即保持流通渠道的畅通。只有流通渠道畅通，企业和公众的两个 $W—G—W$ 过程才能完成。这里存在着本书的正确和错误之处。

我们知道，资本主义生产的动机是为了谋取利润，所以它的宏观经济的运行不可能是简单商品流通的过程，而必须是 $G—W—G'$ 的过程。而且，马克思主义经济学告诉我们，G 到 G' 的变化不仅仅是个流通问题，它首先是在生产过程中产生的。换言之，G 到 G' 的变化必须通过流通和生产这两个领域才能完成。本书着重研究的是流通过程的理论和保持流通渠道畅通的政策。以 G 到 G' 的变化必须通过流通领域而论，这对解决资本主义经济面临的问题，无疑有一定作用。在这里，存在着本书的正确之处。但是，以 G 到 G' 的变化必须通过生产领域而论，由于本书丝毫没有触及到生产领域，所以它并不能彻底解决西方世界的问题。因为，保持流通渠道的畅通固然有助于实现在生产领域中形成的剩余价值，却不能保证剩余价值必然得以实现，也不能消除剩余价值的存在。当剩余价值不能实现时，资本主义宏观经济的运行便会出现问题。因此，旨在保持流通渠道畅通的宏观经济政策不过是一种治标之道。要彻底解决问题，必须真正理解剩余价值形成的原因并在此基础上寻求对策。然而，本书对此却只字不提，这便是本书的缺点或错误的地方。

第二，除了上述的正确与错误之处外，本书的基本内容也表明，凯恩斯对失业问题的理论分析和政策建议都局限于资本主义所容许的范围之内。

以理论分析而论，他认为，失业问题的原因是由于消费倾向、利息率和资本边际效率这三个变量的数值不能相互协调，使资本主义达到充分就业的状态，而这三个变量之所以不能相互协调的原因又在于人们的心理状态。正是由于这一原因，一本直到目前仍具有权威性的总结西方危机理论的著作把凯恩斯的理论区分为用心理状态来解释危机的类型。[①] 由此可见，按照本书的理论，造成资本主义失业问题的最终原因是人们的心理状态，而与资本主义制度无关，从而，不能把失业的责任归咎于该制度。这种理论分析显然是资本主义的意识形态所容许的。

再以政策建议而论，他的解决失业问题的对策是在资本主义市场经济的运行中添增出对这一运行加以干预的财政和货币政策。这种干预既不涉及私有制，又不妨碍私有制下的经营自由；干预不过是企图利用私有制下的经营自由来达到政策所要达到的充分就业的目标。显然，凯恩斯的政策建议完全处于资本主义的合法范围以内。

第三，从表面上看来，本书的基本内容似乎否定了萨伊定律，然而事实上，正如上面已经指出的那样，它并没有如此，而仅仅给萨伊定律加上一个条件，即：只要执行正确的宏观经济政策，使投资等于充分就业下的储蓄，萨伊定律是可以成立的。

真正给予萨伊定律以彻底批判的经济学家是马克思。他指出：为了论证资本主义制度下不可能产生经济危机，萨伊"简单地抽去商品流通和直接的产品交换之间的区别，把二者等同起来"。[②] 就是说，萨伊把 $W—W$（直接产品交换）和 $W—G—W$（商品流通）看做是相同的事物。萨伊宣称，既然在物物交换的情况下（例如，本文的第一部分所举的农民用粮食交换日用品的情况），不

① 哈勃勒，《繁荣与萧条》，联合国出版，纽约，1946 年，第 143 页。

② 《资本论》，第 1 卷，人民出版社，1975 年版，第 132～133 页。

可能造成经济危机，那么，在使用货币的商品流通的情况下，由于货币仅具有交换媒介的作用，所以 W—G—W 的过程相同于 W—W 的过程。因此，在商品流通的场合，也不可能发生经济危机。这种把 W—W 和 W—G—W 等同起来的说法当然是错误的。马克思指出，货币的使用把 W—G—W 的过程分为两个部分：即 W—G 和 G—W。卖者在用 W 交换到 G 以后不一定在同时同地用其所得来购买其他商品。因此，就存在着危机发生的可能性。[①]

萨伊不仅把 W—W 和 W—G—W 等同起来，而且，还把 W—G—W 和 G—W—G′等同起来，因为，他企图论证的没有危机的社会不是简单商品的类型，而是资本主义的类型。对此，马克思指出：萨伊定律“企图把资本主义生产当事人之间的关系，归结为商品流通所产生的简单关系，从而否认资本主义生产过程的矛盾”。[②] 在资本主义社会中，居决定性的生产当事人之间的关系来源于生产过程中的资本与劳动之间的关系，而不是独立的生产者相互交换自己的商品。因此，把 W—G—W 和 G—W—G′混淆在一起就等于否定资本主义的存在；在萨伊定律的情况下，就等于用否定资本主义存在的办法来否定资本主义所特有的失业和危机问题。这种论证的方式显然是错误的。关于这种论证方式，马克思写道：“为了证明资本主义生产不可能导致普遍的危机，就否定资本主义生产的一切条件和它的社会形式的一切规定，否定它的一切原则和特殊差别，总之，否定资本主义生产本身；实际上是证明：

① 《资本论》，第 1 卷，第 133 页。

② 同上，第 133 页。

如果资本主义生产方式不是社会生产的一个特殊发展的独特形式，而是资本主义最初萌芽产生以前就出现的一种生产方式，那么，资本主义生产方式所固有的对抗、矛盾，因而对抗、矛盾在危机中的爆发，也就不存在了。"①

既然经济危机和失业问题来源于资本主义制度，那么，要想达到凯恩斯的意图，即在资本主义容许的范围内，通过政策来根本消除危机和失业，那是不可能的事情。正如我们在上面第一点对凯恩斯基本论点的分析所说的那样，凯恩斯的政策建议仅仅是一种治标的办法。它可以缓解问题、暂时解决问题或使问题以被扭曲的方式出现，但却不能真正解决资本主义的失业和危机。这一结论可以为目前存在于西方世界的滞胀所证实。关于这一点，下面将加以简要的论述。

第二次世界大战后的二十年左右的期间，西方各国在不同的程度上先后推行了本书所建议的保持流通渠道畅通的政策，而在同一时期，西方世界在经济上取得了较为稳定的发展。促成这一稳定发展的原因固然是多方面的，但本书所建议的上述政策应该说是促成的原因之一。

然而，这一政策的推行使西方国家对流通领域不断注入新的购买力，以便按照本书所提出的投资必须与充分就业下的储蓄相等的理论来保持充分就业。另一方面，这一政策所不涉及的生产领域却出现了资本的积累所导致的两个后果：(1)生产与消费的差距的扩大；(2)垄断的规模的增长。前者使国家政策注入的购买力

① 《剩余价值理论》，第 2 卷，人民出版社，1975 年版，第 571 页。

难于弥补生产与消费之间的差距，从而造成失业问题的形成；后者所索取的垄断价格又助长了通货膨胀。因此，大致在1960年中期以后，西方世界出现的被称之为滞胀，即失业和通货膨胀同时并存的问题逐渐严重起来。直到目前，虽然滞胀问题有所缓和，但西方国家仍然提不出彻底解决的对策。

由此可见，滞胀在一定的限度内也可以说是本书所建议的局限于流通领域政策的后遗症。正如我们在上面的分析的结果所示，它虽然对失业和危机具有暂时解决或缓解的作用，但却无法从根本上解决这些问题，甚至使这些问题以扭曲的方式出现。滞胀便是一个例证。关于滞胀，本文的第五部分还将涉及。

综上所述，本文第四部分对本书作了三点评析。第一点表明，尽管存在着缺点、错误和不足之处，本书还是部分地抓住了资本主义危机和失业问题的原因。第二和第三点指出，本书对这些问题的理论解释和解决方案都在资本主义所容许的范围以内。把这三点综合起来有助于说明为什么本书出版后立即得到迅速和广泛的流传。

本书出版于1936年。早在那时以前，比较明智的西方政治家已经主张并且实际推行本书所建议的把资本主义从大萧条中拯救出来的政策。例如，一度任英国首相的劳合·乔治于1929年提出以公共工程解决失业问题的方案；美国总统罗斯福于1933年就任伊始就推行了包括公共工程在内的一系列由国家向社会注入购买力的政策。虽然这些为资本主义所容许的方案和政策得以推行，但却苦于缺乏理论基础。本书以西方学者所尊敬的语言，打破了传统“教条”的束缚，恰好提供了所需要的理论根据，而与此同时，又不违反资本主义的意识形态。由于能符合时代的需要，本书的迅速而广泛的流传便是理所当然的事情了。

（五）

本书在西方的作用和影响

在本文的起始部分，我们已经指出本书在西方世界的巨大作用和影响；而由于本书，凯恩斯已跻身于有历史意义的思想家的行列，据说可以与亚当·斯密、马克思、达尔文、爱因斯坦等人物相提并论。本书在西方的巨大作用的影响可以从三个方面加以论述。

第一，思想方面。本文的第四部分已经指出凯恩斯意图在资本主义容许的范围内，通过国家的政策来解决失业和危机问题。这种主张可以被简称为受到管理的资本主义，而本书又为受到管理的资本主义提供了理论基础。本书之所以能在西方世界引起巨大的反响，其主要原因即在于此。

对西方的坚持自由放任的保守主义者来说，受到管理的资本主义是不能允许的异端；特别在本书的第 24 章中，凯恩斯提出了“投资社会化”的主张和“食利者阶级的消亡”的前景。与此同时，虽然他明确指出：除此以外，他坚决赞同私有制、个人主义和自由经营的资本主义制度，但是，本书的内容在它最初出现的时期，仍然受到西方保守主义者的排斥和抨击；美国比较保守的前总统胡佛总是把本书所含有的思想称作为“马克思主义者凯恩斯的学说”。[①] 即使在今

① 布劳，《约翰·梅纳德·凯恩斯》，麦克米伦公司，伦敦，1990 年，第 60 页。

天，正如我们在下面将要看到的那样，虽然反对的态度有所缓和，但本书还是属于被保守主义者所排斥和抨击的行列。

以西方的中间派而论，凯恩斯在本书中所显示的不伤害资本主义制度的医治失业和危机的方案成为拯救该制度的良药。他们故意忽视本书的上述稍稍带有异端的言论，而把凯恩斯看做资本主义的救世主，从而致力于对本书的弘扬和宣传，使本书的基本内容构成西方主流思想的一个组成部分。

然而，被中间派所故意忽视的"投资社会化"、"食利者阶级的消亡"等说法却对西方的中间偏左的改良主义者具有吸引力。他们认为，这些说法有利于达到社会公正，而且凯恩斯的理论给国家对经济活动的干预开辟了一条道路，因为，在西方，一个比较普遍存在的信念是：对经济活动干预最少的政府便是最好的政府。如果为了解决失业问题，资本主义国家便有理由对市场经济进行干预，那么，为了消除资本主义的其他弊端，国家也可以进行其他方面的干预。干预范围的扩大甚至会导致计划经济。因此，本书也构成西方改良主义思想的一个组成部分，甚至被作为它的理论基础之一。

本书不仅构成改良主义思想的一个组成部分，而且也给少数的西方马克思主义者带来幻想，使他们用凯恩斯主义来代替马克思主义作为指导思想。由于这一原因，西方的马克思主义政党往往对本书的内容持批判的态度。例如，英国的一位马克思主义者写道："凯恩斯的学说在理论上是不正确的，而且对工人阶级运动极端危险。它的根源和哲学基础都是彻头彻尾的资本主义"。[①]

① 伊顿，《马克思反对凯恩斯》，劳伦斯与维希哈特公司，伦敦，1951 年，第 10 页。

总之，本书在思想上对不同色彩的西方人士都产生了重大的作用和反响。

第二，政策方面。本书出版以后，经过长期的争论，传统西方经济学的代表人物，庇古教授终于承认，他赞同用需求管理的方法，即用凯恩斯所建议的政策，而放弃他过去所主张的降低货币工资的政策（即本书第 19 章重点加以论述的主题）来解决失业问题。[①] 虽然工资政策并不是本书所建议的解决失业问题的主要途径，但是，庇古教授在政策上的态度的转变象征着凯恩斯在西方国家经济政策上的完全胜利。在本书的影响下，美国议会于 1946 年通过了《就业法案》，该法案建立了目前仍存在的"总统经济顾问团"并把维持充分就业作为国家政策的目标。英国政府于 1944 年即颁布了《就业政策白皮书》。该《白皮书》规定，英国政府要维持足够数量的本书所提出的有效需求，以便达到充分就业的目标。[②]

除了国内的充分就业政策以外，本书的理论，特别是第 23 章关于重商主义的论述所隐含着的国际经济政策促成了国际货币基金和世界银行这两个重要的国际组织。

大致说来，在第二次世界大战之后，几乎所有的西方国家都在不同程度上采用了本书所建议的政策。对此，西方学者布劳写道：本书出版后的"30 到 35 年中，世界每一个地区的政府都采用了凯恩斯所建议的政策或至少与凯恩斯有关的政策。近几年来，这些政策在很大程度上已被放弃，但许多经济学家仍然继续支持凯恩

① 参见庇古，《脱离充分就业的失误》，麦克米伦公司，伦敦，1945 年。

② 参见哈里斯编，《新经济学》，载汉森，《凯恩斯导读》，第 211～212 页。

斯的方案，而把未能解决大量失业和通货膨胀并存的原因归咎于反对凯恩斯的思想”。[①] 关于这一点，我们还将在下面的“学术影响”的部分加以论述。在这里，我们至少可以看到，凯恩斯对西方经济政策的巨大影响。

第三，学术方面。和上述思想与政策方面相比，本书在学术上的影响只能是有过之而无不及。自从本书出版以来，除了较少的例外情况，如数理经济学、计量经济学、新制度学派等分支以外，西方经济学的发展多少都与本书有关。在这个意义上，西方经济学发展的一个很大部分可以说是它对本书所作出的反应。这种反应固然代表西方学者对本书的解释和见解，但解释和见解又在很大的程度上受到西方世界的实际经济情况变化的影响。上面已经提到，在第二次世界大战结束后的 20 年中，西方国家的经济大体上处于稳定发展的繁荣状态，既没有大量失业问题，又不存在严重的通货膨胀，而生活水平则逐渐提高。然而，60 年代中期以后，情况有所改变；失业问题加剧，而与此同时，通货膨胀又严重起来。这种被称为滞胀的失业和通货膨胀并存的现象是西方世界前所未有的。进入 80 年代，滞胀问题恶化；例如在美国，失业率和通货膨胀率当时均处于 10%左右。在目前，滞胀问题有所缓解，但对如何解决这一问题，整个西方世界还未能提出有效的对策。

在上述的历史背景下，西方学者致力于本书内容的解释和发展。解释和发展在西方被区分为左、中、右三个方向。这里所说的方向的划分主要取决于对传统的西方经济学的态度。

---

① 布劳，《约翰·梅纳德·凯恩斯》，第 1 页。

我们已经知道，本书否定了传统的失业论而对传统的失业论的否定又牵涉到对其他有关理论的否定；与此同时，本书又提出了自己的系统的说法。因此，本书的出版使得西方同时存在两种既有关联、又相矛盾的理论体系。一方面，传统的西方经济学是以个量分析为主，根据对单个消费者、厂商和生产要素所有者的分析，得出资本主义市场的各种因素能够自行调节该社会种种矛盾的结论，并据此而主张实行自由放任、国家不干预经济生活的政策。另一方面，凯恩斯则偏重于分析总量变数，根据他所建立的涉及总量变数的理论，得出资本主义市场的各种因素不能自行解决失业问题的结论，并据此而主张实行国家干预经济生活的政策。这样，在西方经济理论体系内部就产生了干预和反干预的对立以及由此而造成的各种矛盾和不调和之处。针对这一情况，被认为是左派的西方学者主张摒弃居于基础地位的许多传统的说法（如稳定的均衡），并且对本书的内容加以解释和发展，以便对滞胀问题提出自己的见解和对策。与此相反，右派人士认为，本书的内容基本上是错误的，从而，在维护传统理论的基础上发展出新的说法，企图解决滞胀问题。中派的西方经济学界则企图把传统的和凯恩斯的理论加以调和。为了行文的方便，下面将首先对中派加以论述。

为了调和传统的和凯恩斯的说法的矛盾，以萨缪尔森和希克斯为首的西方学者建立了新古典综合派的理论体系。该学派把传统的西方经济学当做研究个量问题的微观经济学，把凯恩斯主义称为考察总量问题的宏观经济学。它宣称：前者是以充分就业为分析的前提，后者则着重研究各种不同水平的就业量的情况，因此，两种理论是相辅相成的，可以被纳入同一体系之中，而传统的自由放任和凯恩斯的国家干预的主张不过代表同一理论体系所涉及的两种不同的情况。这样，新古典综合派不但企图弥补西方经济理论体系内部的漏洞，而且还企图通过它的理论体系来维护资本主义是理想社会的说法。

新古典综合派的理论体系在第二次世界大战以后一直居于正统地位，并且在西方经济学界享有威信。这种状况在 20 世纪 60 年代中期以后由于通货膨胀的恶化而有所削弱。进入 70 年代以后，西方世界出现的滞胀，即失业与通货膨胀的并存，给新古典综合派以十分沉重的打击。

按照新古典综合派的理论，当经济活动处于充分就业状态时，通货膨胀率应该为零。如果经济活动小于充分就业，那么，不但不存在通货膨胀，而且价格水平还会下降。只有当经济活动大于充分就业时，才会出现通货膨胀的现象。就是说，该学派的理论表明，失业（经济活动小于充分就业）和通货膨胀（经济活动大于充分就业）是不可能同时共存的。这一结论显然违背存在于西方的滞胀的事实。

新古典综合派不但无法解释滞胀的存在，而且也提不出解决这一问题的对策。按照它的理论，在失业问题存在的条件下，政府应该增加预算支出和赤字，以便扩大有效需求，从而增加就业数量；而当通货膨胀出现时，政府必须减少预算支出和取得预算盈余，以便降低有效需求，从而消除通货膨胀。这种政策建议在失业问题和通货膨胀同时并存时便会带来自相矛盾的后果。如果西方国家采用增加预算支出和赤字的政策来解决失业问题，那么，有效需求的扩大必将使通货膨胀恶化。如果它通过减少预算支出和取得预算盈余来制止通货膨胀,那么,有效需求的削弱必将降低消费和投资的支出,使失业问题更加严重。简言之,医治一种疾病成为加重另一种疾病的手段。在失业问题和通货膨胀同时并存的条件下,政策的选择只能处于进退两难的境地。这便是近年来主要西方国家所面临的困难局面。对于这一困难局面,中派的西方学者还没有找到摆脱的出路。我们在下面将看到,左和右派的学者也是如此。

左派学者声称,本书象征着凯恩斯对传统西方经济学的一次"革命",而中派的调和观点不过是一种"杂牌的"凯恩斯主义。革命之所以成为必要,是因为传统的说法脱离现实,从而不能解决现实问题。他们认为,除了具体论点的差异以外,凯恩斯与传统的理论在基本原则上有三个突出的分歧之处。(1)凯恩斯强调资本主义经济生活中的"不肯定性",[①]而传统的说法则假设人们具有"完全知识或信息",即对一切现实或将来的情况了如指掌,因之而把"不肯定性"排除在外。(2)凯恩斯指出资本主义是一个使用货币的经济,而货币又具有它自己的特点。[②] 然而,传统的说法却把货币的功能局限于交换媒介,从而在实际上把资本主义看做为一个物物交换的社会。(3)资本主义是具有一定组织形式的社会,如工会、银行、交易所、大公司、院外集团等等,而不像传统的说法所假设的那样,组织形式不过是一些规模大致相同的小商品生产者。

---

① 例如,见本书第12章。
② 例如,见本书第17章。

按照左派的意见，在凯恩斯所着重指出的上述三点的情况下，滞胀是现代资本主义运行中必然出现的后果，而中派所建议的财政和货币政策也必然无效。要想解决滞胀问题，左派主张实行收入均等化和投资社会化的政策。[①] 由于这两种政策违背资本主义社会的基本信念，所以它们从来没有被认真执行过，从而是否有效尚未见分晓。

右派人士则认为本书的基本内容是错误的，其主要的原因在于缺乏"微观行为的基础"。[②] 就是说，本书所研究的变量是社会中的总体数量；由于总体数量是个体数量的加总，而个体数量又是个体行为的后果，所以本书研究的总量变化必须由个体行为加以解释。例如，本书所指的消费是整个社会的消费，而整个社会的消费又是个人消费的加总；同时，个人消费是个人行为所造成的。但本书涉及总量的理论却没有提供个人行为方面的解释。另一方面，右派学者声称，根据西方学者一致赞同的"理性的人"的行为这一假设条件，资本主义总是会处于"一般均衡论"所代表的状态，即充分就业的状态。因此，本书的小于充分就业的均衡的说法是错误的。不仅如此，据说由于偶然的原因，资本主义的宏观经济运行也会具有轻微的波动，但却会在长期中趋于稳定。右派人士还认为，凯恩斯在本书中把预期作为外生变量加以处理，而事实上，预

① 明斯基，《约翰·梅纳德·凯恩斯》，第 56～68 页，第 145～169 页；戴维森，"后凯恩斯主义经济学"，载拜尔与克里斯多尔编，《经济理论的危机》，第 151～173 页。

② 威利斯，"理性预期的再革命"，载拜尔与克里斯多尔编《经济理论的危机》，第 81～94 页；克里斯多尔与帕拉依斯，《宏观经济学的争论》，惠特谢夫公司，纽约，1994 年，第 5 页。

期应当被看做一个内生变量。作为内生变量的预期，再加上“理性的人”的行为，使人们的预期成为“理性预期”，即：使人们能在长期中正确地预料到将来事件的预期。如果执行凯恩斯所主张的财政和货币政策来消除这些轻微的波动，那么，由于“理性预期”的作用，这两种政策不但不能稳定波动，反而会扩大波动的幅度。因此，按照右派人士的说法，对付滞胀的最好政策仍然是传统的西方经济学所主张的自由放任、国家不加干预的政策。

目前，三派之间的调和、抨击和维护的过程仍在继续发展。上面所说当然不能代表这一过程的全貌而仅仅是其粗略的轮廓。然而，从其粗略的轮廓中可以看到，在第二次世界大战以后，西方经济学的很大一部分发展都与本书有关。具体说来，本书被作为理论根据，思想渊源或攻击对象。迄今为止，三派中尚没有任何一人提出能令人信服的解释和解决滞胀问题的理论和对策。

（六）

本书对中国有用吗？

对我国的研究西方经济思想和政策的专业人员，像本书这样一本有影响的著作当然是一个不可缺少的参考材料。然而，就一般经济工作者而言，本书有多大的有用之处？本书的主旨或基本内容在于说明：为什么在一个具有闲置的资源和多余的生产能力的社会中，会出现大部分人的贫穷问题并且提出解决这一问题的对策。对策是：只要国家通过经济政策提供足够多的购买力，那么，闲置的资源和多余的生产能力便能被使用起来，从而会创造出足够的购买力，以便解决贫穷人口的生活问题。由于购买力代表对商品的需求，所以本书所建议的对策被称为需求管理。在这里，姑且不去理会对本书主旨进行论证的理论上的缺陷、甚至错误之处；这些缺陷和错误的主要方面已经在本文的第四、第五部分加以指出。仅以本书的主旨本身而论，凯恩斯的这本著作对我国用处不大。

当然，我国是社会主义国家，而凯恩斯的论述的对象是资本主义制度；由于社会制度的不同，所以本书的理论和对策不可能对我国具有很多实践意义。然而，即使略去制度差别不谈，本书的基本内容仍然如此；其中的原因在于：虽然我国也存在着贫穷问题，但贫穷的主要根源不是本书所说的资本主义制度造成的"丰裕之中的贫困"，[①]而是人口过多又没有足够的资源和生产能力与之相适应所导致的贫穷。解决这一类型的贫穷问题的办法恰恰应该与凯恩斯主义的"需求管理"相反。我们必须增加生产，进行"供给管理"。为了达到增加生产的目的，我们在相当长的时期中要勤俭建国，在可能的范围内适当减少购买力，以便积累生产资金；而不是刺激消费和投资来增加购买力，绝对不能采取本书所提到的类似建造金字塔那样的办法。[②] 凯恩斯在本书中提到的"有效需求的

① 本书第 36 页。

② 我们在这里这样说，并不否定生产的最终目的是为了消费，而是想指出：在目前，由于我国生产设备和科学技术均相对落后，以致劳动生产率比较低微，所以必须节约消费，把腾挪出来的资金用于生产设备和科学技术的建设，以便提高劳动生产率，从而最终达到西方发达国家的消费水平。至少在资本主义发展的早期，目前发达的西方国家在当时不但不强调"生产的最终目的是为了消费"的观点，反而崇尚抑制消费的节俭。时至今日，诺贝尔经济学奖获得者，索洛的新古典增长模型的结论之一为：人均资金低微的发展中国家必须节约消费，以便积累资金来提高其人均资本的数值，最终提高自己的劳动生产率和消费水平。

不足”是生产与消费的矛盾引起的。它是资本主义市场经济所固有的缺点。正是为了避免这个和其他的缺点，所以我国推行社会主义的，而不是资本主义的市场经济。

然而，在两个次要的方面，本书在实践上也有为我国参考的价值。首先，在我国经济运行过热时，我们也必须实施减少投资的“需求管理”，从而有必要去参照西方的做法。虽然这种管理的具体手段也不会在本书中发现，但是，它们存在于凯恩斯的门徒们根据他的理论而撰写的著作之中，特别是美国的汉森教授的著作之中。汉森教授根据本书的理论，全面地发展出了成套的抑制需求过多和补充需求不足的政策手段。[①] 其次，某些特殊的情况，如不久前存在的东南亚金融危机，也可能导致我国发生“需求不足”的现象。针对这一现象也有必要参照根据本书的理论而形成的西方国家的对策。

尽管本书的基本内容对我国的实践意义并不像它对西方国家那样重大，但本书的论述过程中却存在着一些概念和论点，而这些可以被称之为论述过程中的副产品的概念和论点，对我国还是具有借鉴意义。这里举下列两点作为例子：

第一，消费函数的概念。本书第 8、9 两章所论述的消费函数表明国民收入与消费之间的数量关系。虽然本书用“人性”来解释这一关系是错误的，[②]但这一关系在事实上既存在于资本主义社会，也存在于社会主义社会，而且，还可以根据国民收入的统计数

① 其中最著名的一本是《财政政策与经济周期》，诺顿公司，纽约，1941 年。

② 本书第 8 章第 3 节。

字而被计算出来。虽然消费倾向数值难于准确测定，但即使测定的数值是粗略的，那也对我国经济研究有用。以我国对资本主义国家的研究而论，消费倾向是西方国家生产与消费的矛盾的表现形式之一。它的数值可以显示西方国家的生产与消费之间的矛盾已经达到的程度，从而，有助于加深对它们经济运行的理解。另一方面，当我们研究自己国家的经济运行时，消费函数的测定对我国宏观经济的计划和调控是一个不可缺少的参照数据。例如，根据计划中的国民经济增长的速度，我们可以大致计算出下一年的国民收入，而根据下一年的国民收入数字，在消费函数已被测定的情况下，我们可以得知下一年的消费量和投资基金。这两个数字都是该年制订经济政策的重要依据。

除了消费函数以外，本书中的一些其他概念也有借鉴价值。例如，本书第 10 章提到的乘数论可以普遍适用于变量之间存在连锁反应的情况。又例如，本书第 17 章中关于货币特点的概念对我们了解社会主义市场经济中的我国的货币也有现实意义。

第二，慎重看待数学在经济学中的应用的论点。数学是一个有用的研究工具。虽然如此，数学在研究中所能取得的效果还要看它的应用是否恰当。对经济学的研究来说，也是如此。正确的应用固然有助于获得有用的研究结果；错误的应用也会带来虚假的貌似科学的结论。这种结论不但无益于对现实的理解，反而把现实掩盖起来。针对传统的西方经济学者对数学的误用，凯恩斯在本书第 21 章第 3 节中作出了分析。他指出，经济现实中的变量往往是相互依赖的，而某些传统的学者却假设它们是独立存在的，从而用偏微分的方法得出一定的结论，而当他们把结论用于现实时，却又忘掉了这些结论赖以存在的假设条件。他把这种数学的使用称之为“伪数学方法”，并写道：“在近来的‘数理’经济学中，只能代表拼凑之物的部分实在太多了；这些部分的不精确的程度正和它们赖以成立的假设条件是一样的。假设条件使那些作者们能在矫揉做作和毫无用处的数学符号中，忘掉现实世界的复杂性和相互依赖的性质”。①

和凯恩斯的时代相比，数学目前在西方经济学中的误用程度和范围决不比过去为小。第二次世界大战以后，在萨缪尔森、希克斯等西方学者的影响之下，数学在西方经济学的应用已经达到非常普遍的程度。在这一学科的专业杂志和专门著作中，不用数学的文献已经不多。在数学化的大量文献中，有价值的作品固然存在，虚有其表以数学符号和公式来掩盖其内容空泛的著作也大量出现。处于这种情况下，凯恩斯对误用数学的批评仍然值得注意。此外，本书对股票市场利弊的分析、对资本主义市场机制的合理性提出的质疑等等都可以加深我们对资本主义经济运行的理解。

除了上述种种以外，本书第 12 章关于股票市场利弊的论述对我国如何驾驭股市具有参考价值。该章指出：股票市场的资金流动性有利于为长期投资筹集资金，但它也存在着难于避免的弊端，即为赌徒提供在短期中牟取暴利的手段。因此，驾驭股票市场的方针是，在保持股市的资金流动性的同时，尽量制止以牟取短期暴利为目标的投机行为。作为股票市场行家的凯恩斯的这些论断不但早已为股市的实践所证实，而且随着股票市场的发展，特别在目

① 本书第 311 页。

前的金融市场全球化的趋向中，越来越显示出它们的重要性。

总之，无论就本书的内容而言，还是就本书在论证其基本内容时所使用的一些概念和提出的一些论点而言，本书都具有一定程度的借鉴意义。因此，读者对待本书，应该和对待一般西方经济学的著作一样，应该“去其糟粕、取其精华”，以便达到“洋为中用”的目的。

高 鸿 业

1998 年夏于人民大学

目　录

第四编　投资诱导

第五编　货币工资与价格

第六编　通论引起的几点思考的概述

序

本书主要是为我的同行经济学者而撰写的。我希望其他人也能看懂它。但是,它的主要目的在于论述有关理论的困难问题,而这一理论的应用在本书中则仅处于次要地位。因为,如果正统经济学说有错误之处,那么,错误不在于它的被精心树立起来的在逻辑上前后一致的上层建筑,而在于它的假设前提缺乏明确性和一般性。这样,除非使用高度抽象的辩解和相当多的争论,我就不能达到我的目的,来说服经济学者,使他们能以鉴别真伪的态度重新考察他们的某些假设前提。我的意图是想使辩解和争论尽量少一些。但是,我认为,重要之点是:不仅要对我的观点加以解释,而且还要说明在哪些方面我的观点不同于现在流行的理论。我预计,那些根深蒂固地置身于被我称之为"古典学派理论"的人会徘徊于两种意见之间:一种意见认为我完全错了,另一种则相信,我没有任何新东西。或者还会有第三种意见。谁是谁非,让其他人加以判断。我在本书中进行争论的段落旨在于提供一些素材,以便使别人能作出判断的答案。如果为了使分歧明确化,我在争论中的文字过于尖锐,那么,我必须请求谅解。我自己在许多年中坚持并且确信我现在所抨击的理论,从而,我认为,我不会不知道该理论的优点。

争论中的问题的重要性是无以复加的。如果我的意见正确，那么，我首先要说服我的同行经济学者们，而不是一般的群众。在争论的目前阶段，虽然欢迎一般群众参加，但他们只能是旁听者，旁听作为争论一方的一位经济学者把他与同行们之间的深刻的意见分歧明确地提出来。这些分歧在目前几乎使经济理论失掉其现实作用，并还会继续如此，一直到分歧得以解决时为止。

关于本书和我在五年前出版的《货币论》之间的关系，对我而言很可能要比对其他人更加清楚一些。被我认为是经过数年思索的思想的自然演变，有时却可以被读者当做为使人感到混淆的观点的更改。这一使人感到混淆之处并不由于我迫于需要而改变使用的名词而得以减轻。这种名词的改变将在本书的行进过程中加以指出。然而，二书之间的大致关系可以概述如下。当我开始撰写我的《货币论》时，我仍然沿袭着传统的思路，把货币的影响看成好像与供给和需求的一般理论无关的东西。当我完成该书以后，我取得了一些进展，倾向于把货币理论变成一个总产量的理论。现在看来，我之未能从传统的先入之见解脱出来表现为该书理论部分的显著错误(即第 3、4 编)，因为，我没有对产量水平的改变的作用加以彻底的论述。我的所谓"基本公式"不过代表在既定产量的假设条件下的瞬息间的图像。它们试图说明：在产量为既定的假设条件下，为什么会有各种力量造成利润失衡，从而使产量必须加以改变。但是，对不同于瞬息间的图像的动态发展却未能给予全面的论述并且还是非常含糊不清的。与此相反，本书已经演化成为一本主要研究什么力量或因素决定整个社会产量和就业量的改变的著作；而且，在本书中，虽然货币被认为是在经济制度中占有重要和特殊的位置，但是，货币在技术方面的细节则略去不论。我们会看到，使用货币的经济制度基本上是这样一个制度；在其中，对将来的看法的改变不仅可以影响就业的方向，而且还可以影响就业的数量。然而，在分析这样一个制度的经济行为时，我们所使用的方法仍然是供给和需求之间的相互作用；从而，通过这种方法，我们的方法和基本的价值论就能结合在一起。这样，我们就得到一个更加具有一般性的通论，而我们所熟悉的古典学派的理论则成为通论中的一个特殊事例。

像这样一本自辟蹊径的书籍的作者，如果他想避免过多的错误之处，那么，必须在很大的程度上，依靠批评和交流。如果一个人单独进行思考的时间太长，那么，他会暂时相信愚蠢的东西，甚至达到令人惊奇的程度。特别在经济学（以及其他的伦理道德科学）中，由于经常不可能对人们的构思进行有决定性的检验或试验，情况更是如此。本书的写作，甚至比我在写作《货币论》时，更加经常地得力于 R. F. 卡恩先生的建设性的意见和批评。如果没有他的建议，那么，本书的很多部分不会达到现在这样的水平。我还从琼·罗宾逊夫人、R. G. 霍特里先生和 R. F. 哈罗德先生那里得到许多帮助。哈罗德先生校阅了清样。剑桥皇家学院的本苏珊-巴特先生编纂了索引。

对于作者而言，写作本书是一个长期的挣扎过程，以求规避传统的思想和说法。如果作者对这些思想和说法的攻击是成功的话，那么，大多数读者在阅读本书时，也会持有同感。本书以如此复杂的方式所表达的思想却是很简单的。困难之处并不在于新思想，而在于旧学说。这些旧学说，对于我们这些大多数受其哺育而成长起来的人而论，已经深入到我们头脑中的每一个角落。

J. M. 凯恩斯

1935 年 12 月 13 日

第一编

引论

第一章 何谓通论

我把本书命名为“就业、利息和货币通论”，用以强调其中的“通”字。这一命名的目的在于使我的论点和结论能与古典[①]学派对同一问题的论点和结论加以对照。正如它在过去一百年中所做的那样，不论在实践上还是在理论上，古典学派的理论支配着我这一代的统治阶级和学术界的经济思想，而我自己也是被这种传统思想哺育出来的。我将要进行争辩，说明古典学派的假设条件只适用于特殊情况，而不适用于一般通常的情况。古典学派所假设的情况是各种可能的均衡状态中的一个极端之点。此外，古典理论所假设的特殊情况的属性恰恰不能代表我们实际生活中的经济社会所含有的属性。结果，如果我们企图把古典理论应用于来自经验中的事实的话，它的教言会把人们引入歧途，而且会导致出灾难性的后果。

---

① “古典经济学者”是马克思所首创的名词，用以泛指李嘉图和詹姆斯·穆勒以及他们的前辈们。这就是说，泛指集大成于李嘉图经济学的古典理论的那些创始人。我已经习惯于在“古典学派”中纳入李嘉图的追随者，即那些接受李嘉图经济学并加以完善化的人，包括(例如)J. S. 穆勒、马歇尔、埃奇沃思以及庇古教授。我这样做，也许犯了用语不当的错误。[1]

〔1〕 马克思对英国古典政治经济学的划分与凯恩斯不同。前者的划分终止于李嘉图。在目前，西方学者对古典学派的划分和凯恩斯也并不一致。他们所说的古典学派大致终止于J. S. 穆勒；而把兴起于1870年以后、包括马歇尔、埃奇沃思、庇古等人在内的西方学说称之为“新古典学派”。——译者

第二章　古典经济学的假设前提

大多数论述价值论和生产论的著作主要既研究定量的资源如何在各种不同用途之间进行配置，也研究在使用这一定量资源的前提下，各种资源的相对报酬及其产品的相对价值如何得以决定。①

还有，关于现有可用的资源，如适合于就业的人口的多寡、自然财富的规模以及已被积累起来的资本设备的数量，这些著作往往使用对既定数量进行描述的方法加以处理；但是，关于何种力量在现有可用的资源中决定实际使用量的大小的纯理论则很少以详尽的方式加以考察。如果说这种纯理论根本没有被考察过，那当然是没有根据的。因为，针对就业量的波动的论述为数众多，而且，每一个论述都涉及上述的纯理论。我要说的是：并不是这一主题受到忽视，而是作为这一主题基础的基本理论被认为是如此简

① 这符合李嘉图的传统。因为李嘉图公开表示他对国民收入的数量不感兴趣；他对待国民收入的分配则完全不同。在对分配有兴趣这一点上，他正确地评价他的理论的特点。但他的后继者，由于目光不够清晰，却把古典理论用于有关财富来源的问题。请看李嘉图在1820年10月9日给马尔萨斯的信："你认为，政治经济学是对财富的性质和来源的研究——我认为，它应该研究各个阶级如何瓜分它们共同创造的社会产品的规律。无法得到有关其数量的规律，但比较可靠的关于比例的规律却可以被找出来。每一天，我都更加确信：前者的研究是徒劳的，而只有后者才是经济科学的真正目的"。

单和明显，以至它最多只能被稍微提及一下。①

I

我认为，虽然对它们几乎未加讨论，古典学派的就业理论——被认为是简单和明显的——奠基于两个基本假设前提之上。[1]这

① 例如，庇古教授在《福利经济学》(第4版，第127页)中写道(我加的重点号)："在讨论的整个过程中，除非明确指出例外的情况，我们略去某些资源的非自愿的失业这一事实。这样做并不影响论证的实质，而却可以使问题简单化。"两相对照，李嘉图公开放弃研究整个国民收入数量的任何企图，而庇古教授在一本专门从事研究国民收入问题的著作中，却声称：同一理论适用于非自愿失业存在和不存在时的情况。

〔1〕 这两个基本假设前提可以用下列的图形加以说明。下列的图形是目前西方经济学的劳动需求和供给曲线：

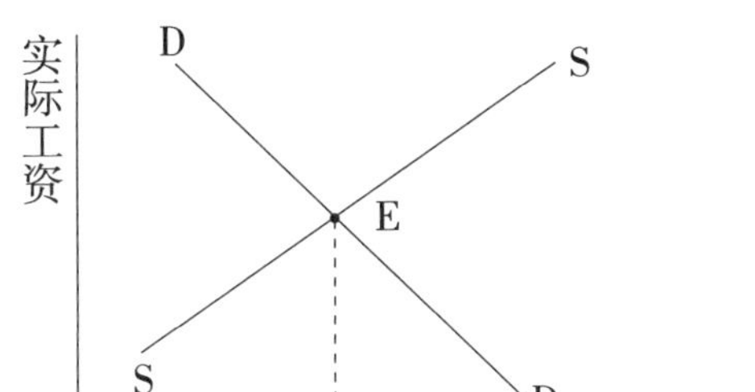

图中纵轴的实际工资代表工资(劳动者在一定时间中所能得到的报酬)所能买到的实物量，如若干食品、衣着等。由于这些实物具有效用，所以图中的实际工资也代表效用量的多寡。按照西方经济学的假设，"理性的人"是厌恶劳动的，因为，劳动会产生负效用。由于这一原因，所以只有当劳动者得到的实际工资能够补偿劳动者的负效用时，他才肯从事劳动，即就业。图中横轴的就业量代表整个社会劳动者的就业的数量。

图中的SS曲线是劳动的供给曲线。它表示在不同的实际工资作为报酬的情况下劳动者愿意就业的数量。当实际工资较低时，即它仅能补偿较低水平的劳动负效用时，只有少量的劳动者愿意就业，也就是不很懒惰的劳动者愿意从事劳动。据说随着实际工资的提高，它所能补偿的负效用越大，一部分比以前就业的人较为懒惰的劳动者便会加入就业行列。换言之，愿意就业的劳动者随着实际工资的提高而增加。这就是凯恩斯所指的第二个假设前提。

图中的DD曲线是劳动的需求曲线。它表示在不同的实际工资水平下，企业家愿意雇用的劳动者数量。由于资本主义的生产系以利润为目的，所以只有当劳动的边际产品，即劳动者在生产上能给企业家带来的利益至少等于他的实际工资时，企业家才会雇用较多的劳动者。根据收益递减规律，据说劳动者的边际产品必然递减。因此，

两个假设前提是：

1. 工资等于劳动的边际产品。

就是说，一个就业的人所得到的工资等于就业量减少一人所损失的产值(减去由于产值的下降而免去的开支之后)；然而，二者的相等是有限制条件的，因为，根据有关的原理，当竞争和市场具有不完全性时，二者的相等会受到破坏。

2. 当就业数量为既定时，工资的效用等于该就业数量时的边际负效用。

就是说：每一个就业者的实际工资正好足以(按照就业者自己的估计)诱使实际就业的人继续维持原有的就业数量；类似于第一个假设前提的竞争不完全性的限制条件，第二个假设前提中所说的相等会由于劳动者联合成为工会组织而遭受破坏。[1] 在这里，负效用必须被理解为由于种种原因，一个人或一群人宁愿失业而不愿接受被他们认为其效用低于某一最低限度的工资。

第二个假设前提与所谓“摩擦”失业并不矛盾。因为，把第二前提应用于现实时，理所当然地应该容许在调整过程中存在的各种

(接上页注文)　DD 曲线向下倾斜。该曲线的意思是：随着实际工资的下降，企业家愿意雇用更多的劳动者。这就是凯恩斯所指的第一个假设前提。

根据上述两个前提，凯恩斯以前的传统学者否认非自愿失业的存在，因为，在图上的供求相等之点(均衡点)，一切愿意为现行的工资(由图上的 EN 表示)而工作的劳动者(由图上的 ON 表示)都已就业。按照传统的西方学者的说法，如果此时还有失业者存在，那不外乎来自两个方面的原因。一方面，处于转业状态的劳动者，即暂时性的所谓“摩擦失业”；另一方面，劳动负效用较大的人，也就是特别懒惰的人，他们嫌工资太低而不愿意就业，即所谓“自愿失业”。——译者

〔1〕　按照西方经济学的说法，工会被认为是破坏完全竞争的“垄断组织”。该组织往往人为地规定工资的水平(如每小时若干元)，从而使人为规定的工资所代表的效用不能和劳动者由于劳动而遭受到的负效用相等。——译者

不完善之处，而这种不完善之处使得充分就业不能继续存在。例如，由于估算错误或时断时续的需求，专业化的资源的比例暂时失调可以导致失业；或者，由于未预见到的变动而导致的时间的拖延；或者，从一种工作转移到另一种工作所必须有的时间；由于这些原因，在一个非静态的社会中，总会存在着“在不同工作中转移”中而失业的资源。除了“摩擦”失业之外，第二个假设前提也与“自愿”失业并不矛盾。“自愿”失业系指：由于法律规定、社会成规，由于为了能以集体的力量来进行工资协议而形成的工会组织，由于对变革的反应迟钝或者单纯由于人的顽固性，人们拒绝接受相当于他们的边际生产率的产品价值的报酬而去工作。[1]“摩擦”失业和“自愿”失业已经构成失业的全部范畴。古典学派的假设前提不容许第三类失业范畴的存在，这个第三类范围将在以下被我定义为“非自愿”失业。

在这些限制条件的范围内，按照古典学派的理论，就业的资源数量系由这两个假设前提所决定。第一个前提提供就业的需求曲线；第二个提供就业的供给曲线；而就业的数量则决定于边际产品所带来的效用等于边际就业所带来的负效用之点。

根据以上所述，有可能增加就业量的方法仅有四种：

(a) 改善组织机构和增强预见性，以便减少“摩擦”失业。

(b) 减少以实际工资表示的劳动的边际负效用，从而在每一实际工资下，会有更多的劳动者愿意工作；这样会减少“自愿”失业。

[1] 即人们嫌工资太低而宁肯失业。——译者

(c) 工资品行业中的边际实物劳动生产率的增加[1](采用庇古教授的便于使用的工资品这一名词来表示,其价格可以决定货币工资的效用大小的物品)。

(d) 非工资品的价格相对于工资品价格的增加,与此同时,非工资收入者把开支从工资品转移到非工资品上去。

据我了解,以上是庇古教授的《失业论》的实质性内容——唯一存在的对古典学派的就业理论的详细论述。①

Ⅱ

古典学派的两种失业范畴能概括全部失业现象吗?事实是:总有一些人愿意接受现行工资而工作,但却无工可做。大家承认,按照现行的货币工资,只要存在着需求,一定会有更多的人就业。② 古典学派认为,这种现象与他们的第二个假设前提并无矛盾之处。他们争辩道:虽然对劳动的需求在全部愿意为现行的货币工资而工作的人全部就业以前已经得到满足,但这却是由于劳动者之间的公开或暗中的不为少于现行工资而工作的协议。他们还说:只要劳动者整体同意降低货币工资,更多的人就会得以就业。如果情况确实如此,那么,这种失业,虽然看上去显然是非自

〔1〕 工资品系指劳动者生活中所需要购买的物品。生产这些物品的行业劳动生产率的增加意味着这些物品的价格降低,从而工资所代表的效用量增加。因此,一部分嫌工资太低而"自愿"失业的劳动者会加入就业行列。——译者

① 在下面第19章的附录中,将对庇古教授的《失业论》作更详细的论述。

② 参阅上面第9页注①庇古教授的引文。

愿的，但却不完全如此。它应被归纳到上述的“自愿”失业的范畴，因为，这种失业是由于集体协议工资等原因而造成的。

这就引起了两点值得考察之处：第一点牵涉到劳动者对实际工资和货币工资的态度，而这一点在理论上并不重要，但第二点却具有关键性的意义。

我们暂时假设，劳动者不准备接受较低的货币工资而工作，从而，现行的货币工资水平的降低会通过罢工或其他手段导致已经就业的一部分劳动者退出劳动市场。这是否能证明现行的货币工资能准确地衡量劳动者的边际负效用？不一定如此。因为，虽然降低现行的货币工资会导致一部分劳动者退出就业，但如果工资品的价格上升，以致现行的货币工资所能购买到的工资品较前为少时，却不一定导致同一后果。换句话说，实际的情况可能是：在一定的范围内，劳动者所要求的是一个最低限度的货币工资而不是一个最低限度的实际工资。古典学派一向暗中假设着，这不会在实质上改变他们的理论。但是，事实并非如此。因为，如果劳动的供给函数不把实际工资作为它的唯一的自变量，〔1〕那么，古典学派的论点就会完全崩溃，从而使实际的就业量不能得以确定。①他们似乎没有理解到，除非劳动的供给仅仅是实际工资的函数，他们的劳动供给曲线会随着每一次价格的变动而改变。这样，他们的方法与其非常特殊假设条件是分不开的，从而不能被用来处理更加一般的情况。

〔1〕 这里劳动的供给函数即为上面的第二个假设前提。

① 这一点将在下面第19章的附录中详加论述。

日常的经验也毋庸置疑地告诉我们：劳动者要求得到的（在一定限度内）是一定量货币工资而不是实际工资的情况远不是一种可能性，而是正常的事例。虽然劳动者通常会抵抗货币工资的削减，但当工资品的价格上升时，他们并不拒绝工作。人们有时说，劳动者抵抗货币工资的下降而不抵抗实际工资的下降是不合乎逻辑的。由于下面（第 18～19 页）提供的理由，这可能不像骤然看来那样的不合逻辑；而且，正如我们在以后所要看到的那样，事实也是如此。但是，不论是否合乎逻辑，经验表明，劳动者确实是按此行事的。

此外，作为经济萧条的特征的失业是由于劳动者拒绝接受货币工资削减的论点显然没有得到事实的支持。断言美国在 1932 年的失业问题不是由于劳动者顽固地拒绝接受货币工资的削减，便是由于他们执拗地提出对实际工资的要求超过经济机构的生产率所可能提供的水平这一说法是很难令人信服的。经验表明：在劳动者既没有明显改变最低实际工资要求，又没有明显改变他们的生产率时，却存在着巨大的就业量的变动。劳动者在萧条时期决不比在高涨阶段更加不讲道理——实际情况确实如此。他们的物质的劳动生产率也并不更少一些。这些来自经验的事实构成确凿的理由来怀疑古典学派的分析是否恰当。

如果能对货币工资的变动和实际工资的变动之间的实际关系作出统计考察，那会是饶有兴趣的。关于某一具体行业的变动情况，我们会期望实际工资的变动和货币工资的变动具有相同的方向。但以整个的工资水平的变动情况而言，我设想统计考察会发现：货币工资的变动和其相对应的实际工资的变动通常远不具有相同的方向，而几乎总是方向相反的。就是说，可以发现：当货币工资上升时，实际工资下降；而当货币工资下降时，实际工资上升。这是由于在短期内，下降的货币工资和上升的实际工资各自出于独立存在的原因而很可能与就业量的减少有关；劳动者在就业量减少时较易于接受工资的削减，而在同一的就业量减少的情况下，实际工资不可避免地要上升，其原因在于：当产量减少时，劳动者在同一数量的资本设备下的边际生产率会增加。

如果现行的实际工资确实是一个最低限度，从而在低于这一限度的情况下，愿意工作的劳动者不会超过现在的就业量，那么，除了摩擦失业以外的非自愿失业就不会存在。但是，认为实际情况一定如此则是荒谬的。因为，按照现行的工资，即使工资品的价格上升，通常总可以雇佣到比现行就业数量还要多的劳动者；由此可见，实际工资是下降的。如果这是正确的话，那么，用现行的货币工资能购买到的工资品就不能准确地代表劳动的边际负效用，从而第二个假设前提不能成立。

然而，还有一个更加基本的反对意见。第二个假设前提来源于一种想法，即：劳动者的实际工资取决于劳资双方在工资上的协议。古典学者们当然承认，双方协议的是货币工资[1]；甚至也承认，被劳动者认为是可以接受的实际工资并不完全与当时的货币工资的大小有关。虽然如此，他们仍然认为，协议所规定的货币工资决定了实际工资的大小。因此，古典学派的理论认为，只要劳动者接受货币工资的削减，他们的实际工资便会降低。实际工资趋

〔1〕 因为在现代社会中，一般不用实物作为工资支付给劳动者。——译者

于同劳动的边际负效用相等这一假设前提显然意味着：劳动者自己可以决定他为之而工作的实际工资，虽然不能决定在这一工资水平的就业量。

简言之，传统的理论认为：劳资双方的工资协议决定了实际工资；从而，假设在雇主之间存在着自由竞争，而在劳动者之间又没有限制性的工会组织，那么，如果后者愿意，后者可以使他们的实际工资等于在同一工资下雇主们提供的就业人数的边际负效用。如果不是这样的话，那么，就不再有任何理由来期望实际工资和劳动的边际负效用之间的等同趋向。

必须记住，古典学派的结论并不仅仅意味着：一个单个的劳动者可以通过接受被另一个劳动者拒绝接受的较低工资而得到就业机会；这一结论还企图被应用于劳动者的整体。这一结论被认为可以同样被应用于封闭的和开放的社会，而并不受到开放社会的特点的影响，或者一个国家削减货币工资对该国的外贸的影响。这些当然都完全处于本书所讨论的范围以外。这一结论也不考虑以货币衡量的工资总额的减少对银行制度和信用状况引起的某些反应这种间接的影响；这些影响将在第 19 章中详加论述。他们的结论只是奠基于一个信念，即：在一个封闭的社会中，当货币工资的一般水平降低时，至少在短期内，实际工资必将有某些下降，虽然下降的程度并不总是成比例的；也许会有例外，但例外情况并不重要。

实际工资的一般水平取决于劳资之间的对货币工资的协议这一说法并不具有显而易见的正确性。奇怪的是：很少有人企图证实或推翻这一说法，因为，这一说法与古典理论的一般论调远远不相一致。古典理论引导我们来相信:价格取决于以货币表示的边际直接成本,而货币工资又在很大程度上决定边际直接成本。因此,如果货币工资有所变动,那么,按照古典学派的理论,价格会作出几乎相同比例的变动,从而使实际工资和就业水平基本上与变动前一样。劳动者所经受的任何少量的增益与损失会由边际成本中的其他部分的损失和增益来抵消,从而使边际成本保持不变。[①]古典学派之所以未能遵循这一思路追究下去,其部分原因在于他们的已经形成的信念,认为劳动者可以决定自己的实际工资,其另一部分的原因也许在于他们的先入之见,认为价格取决于货币数量。而且,劳动者总是可以决定自己的实际工资这一命题,一旦被接受下来,又和劳动者总是可以决定他们自己愿在何种实际工资下达到充分就业(即在一既定实际工资下的最大就业量)混淆在一起。

综上所述,对古典学派的第二个假设前提,我们有两个反对意见。第一个反对意见牵涉到劳动者的行为。在货币工资不变的情况下,由于价格上升而导致的实际工资下降一般不会使在现行工资下的劳动供给量低于价格上升前的实际就业量。如果说会使劳动供给量低于价格上升前的实际就业量的话,那就等于说:现在的失业者虽然愿意在现行的工资下就业,但却会在生活费用稍微上涨时,拒绝为现行工资而工作。然而,这一古怪的假定却贯穿在庇古教授的《失业论》[②]的全书之中,这也是正统学派的追随者们在

① 照我看来,这个论点确实含有大量的真理的成分,虽然货币工资变动的全部后果较此为复杂,正如我们在下面第19章所说明的那样。

② 参阅第19章附录。

暗中所假定的东西。

但是，另外一个较为基本的反对意见将在本书的以下各章加以发展。这个反对意见来源于我们不同意工资协议可以直接决定实际工资的一般水平这一假设条件。就假设工资协议可以决定实际工资而论，古典学派暗中塞进了这个不恰当的假定。因为，对于全部劳动者的整体而言，可能不存在任何办法来使相当于货币工资的一般水平的工资品等于现行的就业量的边际负效用；也可能不存在任何途径，使劳动者全体能够通过它与雇主们对货币工资的讨价还价来把实际工资改变到某一既定的水平。这就是我们的论点。我们将致力于证明：决定实际工资的一般水平的是某些其他的因素。说明这一问题将是本书的主题之一。我们将进行争辩并且指出：对于我们生活于其中的经济制度在这一方面的运行，一向存在着原则性的误解。

Ⅲ

虽然在个人或集体之间的围绕着货币工资的讨价还价往往被认为可以决定实际工资的一般水平，而在事实上这种讨价还价所关心的却是不同的事物。由于劳动者的流动性不够完善，从而工资不能精确地反映不同职业的真正的有利之处，所以任何个人和集体如果容许他们的货币工资作出相对于其他人的货币工资的削减，那么，削减就会使他们的实际工资相对地下降。这已构成充分的理由来使他们抵抗货币工资的削减。另一方面，要想抵抗对一切劳动者影响相同的由于货币购买力改变而造成的实际工资的每一次下降却是不现实的。事实上，来自这种方式的实际工资的下降一般不会遭受抵抗，除非下降的幅度达到极端的程度。此外，在少数几个行业中抵抗货币工资的削减所引起的对增加就业量的阻碍，其严重性要远低于全部行业对实际工资的削减加以抵抗时所引起的同一阻碍。

换句话说，对货币工资的讨价还价主要是影响实际工资总量在不同劳动者集体之间的分配，而不是影响每一个就业者的平均实际工资。我们将会看到，后者取决于一系列不同的因素。一群劳动者通过联合而形成工会组织的作用在保护他们的相对的实际工资。实际工资的一般水平则取决于经济制度中的其他因素。

因此，值得庆幸的是：与古典学派相比，劳动者倒是更加合理的经济学者，虽然他们是在下意识中做到这一点的。以他们抵抗货币工资的削减而论，即使这时的工资的实际购买力大于现行的就业量的边际负效用，他们也会这样做，因为货币工资的削减往往限于个别的行业，并且很少，或者从来就不涉及全体劳动者。相反，他们并不抵抗货币工资不变时的实际工资的降低，因为，这种降低会和总就业量的增加联系在一起。除非降低到如此程度，以致实际工资有可能下降到现行就业量的边际负效用之下。每一个工会都会采取一些手段来抵抗货币工资的削减，不论削减的数量小到何种程度。但由于没有一个工会会梦想到对每一次的生活费用的上涨举行罢工，所以工会并没有对就业量的增加设置障碍，而古典学派却把设置障碍的责任加在工会的头上。

Ⅳ

现在,我们必须给第三种类型的失业,即严格的"非自愿"失业下一定义。对这种类型的失业,古典学派不承认其存在的可能。

显然,我们所说的"非自愿"失业并不指工作还没有消耗掉人们的全部工作能力以前的状态。一天工作八小时并不由于人们的精力能维持十小时的工作而被称为失业。如果有一批劳动者由于他们不愿意接受少于某种水平的实际工资而进行劳动,那么,我们也不把他们当做"非自愿"失业者。此外,为了方便起见,也把"摩擦"失业排除在我们所定义的"非自愿"失业之外。这样,我作出定义如下:如果当工资品的价格相对于货币工资作出微小上升时,为了现行的货币工资而愿意工作的劳动供给总量和在同一货币工资之下的对劳动的需求总量都大于现行的就业量,那么,人们便处于非自愿失业状态。另一个可供选择的、其实质内容完全相同的定义将在下一章中加以说明(下面第28～39页)。

根据这一定义,第二个假设前提所假定的实际工资和就业的边际负效用的相等在现实的意义上就相当于"非自愿"失业不存在的情况。[1] 我们把这种没有"非自愿"失业的情况称之为"充分"就业。在这样的定义之下,"摩擦"和"自愿"失业并不与"充分"就业发生矛盾。我们将会发现:这与古典理论的其他特征也是吻合

[1] 因为,这时的实际工资正好等于劳动的边际负效用,从而意味着一切认为实际工资能够补偿他的劳动边际负效用的劳动者都已就业。因此,此时的失业者只能归之于"摩擦"或"自愿"的范畴。——译者

的,而古典理论最好应被称为充分就业条件下的分配理论。只要现实符合古典学派的假设前提,上述意义的非自愿失业是无从发生的。[1] 因此,所有的失业必须来自"从一个工作转移到另一个工作之间的"暂时性的失业、或者来自对高度专业化的资源的时断时续的需求、或者来自工会的不让非工会人员就业的"限雇原则"。[2] 这样,如果接受古典传统的经济学者忽视了作为他们的理论基础的特殊假设前提,那么,他们必然会作出在逻辑上完全符合他们假设前提的结论,即:所有的失业(除了所承认的例外以外)归根结蒂是由于没有工作的生产要素拒绝接受相当于它们的边际生产率的报酬。[3] 古典学派的经济学者可能同情劳动者对削减货币工资的抵抗,也可能承认,为了对付暂时性的局面而接受货币工资削减并非明智之举;但是,对科学的忠诚会迫使他来宣称:无论如何,这种对货币工资的削减的拒绝是问题的最终原因。

显然,如果古典理论仅适用于充分就业的事例,那么,把它应用于非自愿失业的问题就是错误的——假设这种问题是存在的话(谁能否定它的存在?)。古典学派的理论家们很像置身于非欧氏世界的欧氏几何学家们;这些人发现,他们看到的显然为平行的线段却会相交,于是便指责线段没有画直——作为唯一的能够解决矛盾的出路。然而事实上,除了推翻平行线的假设条件以及建立一个非欧

〔1〕 因为,第二个假设前提认为,实际工资总是和劳动的边际负效用相等的。——译者

〔2〕 "限雇原则"是西方劳动经济学的术语。它的大致意思是:被雇用的劳动者必须属于工会。——译者

〔3〕 劳动、资本和土地被西方经济学称之为"生产要素"。这里的"生产要素"显然指劳动者而言。——译者

氏几何学以外，并不存在着别的出路。类似的事情也要求今天的经济学者去做。我们需要推翻古典理论的第二个假设前提并且建立一个使严格意义上的非自愿失业成为可能的运行方式的理论体系。

V

在着重指出我们与古典理论体系的分歧时，我们不应忽视一个重要的共同之点。因为，正同过去一样，我们将维持第一个假设前提，仅使它受到和在古典理论中相同的限制条件。我们必须在此稍停一下，来考虑这一做法所牵涉到的是什么。

它意味着：在既定的组织结构、设备和技术的条件下，实际工资和产出数量（从而和就业量）是唯一相关的，因此，一般说来，只有在实际工资率下降时，就业量才会伴随着实际工资的下降而增加。〔1〕我并不想对被古典经济学者（正确地）宣称为不可缺少的这个事实提出不同意见。在既定的组织结构、设备和技术的条件下，每一个劳动者所争取到的实际工资与就业量具有唯一（负）相关的关系。这样，如果就业量增加，那么，在短期内，每一个劳动者所得到的以工资品表示的报酬一般必然下降，从而利润上升。①

〔1〕按照第一个假设条件，实际工资不但等于劳动的边际产品，而且，当劳动量增加时，劳动的边际产品还会由于收益递减规律而下降。——译者

① 该论点可述之如下：受到雇用的人为 n 个，其中第 n 个人每日为收获量添增 1 蒲式耳，从而工资的购买力为每日 1 蒲式耳。然而，第 $n+1$ 人每日只为收获量添增 0.9蒲式耳，因此，除非小麦的价格作出相对于工资的上升，一直到每日的工资的购买力为 0.9时，就业量不能增加到 $n+1$ 人。这样，工资总额会是 $\frac{9}{10}(n+1)$ 蒲式耳，而过去则为 n 蒲式耳。因此，如果增加雇用 1 人，那么，这必然牵涉到收入从原有被雇用的人手中转移到企业家那里。

这不过是大家熟悉的命题的另一个方面，该命题为：在正常情况下，各行业的运行会在短期内受到收益递减的限制，而在短期内，设备等都被假设为不变；因此，工资品行业中的边际产品（它们决定实际工资）必然随着就业量的增加而减少。的确，只要这一命题能够成立，任何增加就业的手段必然会导致边际产品的减少，从而，会减少以这种产品所衡量的工资率。

但是，当我们把第二个假设前提推翻以后，虽然就业量的减少必然会使劳动者得到在数值上等于较多数量的工资品的工资，然而，就业量的减少却不一定是由于劳动者要求提高以工资品计算的工资而引起的；从而，劳动者愿意接受较低的货币工资未必能解决失业问题。我们在这里所涉及的工资论以其与就业的关系只能留待至第19章及其附录，才能加以说明。

Ⅵ

自从萨伊和李嘉图时期以来，古典经济学者们都在讲授供给创造自己的需求的学说——其大意是：全部生产成本必须直接或间接地被用来购买所生产出来的产品，但对该学说，他们并没有很清楚地加以说明。

在约翰·穆勒的《政治经济学原理》中，该学说被明白地陈述如下：

“构成偿付商品的手段的东西还是商品。每人所持有的

> 偿付其他人的产品的手段就是他自己所拥有的产品。既然如此，所有的卖者不可避免地会成为买者。如果我们能突然使一国的生产能力加倍，那么，我们会在每一个市场上使供给加倍。但是，与此同时，我们也会使购买力加倍。每人都会具有双倍的需求和供给。每人所购买的是过去的两倍，因为，他在交换中能提供给别人的也是过去的两倍”。[①]

作为该学说的一个推论，任何具有购买力的个人的节制消费的行为被认为必然会使由于节制消费而解放出来的劳动和商品被用于生产资本品的投资。下面引自马歇尔的《国内价值的纯理论》的一段话可以显示传统的说法：[②]

> “一人的全部收入都是被用于购买劳务和商品的。当然，人们常常听到：一人花费掉其一部分收入，并且储蓄剩下的部分。但是，大家熟悉的一条经济学公理说道：一人用其收入的储蓄部分来购买劳动和商品的情况正是和他用他的被称为消费部分来购买劳动和商品的情况相类似的。当他企图从所购买到的劳动和商品中得到现在的享受时，这被称为他在进行消费。当他使得他所购买的劳动和商品被用于生产他在将来可以从其中得到享用物的财富时，这被称为他在进行储蓄”。

① 《政治经济学原理》，第 3 编，第 14 章，第 2 节。

② 参阅该书第 34 页。

要想从马歇尔的较后的著作①中或从埃奇沃斯或庇古教授的著作中找到类似的话确实是不容易的。该学说在今天从来不以这种简陋的形式出现。虽然如此，它仍然是整个古典理论的一个基础；没有前者，后者便要崩溃。现在的经济学者在是否同意穆勒的说法上可能要踌躇一下，但他们在接受以穆勒的说法作为前提而得到的结论并不会表现犹豫。例如，这种被确信不移的观点贯穿于几乎是全部庇古教授的著作。他相信，除了会增加摩擦以外，有无货币并不会造成实质性的后果；〔1〕他相信，生产论和就业论可以（像穆勒所做的那样）根据"实物"数量的交换而得以建立，与此同时，货币可以在其后的一章中以无关宏旨的方式被引入进来。这种被确信不移的观点是古典传统的现代化说法。现时的思想仍然深深地浸泡在这种想法之中，认为如果人们不以一种方式把钱花掉，那么，也会以另一种方式这样做。② 战后的经济学者确实很少能以前后一致的方式成功地维持这一观点；因为，他们在今天的

① J. A. 霍布森先生在他的《工业的生理学》（第 102 页）中引用了上述穆勒的话之后，指出：马歇尔最早在他的《工业经济学》（*Economics of Industry*）（第 154 页）中已对穆勒的话加以评论："但是，虽然人们具有购买力，他们可以不去使用它"。"但是"，霍布森先生继续写道："马歇尔没有抓住这一事实的关键的重要性，并且他似乎把这种行为限于在'危机'时期"。我认为，从马歇尔的较后的著作来看，这对马歇尔始终是一句公道的评语。

〔1〕 因为，按照古典学派的意见，"合乎理性的人"不会把货币闲置起来而不去让它增殖。可参阅《译者导读》的有关传统的货币数量论部分。——译者

② 参阅艾尔弗雷德·马歇尔和玛丽·马歇尔：《工业经济学》（第 157 页）："用不耐穿的材料制作衣服对工商业是不利的。因为，如果不把他的购买力用于添置衣服，他们会以其他方式用于给劳动者提供就业机会。"读者会觉察到，我是在再一次引用早期的马歇尔的话。写作《经济学原理》时的马歇尔已经具有足够疑虑程度，以致变为非常谨慎和模棱两可。但是，老的观点从来没有从他思想的基本假设中剔除出去。

头脑中已经过分地充满了相反的思想倾向，已经充满了过于明显地与他们以前的观点发生矛盾的经验事实。① 但是，他们没有从中得出足够深远的结果，从而也没有修改他们的基本理论。

在《鲁滨逊飘流记》故事的交易不存在的经济中，个人的收入完全来自他的生产活动。他所消费掉的或保存下来的事实上是、而且只能是他自己生产活动的产物。古典学派把故事中的经济当做现实世界，把由前者中所得到的结论应用于后者。古典学派错误的原因可能即在于此。然而，除此以外，生产成本总是能从由于需求而造成的销售所得中全部收回这一古典学派的结论具有很大的可信性，因为，很难把它与另一个看来和它相似的正确命题分开，而后一个命题是：在社会中从事某一生产活动的各生产要素的收入总量必然等于这一生产活动的生产物的价值。

同样地，人们很自然地会设想：如果一人能增加自己的财富而又显然没有从其他人那里取走任何东西，那么，他必然也会增加整个社会的财富；因此（正如刚才引用的马歇尔的话那样），一个人的储蓄行动不可避免地会导致出与之相对应的投资行动。因为，按照相同的道理，也可以不容置疑地说：个人财富净增量的总和必然正好等于社会财富净增量的总量。〔1〕

无论如何，那些以如此方式思索的人都受到了视觉上的幻象之骗；视觉上的幻象把本质上不同的事物看成似乎相同的东西。

---

① 罗宾斯教授的与众不同之处在于：他几乎是单独一人继续维持前后一致的思想体系，他的政策建议属于和他理论体系相同的类型。

〔1〕 在这里，个人和社会财富净增量系顺次指整个社会的储蓄和投资量而言。——译者

这些人错误地设想在节制现在的消费和准备将来的消费之间存在着自行协调的关系；而在事实上，决定后者的动机与决定前者动机之间并不存在着任何单纯的联系方式。

这样，把社会总产量的需求价格和其供给价格假设为相等的说法可以被当做为古典理论的“平行线公理”。如果承认这一点，那么，其他各点便会随之而来——私人和国家从事节俭为社会带来的利益、看待利息率的传统的态度、古典学派的失业论、货币数量论、自由放任在对外贸易上必然会带来的利益，如此等等。对于所有这一切，我们将要提出疑问。

Ⅶ

在本章以上的各个地方，我们指出：古典学派的理论依次取决于下列的假设条件：

(1) 实际工资等于现行的就业量的边际负效用；

(2) 严格意义上的非自愿失业并不存在；

(3) 供给创造自己的需求，其意义为：在产量和就业的任何水平，总需求的价格都等于总供给价格。

这三个假设条件在实质上可以说是同一事物，因为，三者的存在与否必须是共同的；三者中的任何一个在逻辑上牵涉到其他两个。

第三章　有效需求原理

I

在开始的时候，我们需要一些名词概念，其定义将在以后加以精确的说明。在既定的技术、资源和成本的条件下，企业家雇用一定数量的劳动者会使他具有两种支出：首先，他付给生产要素的支出（不把对其他企业家的支出包括在内），以便补偿它们所提供的现行劳务的部分。这一部分被我们称之为所研究的就业量的**要素成本**。第二，支付给其他企业家的支出，以便补偿他们所提供的产品以及补偿他自己由于提供机器设备和不让机器设备闲置而遭受的牺牲。后者被我们称之为所研究的就业量的**使用者成本**。① 企业家由此而得到的产品的价值超过要素成本和使用者成本的这部分差额是企业家的利润，也被我们称之为企业家的**收入**。当然，从企业家的观点来看是要素成本的东西在生产要素看来是他们的收入。〔1〕 因此，要素成本加上企业家利润构成被我们称之为该企业

---

① 在第6章中，将提供使用者成本的精确的定义。

〔1〕 这里的意思是：企业家在组织生产时，必须顺次支付给劳动者、资本家和地主以工资、利息和地租。三者顺次为生产要素所有者（劳动者、资本家和地主）的收入，但在企业家看来，三者是它的生产成本。——译者

家所提供的就业量的总收入。以如此方式来定义的企业家的利润应该是企业家使之最大化的数量，以便根据最大利润来决定他所提供的就业量为何。为方便起见，我们可以从企业家的方面来看，把一定数值的就业量所造成的总收入（即要素成本＋利润）[1]称之为该就业量的产品的卖价。[2] 在企业家看来，每一数值的就业量都有一个最低的预期卖价；如果卖价低于此最低数值，他便不会提供与之相应的就业量。这一最低卖价就是相应的就业量的总供给价格。①②

根据以上所述，在技术、资源和每一单位就业量的要素成本均为既定时，每一单个厂商和行业以及社会总就业量取决于企业家

〔1〕 这里的总收入即为雇用一定数量的劳动者（就业量）所带来的整个社会的收入，包括整个社会支付的工资、利息、地租和利润，因为，在雇用劳动者进行生产时，也必须使用机器设备和土地。此外，企业家必须获得利润才会生产和出售商品。——译者

〔2〕 此处的原文为“proceeds”，其意义为所得、收益或卖价。为了与西方现在使用的国民收入核算方法保持一致，这里译为卖价。因为，西方表示国民收入最常用的名词GNP（国民生产总值），即为一国在一年中所创造出的全部产品与劳务的卖价（按市场价格计算）；NNP（国民生产净值）大致为GNP－折旧。——译者

① 不要把这里的总供给价格和通常意义的每单位产品的供给价格相混淆。

② 读者会看到，我已把使用者成本从既定产量的卖价和总供给价格中减去，因此，这两个名词应被理解为不包括使用者成本。然而，产品购买者所支付的总额中当然包括使用者成本。这个办法的方便之处将在第6章中加以论述。主要之点在于：在不包括使用者成本在内的情况下，总卖价和总供给价格的定义是唯一的和明确的。由于使用者成本显然取决于行业之间的联合程度以及企业家相互间进行购买的程度，所以如果把使用者成本包括在内，那么，就不能对购买者所支付的数额给出定义。甚至在给单个生产者的普通意义上的供给价格下定义时，也会遇到类似的困难；而在全部产品的总供给价格的情况下，严重的重复计算的困难便会出现。历来对这种困难并没有设法加以解决。如果这一名词包括使用者成本，那么，只有按照生产消费品或资本品的办法来把企业家分成不同的类型，然后对第一类型的联合程度作出特殊的假设条件，只有这样，才能克服上述困难。然而，这种区分企业家的办法本身是不明确的和复杂的，而且也与事实不符。如果像上面那样，使总供给价格的定义不包括使用者成本，那么，这些困难便不会出现。读者最好等待第6章及其附录，那时可以看到较为全面的论述。

对该就业量的产品所预期的卖价①。因为，企业家会致力于把就业量维持在能使预期的卖价超过要素成本的部分为最大的水平。[1]

令Z为雇用N个人时的产品的总供给价格，则Z和N之间的关系可以被写作为Z=Φ(N)；该式可以被称为总供给函数②。同样，令D为企业家雇用N个人时所预期的卖价，则D和N之间的关系可以被写作为D=f(N)，该式可以被称为总需求函数。

现在，在N的数值为既定的条件下，如果预期卖价大于总供给价格，即如果D大于Z，那么，企业家就会有积极性把就业量增加到大于N，而且，如有必要，企业家还会在相互之间进行竞争来购买生产要素从而提高成本，一直到N的数值使Z和D相等时为止。这样，就业量被决定于总需求函数和总供给函数的交点，因为，在这一点，企业家的预期利润会达到最大化。总需求函数与总供给函数相交时的D的数值被称为有效需求。[2]由于这就是就业

① 一位必须决定实际生产规模的企业家当然并不单纯考虑既定产量的对销售卖价的肯定预期值，而是考虑几个具有不同概率和肯定性的设想的预期值。因为，我所说的企业家对销售卖价的预期值系这样一种预期值，如果该预期值被认为具有肯定性的话，那么，由此而导致的企业家行为，与企业家在实际决策时所使用的一系列含混和具有不同可能性的预期值所导致的企业家行为完全相同。

〔1〕 即企业家的利润为最大时。——译者

② 在第20章，一个与之密切相关的函数被称为就业函数。

〔2〕 狄拉德以下列的图形表示有效需求（见狄拉德：《约翰·梅纳德·凯恩斯的经济学》，第29～37页）：

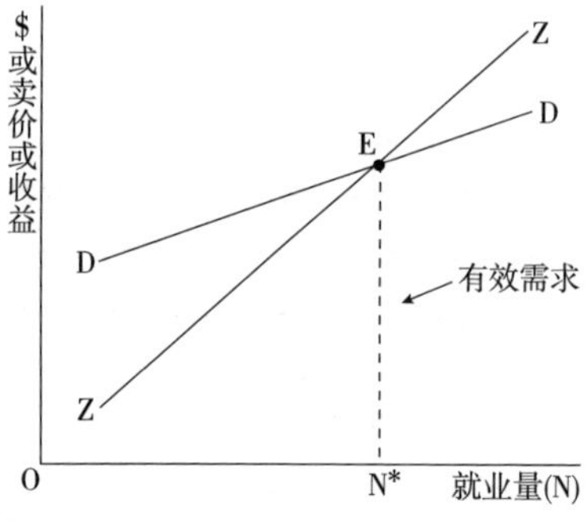

图中的ZZ代表总供给曲线，Z=Φ(N)；DD代表总需求曲线D=f(N)。二者相交于E点；E点为供求相等的均衡点。在该点，整个社会的企业家由于雇用N*的劳动者而期望得到的产品的卖价正好等于整个社会提供N*的就业量所必须得到的最低卖价；此时，意图获得最大利润的企业家得到正常利润。处于E点左方的就业量之下，企业家会取得超额

通论的实质内容，我们的任务在于说明这一内容。以下各章的论述主要在于考察影响这两个函数的各种因素。

另一方面，过去一向被明确地表示为“供给创造自己的需求”并且继续统治正统经济理论的古典学说对这两个函数的关系却作了一个特殊假设条件，因为，“供给创造自己的需求”必然指 $f(N)$ 和 $\Phi(N)$ 在所有的 N 的数值都相等，也就是说，在产量和就业的任何水平都相等。这句话也指：当 $Z(=\Phi(N))$ 由于 N 的增加而作出相应的增加时，$D(=f(N))$ 必然与 Z 一样作出相同的增加。换言之，古典理论假设：总需求价格（或卖价）永远使自己同总供给价格相等；因此，不论 N 的数值为何，卖价 D 的数值等于相当于 N 数值的总供给价格 Z。[1] 这就是说，有效需求不是具有一个唯一的均衡值，而是具有一系列的无穷大个同样可被容许的均衡值；从而，除了劳动的边际负效用所规定的一个上限以外，就业量的大小是不能确定的。

如果这是正确的话，那么，企业家之间的竞争总是会导致就业量的扩大，一直到整个产量的供给不再具有弹性时为止[2]，即：有

（接上页注文）　利润，因为，$D>Z$；但这种状态不能持续存在，其原因在于：企业家之间的竞争会增加就业量，使就业量向 N^* 移动。处于 E 点右方的就业量之下，企业家会蒙受亏损，因为，$Z>D$；但这种状态也不能持续存在，其原因在于：企业家为了消除亏损，必然会减少就业量，使它缩小到 N^* 的数值。只有在 E 点，企业家所意图得到的产品卖价或收入才等于整个社会所要求得到的最低值。由于 N^* 能持续存在，所以 N^* 为均衡就业量；此时的产品卖价或收入即为有效需求，由图中的 EN^* 表示。

大致说来，凯恩斯的有效需求的意思是：能使社会全部产品都被买掉的购买力，而这笔购买力又是由于生产这些产品而造成的。凯恩斯的有效需求与马克思主义经济学的有支付能力的需求看来并不完全相同，但也有相当大的一致之处。

〔1〕　即总供给和总需求曲线重叠在一起。——译者

〔2〕　即总供给曲线不再具有弹性意味着总供给曲线在此时变为一条垂直线。——译者

效需求数值的进一步增加不再会导致产量的任何增加。这一状态显然同充分就业是相同的事情。在上一章，我们用劳动者的行为来提供一个充分就业的定义。另一个与之相等价的范畴就是我们现在所得到的，即：充分就业是一种状况；在其中，总就业量的产量对有效需求的增加的反应已经缺乏弹性。因此，萨伊定律所意味着的整个产量的总需求价格在一切产量上都与总供给相等的说法就相当于到达充分就业不存在任何障碍这一命题。然而，如果萨伊定律不是一个把总需求和总供给函数联系起来的正确规律，那么，经济理论就有必要来撰写涉及这一问题的十分重要的一章，因为，没有这一章，一切有关总就业量的数值的讨论都是徒劳的。

Ⅱ

对本书以下各章所要建立的就业理论作一概述，在目前阶段也许会对读者有所帮助，即使概述不能为读者所完全理解。所牵涉到的名词将在以后陆续详加说明。在本概述中，我们假设：当每一劳动者单位的就业量增加时，货币工资和其他要素成本均保持不变。但是，使用这一在以后要放弃的简单化办法仅仅在于论述的方便。不论货币工资等是否会作出改变，我们论点的实质内容完全相同。

我们的理论的纲要可以表述如下。当就业量增加时，实际收入的总量也会增加。社会的心理状态是：当实际收入总量增加时，总消费量也会增加，但增加的程度不如收入。因此，如果增加的就业量仅被用来满足现期消费量的增加，那么，企业家便会蒙受损失。这样，为了能维持既定的就业量，就必须要有足够数量的现期的投资来补偿总产量多出在该就业量时社会所愿意消费的数量部分。因为，除非存在着这一数量的投资，企业家的收入会小于使他们提供这一就业量所应有的数额。[1] 因此，在既定的被我们称为消费倾向的条件下，就业量的均衡水平（即对全部企业家说来没有动机促使他们扩大或减少就业量的水平）取决于现期的投资数量。投资数量又顺次取决于我们所谓投资的诱导；而投资诱导则被发现为取决于资本边际效率表（或曲线）与对各种期限和风险的贷款利息率结构之间的关系。

因此，在既定的消费倾向和新投资量的情况下，只存在着一个均衡水平的就业量；因为，任何其他水平会导致全部产量的总供给价格和总需求价格之间的差异。[2] 均衡水平的就业量不能大于充分就业，即：实际工资不能小于劳动的边际负效用。[3] 但在一般情况下，也没有理由来期望均衡水平的就业量等于充分就业。因为，与充分就业相对应的有效需求是一种特殊事例；只有当消费倾向和投资诱导相互之间处于一种特殊关系时，该有效需求才能得以实现。这种相当于古典理论的假设条件的特殊关系在一定意义上可以说是一种最优的关系。然而，只有在偶然的场合或者通过人为的策划，使现期的投资量对需求所提供的数量正好等于充

〔1〕 因为，企业家生产出来的东西不能全部被销售掉，从而将会损失一部分利润；也就是处于 Z>D 的状态。——译者

〔2〕 即求大于供或供大于求的情况，从而使就业量增加或减少。——译者

〔3〕 也就是说：企业家所能提供的实际工资水平不足以使真正的“自愿”失业者出来工作。——译者

分就业所造成的产量的总供给价格大于社会在充分就业时所愿意有的消费量的部分，[1]上述的最优关系才能成立。

这一理论可以被总结为下列命题：

(1) 在技术、资源和成本均为既定的情况下，收入（包括货币收入和实际收入）取决于就业量 N。

(2) 社会的收入和社会所愿意消费的数量（用 D_1 来表示）之间的关系取决于该社会的心理特征；这一关系被我们称为该社会的消费倾向。就是说，除了消费倾向本身发生变化以外，消费取决于总收入的水平，从而取决于就业量水平 N。

(3) 企业家所决定雇用的劳动者的数量 N 取决于两种数量的总和（D），即：D_1，社会愿意消费的数量，和 D_2，社会愿意投资的数量。D 就是我们的所谓有效需求。

(4) 由于 $D=D_1+D_2=\Phi(N)$（在这里，Φ 是总供给函数），由于正如我们在上述第(2)命题所看到的那样，D_1 取决于 N（我们可以写作 $\chi(N)$；χ 取决于消费倾向），所以 $\Phi(N)-\chi(N)=D_2$。

(5) 因此，均衡的就业量取决于：1)总供给函数，Φ，2) 消费倾向，χ，和 3)投资量，D_2。这就是一般就业理论的要旨。[2]

(6) 对于每一个数值的 N，在工资品行业中存在着相应的劳动的边际生产率；而决定实际工资的便是这一生产率。[3] 因此，

[1] 简单说来，企业家进行投资来把充分就业所生产的全部产品中没有被消费掉的部分买走。——译者

[2] 这也就是一般西方经济学教科书中所说的“简单凯恩斯模型”。——译者

[3] 即：古典学派的第一个假设前提，认为工资等于劳动的边际产品，而劳动的边际产品的大小代表劳动生产率的高低。——译者

(5)受到的限制条件为：N 不能超过它把实际工资减少到与劳动的边际负效用不相等时的数值。这意味着：并不是所有的 D 的改变都不和我们暂时的货币工资不变的假设相抵触。[1] 这样，要想对我们的理论作出全面的论述，取消这一假设条件是必要的。

(7) 按照古典理论，对所有的 N 的数值而言，D＝Φ(N)；而在 N 小于其最大值时，就业量均处于中性的均衡状态。因此，企业家之间的竞争力量会把 N 推进到它的最大值。在古典理论中，只有在这一点，才会存在稳定的均衡状态。

(8) 当就业量增加时，D_1 会增加，但 D_1 的增加程度不像 D 的增加那样大；因为，当我们的收入增加时，我们的消费也会增加，但增加的量不像收入增加的那样大。在这个心理规律中，可以找到存在于我们现实中的问题的关键。因为，根据这一心理规律，就业量越大，与之相对应的产量的总供给价格(Z)与企业家能够从消费者支出那里收回的 D_1 之间的差距也越大。因此，如果消费倾向不变，那么，就业量便不能增加；除非 D_2 也同时增加，以便补偿 Z 与 D 之间的越来越大的差距。这样——除非依靠古典理论所作出的特殊假设条件，认为当就业量增加时，总会有某种力量发生作用来使 D_2 增加到足够的程度，以便补偿 Z 和 D_1 之间的越来越大的差距——否则，经济制度可以处于稳定的 N 小于充分就业的均衡状态，即处于总需求函数和总供给函数的交点所决定的就业水平。

因此，就业量并不取决于以实际工资衡量的劳动的边际负效

[1] 这句话的意思大致是：在到达充分就业以后，货币工资会随着物价的提高而上升。在此情况下，货币工资就改变，而不是不变。——译者

用，而在实际工资为既定时，所可能有的劳动供给量仅仅决定就业量的最高水平。事实上，消费倾向和新投资的数量二者在一起决定就业量，而就业量又决定实际工资——并不是颠倒过来的情况。如果消费倾向和新投资量造成有效需求不足，那么，现实中存在的就业量就会少于在现行的实际工资下所可能有的劳动供给量，而均衡的实际工资会大于均衡的就业量水平的边际负效用。

上述分析可以为我们解释在丰裕之中的贫困这一矛盾现象。其原因在于：仅仅存在着有效需求的不足便有可能、而且往往会在充分就业到达以前，使就业量的增加终止。尽管在价值上，劳动的边际产品仍然多于就业量的边际负效用，有效需求的不足却会阻碍生产。

此外，社会越富裕，社会的实际和潜在的产量之间的差距越大；因此，社会经济制度的缺陷就更加明显和难以令人容忍。因为，贫穷的社会往往会消费掉它的很大一部分的产量，所以，数量非常有限的投资便会足以导致充分就业；反之，富裕的社会必须为投资提供远为更加充足的机会来导致充分就业，如果想使该社会的富人的储蓄倾向与该社会的穷人的就业不发生矛盾的话。如果在一个潜在富裕的社会中，投资的诱导微弱，那么，尽管存在着潜在的财富，有效需求原理的作用会强迫该社会减少它的产量，一直到存在着潜在财富的该社会贫穷到如此的程度，以致它产量的多于其消费的部分被减少到与它的微弱的投资诱导相适应时为止。

但是，事态之不幸还甚于此，在富裕的社会中，不仅边际消费倾向[①]微弱，而且，由于它的资本的积累已经较多，除非利息率以

① 在下面第10章加以说明。

足够快的速度下降，进一步投资的机会就较难以具有吸引力。这就使我们来研究利息率的理论并且考察为什么利息率不能降低到应有的水平。这是本书第四编的内容。

于是，对消费倾向的分析，对资本边际效率的定义以及利息率的理论是我们现有知识的三个主要空白之处，从而必须加以填补。当这一点被完成以后，我们将发现价格论在我们的通论中的应有位置，即：它是我们通论的一个组成部分。虽然如此，我们还将发现：在我们的利息率理论中，货币起着重要作用，从而，我们将设法弄清楚使货币区别于其他事物的特征。

Ⅲ

可以忽视总需求函数的想法是李嘉图经济学的基本观点，而在百余年以来，我们所学习的经济学也以这个观点为基础。马尔萨斯确实曾经猛烈地反对过李嘉图的有效需求不可能不足的学说，但却无济于事。其原因在于：由于马尔萨斯未能清楚地解释（除了诉诸于日常观察到的事实以外）如何和为什么有效需求竟然会不足或者过多，所以他没有提供一个可以代替李嘉图观点的另一种学说；而且，李嘉图征服英国的完整程度正和宗教裁判所征服西班牙一样。他的学说不仅达到为市民们、政治界和学术界所接受的地步，而且，它还使争议停止，与其不同的观点完全消失并且根本不被置之于讨论之中。马尔萨斯曾经为之斗争的有效需求这一巨大之谜在经济学文献中完全不见踪迹。在古典理论得到最成熟体现的马歇尔、埃奇沃思和庇古教授的全部著作中，它甚至一次也没有被提到过。有效需求只能偷偷摸摸地生活在不入流的卡尔·马克思、西尔维奥·格塞尔和道格拉斯少校的地下社会之中。

李嘉图胜利的完整程度始终是出乎意料和难以理解的事情。看来一定是由于在一系列事物上他的学说能适合该学说所存在的社会的要求。我设想，该学说所得到的结论和没有经济学知识的普通人所预期的结论具有很大不同之处给它带来智慧上的威信。它的教言在实践上的严酷和难以接受反而使它具有优越性。它的可以被作为宏大而符合逻辑的上层建筑的基础使它具有学术上的瑰丽。它能把社会上的许多不公正之处和明显的残酷事实解释为在进步中不可避免的后果，以及把改变这些事态的企图解释为弊大于利的事情使它受到统治者的赞赏。它为资本家们的自由行动提供理论根据，使它能得到统治者背后的主要社会力量的支持。

但是，虽然一直到不久以前，该学说本身并未受到正统经济学者的怀疑，然而它在科学预测上的失败逐渐在很大的程度上损害了那些把它应用于现实的经济学者的威信。在马尔萨斯以后，职业经济学者们并不为他们自己的理论结果与所观察到的事实之间的差异而感到不安；——这种普通人也能看到的差异使人们越来越不愿意把他们给予其他学科的科学工作者的尊敬同样地给予经济学者，因为，当其他学科的科学工作者的理论被应用于现实时，理论结果符合于现实观察的成果。

传统经济理论的众所周知的乐观主义已经使经济学者们被看作类似甘迪德[1]那样的人物；他离开了现实世界来耕种自己的园

[1] 伏尔泰笔下的哲学讽刺故事中的一个人物。该故事叙述纯朴青年天真汉和其所爱慕的公主以及他的老师乐观主义的空论家邦葛罗斯的种种经历。它讽刺当时唯理性哲学的乐观主义，尤其是莱布尼茨的哲学。——译者

地，并且教导人们：只要听其自然，在可能有的最美好的世界中的一切都会走向最美好的途径。我认为，这种状态可以被归之于他们忽视了有效需求的不足所造成的对经济繁荣的障碍。因为，在符合古典学派的假设前提的社会中，显然会存在着趋于最优就业量的自然倾向。古典理论很可能代表我们希望我们的经济制度应该运行的方式。但是，把现实世界假设为这样就等于把我们的困难给假设掉了。

第 二 编

定义与观念

第四章　单位的选择

Ⅰ

在本章和其后的三章中，我们的任务是试图弄清某些疑难之处，而这些疑难之处与我们所要考察的特殊问题并没有特别密切的关系。因此，这几章具有脱离正题的性质，从而暂时会打断我们的主要思路。[1] 这些疑难问题之所以在这里加以讨论，仅仅是由于它们还没有以符合本书特殊目的的方式在其他的著作中加以处理。

在撰写本书时，三个最大的疑难之处阻碍了工作的进展；直到问题得以解决以前，我无法恰当地表达自己的想法。这三个疑难之处是：第一，选择一个衡量单位；而该单位适合于牵涉到经济制度整体问题的数量研究；第二，预期在经济分析中的作用；第三，收入的定义。

Ⅱ

经济学者通常使用的单位的不能令人满意之处可以用国民所

〔1〕 主要的思路应该是从第1编直接到第3编。读者如跳过本篇不会对以后的阅读造成很大影响。——译者

得、实际资本的存量以及一般价格水平的概念加以说明：[1]

（1）马歇尔和庇古教授所定义的国民所得①只衡量现期的产量或实际收入，而并不衡量产量的价值或货币收入。② 此外，它在一定意义上取决于净产量；——即取决于产品的净增加量；也就是一社会由于在现期中的经济活动而得到的能用之于消费或保留为资本的产品减去本期开始前已有的资本设备在本期中被消耗掉的部分便是净增加量。在这个基础上，人们企图建立一门能衡量的科学。关于为此目的而形成的上述定义，一个严重的不妥之处为：社会所生产的物品与劳务是一个不同质的复合体，而严格说来，除了某些例外情况，例如，所有产品都以同一比例增加时，这个复合体是不能加以衡量的。

（2）为了计算产品的净增量，当我们试图衡量资本设备的净增量时，困难甚至还会更大。其原因在于：我们必须找出一个共同的基础，以便对现期所生产的新设备同已经被消耗掉的老设备加以比较。为了计算净国民所得，庇古教授③减去了由于老化而造

〔1〕 在经济学中，为了表示由不同单位组成的总量（如一匹马加两只鸡蛋），学者们往往用表示它们的价值的货币总量加以表示。然而，由于价格的波动，必须对货币总量进行调整。调整的办法有二，即：用价格指数和用（货币）工资单位。经过调整后，原有的货币总量成为以不变的价格表示的货币量或以不变的货币工资单位表示的劳动（或工作）量。在本章中，凯恩斯说明为什么就本书而言，用工资单位是较合适的办法。事实上，本章的内容仅具有形式上的意义，与本书的内容和结论没有很大关系。——译者

① 见庇古的《福利经济学》，特别是第1编第3章。

② 国民所得虽应包括一切实际收入，但实际上，为方便起见，只包括可用货币来购买的物品和劳务。

③ 见《福利经济学》第1编第4章“什么是维持资本完整”；以及他在《经济学杂志》1935年10月号第225页所加的修正。

成的折旧等等；只要老化的折旧“可以被看做是‘正常的’，而实际检验正常与否的办法是：要看老化折旧是否足够经常地发生，以致能大致——虽然未必很详细地——被预料到”。但是，由于庇古教授并未使用货币单位，所以被减去的不是一笔货币额。在这里，他是在作出假设：虽然没有实物在外表形式上的变化，却可以存在着实物的具体数量的变化，即：他暗中把价值引了进来。此外，在技术改变的条件下，新设备和旧设备二者并不是等同的。庇古教授并没有创造出任何令人满意的公式①来衡量二者。我相信，庇古教授所追求的概念在经济分析上是正确而恰当的。但是，在能采用令人满意的单位制度以前，要想对它们作出精确的定义是不可能的事情。把一组实际产量和另一组进行比较以及在计算净产量时通过新设备的减少来补偿老设备的耗损都构成难以解决的问题，而我们肯定，它们是解决不了的。

(3) 一般价格水平这一概念所固有的含混不清的性质是众所周知的，也是不可避免的。含混不清的性质使得这一概念非常不适合于应该精确无误的因果分析。

虽然如此，这些困难可以正确地被看做是“无关宏旨的困难”。它们是“纯理论性的”，其原因在于：它们从来不使经济决策复杂化，甚至完全不进入于决策之中；它们对经济事物的因果次序也不发生任何影响，而尽管上述概念在数量上并不精确，经济事物本身却是界限分明和客观存在。因此，得到的结论自然应该是：这些概念不但不精确，而且还不必要。显然，我们的定量分析必须以不用

① 参见哈耶克教授的批评，文章载《经济》杂志，1935 年 8 月号，第 247 页。

上述含混不清的概念的方式来加以表达。事实上，正如我希望能加以论证的那样，一旦我们开始这样做时，显然可以看到，如果没有这些意义含糊的概念，我们的工作会做得远为更好。

两组不能加以比较的各种事物本身不能被当做为定量分析的对象这一事实当然并不使我们不能抛开严格的计算而根据判断力来进行统计数字的概略比较；这种比较在一定的限度内可以具有重要性和正确性。但是，类似实际净产量和一般物价水平那样的事物应该属于历史和统计方面的描述领域，其目的应该是满足对历史的或社会的好奇心。为了这种目的，完全的精确性——像我们的因果分析所要求的那样，尽管我们对有关数量的实际数值的知识并不完全或准确——既不普遍存在，也无必要。当我们说：今天的产量比十年前或一年前高一些，但价格水平却低一些时，这一命题在性质上类似于说：维多利亚女王比起伊丽莎白女王来是较好的女王，但并不较为快乐——一个并不是没有意义和兴趣的命题，但却不适合于微积分的数学分析。如果我们试图把这种在部分上含混不清和非定量的概念用作定量分析的基础，那么，我们的精确性便是虚有其表的。

Ⅲ

应该记住，在任何场合，企业家都在作出决策以便决定以何种规模来使用既定数量的资本设备。当我们说，对需求增加的预期，即总需求函数的上升，会导致总产量的增加时，我们实际的意思是：拥有该资本设备的厂商会因之而雇用较大数量的劳动者。在生产完全相同的产品的单一厂商或单一行业的情况下，我们所指的产量的增减具有确切的意义。然而，当我们把所有厂商的产量加在一起时，除了使用在既定资本设备下的就业量以外，我们无法准确地表示总产量。在使用就业量时，总产量及其价格水平都成为不必要的概念，因为，我们并不需要现行的总产量的绝对数值，例如，那种能使我们对在不同的资本设备与就业量下所制造的总产量加以比较的绝对数值。在这里，为了描述和粗略比较的目的，当我们论及总产量的增加时，我们所必须依赖的假设条件是：在一既定量的资本设备下的就业量是一个合适的指标来表示由此而造成的总产量——就业量和总产量被假设为共同增加或减少，虽然二者的增加或减少并不是同比例的。

因此，在论述就业理论时，我所使用的基本数量单位仅有两个，即货币价值的量和就业量。二者之中的前者的单位是完全相同的；后者的单位可以人为地使之完全相同。其原因在于：由于不同级别和种类的劳动者以及领薪金的办事人员在报酬上具有相对的稳定性；如果我们把一小时普通劳动者的工资作为我们的单位，而根据特殊劳动者的报酬来换算它的劳动时间，例如，两倍于普通劳动者的报酬的劳动时间被计算为普通劳动时间的两倍，那么，就我们的目的而言，就业量就会有足够确切的含义。我们把衡量就业量的单位称之为劳动单位，而每一劳动单位所得到的工资为工资单位。[①] 这样，如果 E 代表工资（和薪金）总额，W 代表工资单

① 如果 X 代表任何以货币表示的数量，那么，用 X_w 来代表用工资单位所衡量的同一数量是一个比较方便的办法。

位，而N代表就业量，那么，E＝N·W。

这种劳动单位完全相同的假设条件并不与不同劳动者的专业技能的巨大差异以及其对不同职业的适用性的巨大差异那些明显的事实相抵触。其原因在于：如果劳动者的报酬与其效率之间保持固定的比例，那么，效率之间的差异已经为上述个人所提供的劳动量与其报酬成比例这一事实所补偿；同时，如果当产量增加时，厂商所增雇的按照工资单位计算的劳动对该厂商的特殊生产目的而言具有越来越小的效率，那么，这不过是在既定资本设备条件下，增雇劳动者所带来的收益递减的因素之一。在这里，我们可以把报酬相等的劳动单位的差异之处归因于资本设备，归因于在产量增加时的资本设备越来越不适用于增雇劳动者的情况，而不把同一事实当做为劳动者在完全相同的定量资本设备下的增加越来越不能与既定的资本设备相适应。这样，如果不存在多余的专业化或有经验的劳动者，而使用比较不合用的劳动者又引起每一单位产品的劳动成本的上升，那么，这一事实可以被解释为：当就业量增加时，来自资本设备的收益递减，其递减的速度快于存在着多余的专业化劳动者时的情况。[①] 即使处于极端的场合，在其中，不同劳动者的专业化高到如此的程度，以致他们在相互之间完全不

① 这是主要的原因，用以说明为什么甚至当与现行使用的完全相同的设备仍然存在时，产品的供给价格会随着需求的增加而上升。如果我们假设多余的劳动供给形成一个向所有的企业家都开放的劳动供应点，而被雇用来从事一种具体工作的劳动者至少是部分地按照努力程度的大小，而不严格地按照他所从事的工作的效率来领取报酬（这在大多数场合是一个合乎现实的假设条件），那么，该劳动者所面临的递减的功效是一个突出的例证来说明：供给价格之所以随着产量的增加而上升，其原因并不在于内部的经济负效果。

能代替，那也不会造成难于解释的问题，因为，这不过表明：使用一种特殊类型的设备所制造的产品的供给弹性在适合于它生产的全部专业化劳动者都已被雇用时，会突然下降为零。① 由此可见，除非在不同劳动单位的相对报酬之间存在着巨大的不稳定性，我们所假设的完全相同的劳动单位不会引起困难。如果不稳定性确实出现，那么，我们可以假设劳动的供给和总供给函数的形状都会迅速改变；通过这一假设，甚至不稳定性的困难也会得以解决。

当我们论述整个经济制度的运行时，我相信：只要把我们自己严格地限制于货币和劳动这两个单位，很大部分的繁难之处便会得以避免。与此同时，把产量和设备的具体单位保留到我们单独地分析单个厂商或单个行业时再加以使用；而把类似总产量、资本

① 关于通常所使用的供给曲线应该如何处理上述问题，我说不出来；因为，使用这一曲线的人并没有明确指出他们的假设条件。他们可能假设：为了某一具体工作而雇用的劳动者总是全然按照他在该具体工作上的功效而领取报酬。但是，这不符合事实。把劳动者的功效的变动归于资本设备的主要原因也许在于：当产量增加时，由此而导致的增加的剩余产品在现实中主要由设备的所有者获得，而并不给予功效较大的劳动者（虽然劳动者可以从更经常的雇用中和从较快的提升中得到好处）。就是说，从事同一工作的功效不同的人们很少严格地按照他们各自的功效得到报酬。然而，即使按照劳动者的功效来支付工资，我的方法也可把这一事实考虑在内，因为，在计算受雇用的劳动单位时，单位是通过劳动者报酬的折合而决定的。在我的假设条件下，当我们论述某一个具体的供给曲线时，显然会出现有兴趣的繁难之处，因为，某一个具体的供给曲线的形状取决于其他方面对适用于该曲线的劳动的需求。正如我已经说过的那样，忽略这些繁难之处是不符合现实的。但是，当我们论述整个就业量时，如果我们假设：某一既定量的有效需求系由各种不同产品的特殊比例所构成，那么，我们就没有必要去考虑这些繁难之处。然而，需求改变的原因的不同却可能使我们的说法难以成立。例如，等量的有效需求的增加可以来自消费倾向的提高，也可以来自投资诱导的增长，二者所面临的总供给函数应该有所不同。然而，所有这一切应该属于对这里所提出的一般思想的详细分析，而这种分析不是我在目前所要研究的内容。

设备总量和一般价格水平那样的界限不明确的概念使用于我们进行在历史上加以比较的场合，因为，在某种（也许是相当宽广的）限度内，历史上的比较本来就是不精确的和粗略的。

根据以上论述，我们将使用在现有资本设备的条件下的就业人数（不论是被用来生产消费品，还是被用来生产新的资本设备）来衡量现行产量的变化，而就业人数中的熟练劳动者则按照他们的报酬加以折合。我们并不需要把一个产量与在劳动和资本设备的不同结构下的另一个产量加以比较。要想预测拥有既定资本设备的企业家们会如何对总需求函数的移动作出反应，我们没有必要来把作出反应后的产量、生活水平以及一般价格水平与另一不同历史时期的相同事物加以比较，也没有必要来同另一个国家的相同事物加以比较。

Ⅳ

不论我们研究的对象是一个具体的厂商、行业或是整个经济的活动水平，可以相当容易地说明：类似通常以供给曲线所表示的供给方面的情况以及表明产量和价格之间的关系的供给弹性都可以在使用我们所选择的两个单位的条件下通过总供给函数来加以处理，而不需要使用产量数值。因为，一个既定的厂商（或者一个既定的行业或者全部行业）的总供给函数可以如下式所示：

$$Z_r = \Phi_r(N_r)$$

在这里，Z_r 是能导致就业量水平为 N_r 的预期的卖价或收益。因此，如果就业量与产量之间的关系是：N_r 的就业量可以导致 O_r 的产量（在这里，$O_r=\varphi_r(N_r)$），那么，可以看到：

$$p=\frac{Z_r}{O_r}=\frac{\Phi_r(N_r)}{\varphi_r(N_r)}$$

即为普通的供给曲线。[1]

这样，对每一种完全相同的商品而言，$O_r=\varphi_r(N_r)$具有数量上的意义，同时，我们可以用通常的办法来找出$Z_r=\Phi_r(N_r)$；然而，在这里，我们可以把各个N_r相加在一起，而对各个O_r则不能这样做，因为，ΣO_r并不是一个用数值可以表示的量。此外，如果我们能作出假设：在既定的情况下，一个既定的总就业量在不同行业中的分配比例是固定不变的，从而N_r是N的函数，那么，进一步的简化是可能的。

[1] 本书在这里的意思似可大致表述如下：Z_r、O_r和N_r顺次为r厂商或行业的产值、产量和就业量，它们均用工资单位加以表示。因此，

$$p(\text{价格})=\frac{\text{产值}}{\text{产量}}=\frac{Z_r}{O_r}=\frac{\Phi_r(N_r)}{\varphi_r(N_r)}$$

通过上式，可以建立p与N_r之间的关系，即：

$$p(\text{价格})=\frac{\Phi_r(N_r)}{\varphi_r(N_r)}=f(N_r)$$

由于$O_r=\varphi(N_r)$，所以可以用O_r来表示N_r。将此关系代入上式中的$f(N_r)$，可以得到，$p=F(O_r)$，即普通的供给曲线。——译者

第五章　预期决定产量与就业的作用[1]

I

一切生产的最终目的都是为了满足消费者。然而，在生产者(把消费者考虑在内)支付产品的成本和消费者最终购买其产品之间，通常存在着时间的间隔——而有的时候，时间间隔还很大。与此同时，企业家(包括生产者和投资者这两类人物)必须形成最好的预期①来推测：在经历一段可能为相当长的时期以后，当他能向消费者供应(直接或间接地)物品时，消费者愿意为此而支付多少钱。如果他果真从事这种消耗时间的生产，他就没有别的选择，只能根据这种预期行事。

这种企业赖以决策的预期可以被分为两类。某些个人和厂商专业化于形成第一类预期的业务；另一些人则专业化于形成第二类预期的业务。第一类的预期所关心的是价格，即：当一个

[1] 本书的特点之一是强调预期对经济变量的影响。这种对预期的强调对其后的西方经济理论的发展起着相当大的作用。关于这一点，本书“译者导读”已经加以说明。在这里，读者似乎应该注意两点。第一，凯恩斯对预期的论述相当散漫和凌乱，并未得出系统性的结论；第二，虽然凯恩斯使用的方法仍然是西方经济学的“静态”和“比较静态”分析，但是，预期的引入仅使本书的分析具有一定的“动态”因素。——译者

① 关于如何把这些预期值转化成相应的销售卖价，见第3章第30页的脚注①。

制造商决定开始生产一种物品时，他所预期的他的“制成的”产品的卖价为多少。这里的“制成的”产品系指（从制造商看来）能被使用的或能被卖给另一方的产品。第二类所关心的是将来的收益，即：如果一个企业家决定购买（或制造）“制成的”产品来增加自己的资本设备时，他希望增加的资本设备能在将来给他带来的收益。我们可以把第一类称为短期预期，第二类称为长期预期。

这样，每一家厂商决定其每天①产量的行为取决于其短期预期——对在各种可能的经营规模下的生产成本的预期、对一定产量的销售卖价的预期；当然，在增加资本设备的情况下，甚至在销售给中间商的情况下，这些短期预期在很大程度上取决于交易的其他方面的长期（或中长期）的预期。正是这些预期决定了厂商所提供的就业量。产品生产和销售的实际实现的结果只有在它们能改变以后的预期的范围内才能对就业量[1]发生影响，而上一次的预期虽然能使厂商形成现有的资本设备、中间产品的存货和半制成品的存货，但它对下一次的产量决策却不发生影响。因此，在每一次决策时，虽然企业家考虑现行的设备和存货，但决策所依据的仍然是对将来的成本和销售的卖价在目前所作出的预期。

一般说来，预期的改变（不论是短期还是长期）需要相当长的

① 这里的每天系指最短的时期，在该时期结束后，厂商就可以自由地修改它对雇用人数的决策。它可以说是经济学时间的最小的有效单位。

〔1〕 在本书中，就业量和产量这两个名词往往被混同使用。在一般情况下，由于二者变动的比例大致相同，所以混同使用不致造成很大误解。——译者

时间才能发生它的全部影响。由于预期的改变而造成的就业量[1]的改变在预期改变后的第一天和改变后的第二天不同，第三天和第二天又不相同，如此等等；即使预期仅仅改变一次，后果也是如此。其原因在于：以短期预期而论，如果预期的前景看坏，那么，这种情况下的预期的改变一般不会猛烈或迅速到如此的程度，以致放弃全部的生产过程，而根据改变后的预期，这些生产过程本来就不应该开始的。如果预期前景看好，那么，需要经历一段准备时间以后，就业量才能达到在看好的预期所应该有的水平。以长期预期而论，如果长期预期前景看坏，那么，资本设备虽不再更新，然而在被磨损掉以前仍需继续维持一定的就业量。如果长期预期的前景看好，那么，就业量最初会偏高，高于在经历一段适应新预期的调整时期后的资本设备所应有的就业量。[2]

如果我们假设：某种预期的状态维持不变的时期很长，长到足以使预期对就业量的作用完全得以实现，以致全部就业量都是根据维持不变的预期而产生的，那么，此时的稳定的就业水平可以被称为相当于该预期状态的长期就业量。① 由此可见，虽然预期可以经常改变，以致就业的实际水平永远没有足够的时间来达到相

---

〔1〕 “预期的改变造成的就业量的改变”是指：当企业家的预期改变时，他会改变他所雇用的职工人数，从而最终会影响整个社会的就业量。在以下的行文中，类似的意思经常出现。——译者

〔2〕 如果预期看好，企业家暂时只能增雇职工以便提高产量，然而，经过一段时期后当他新增添的设备已经到来时，他便可以用较少的职工来保持已被提高的产量。——译者

① 长期就业量水平并不必须是一个常数，即长期的各种条件并不必须是静态的。例如，财富或人口的稳定增长可以构成不变的预期的一个组成部分。预期不变的唯一条件是：现行的预期应该在足够长的时间以前就被预料到。

应于现行的预期状态的水平，然而，每一种预期状态却可以具有相应于该状态的长期就业水平。

首先，我们考虑一下由于预期的一次性和没有受到干扰的改变而导致的过渡到长期水平的过程。我们首先假设，改变的特点是：新的长期就业量会比原有的要高。一般说来，在开始时，只有投入品的进货速度会受到较大的影响。换句话说，受到影响的只是新的生产过程的早期的工作，而消费品的产量和在预期改变前的原有生产过程后期的就业量大致相同。如果存在着半制成品存货的话，那么，上述结论应加以修改，然而，在开始时就业量增加有限这一事实很可能仍然是正确的。随着时间的进展，就业量会逐渐增加。此外，不难设想出一种情况，而这种情况可以在某些阶段使就业量高于新的长期就业量。其原因在于：建造能满足新预期要求的资本设备可以导致比长期水平到达以后的情况还要多的就业量和现行的消费量。这样，预期的改变可以导致逐渐形成的就业量的高潮，上升到高峰以后再下降到新的长期水平。如果预期的改变代表消费方向的改变，而这种改变可以使某些现行的生产过程和资本设备过时，那么，即使新的长期就业水平和原有的一样，与上述相同的结果可以出现。如果长期就业量小于原有的水平，那么，就业量的水平在过渡时期可以暂时处于新的应有的长期水平之下。因此，仅仅是预期的改变就可以在预期的改变发生作用的过程中，造成像经济周期那样的波动形式。在我的《货币论》中，在论述情况的改变对流动资本的添增和消耗的影响时，我所讨论的就是这种类型的运动。

像上面那样的不间断地过渡到长期稳定状态的过程在细节上

可以是很复杂的。然而，现实的过渡过程更加复杂。因为，预期总是在变动之中。当过去的预期还远远没有发挥出它的影响以前，新的预期又会加在过去的之上；从而，在任何特定时间，经济机器都处于一连串的相互重叠的过程之中，其根源来自过去的各种对前景的预期。

Ⅱ

现在，我们来探索上面的讨论对我们目前的主题所具有的现实意义。根据上面的论述，任何时间的就业量在一定意义上显然不仅取决于现行的预期，而且也取决于过去一段时期内存在的预期。虽然如此，还没有充分发挥出其作用的过去的预期却体现在今天的资本设备之中，而根据今天的资本设备，企业家又作出今天的决策。在这里，过去的预期仅仅在它体现在今天的资本设备的限度内影响企业家的决策。由此可见，不论上述的影响为何，今天的就业量可以被正确地认为是取决于根据今天的资本设备而作出的今天的预期。

明确指出现行的长期预期的重要性往往是有必要的。然而，对短期预期不这样做却往往不会造成问题；其原因在于：在现实中，修改短期预期的过程是逐渐的和继续进行的，而修改主要取决于已经实现的结果；因此，预期的和实现的结果交织和重叠在一起来施加影响。它们之所以如此，原因在于：虽然产量和就业量取决于生产者的短期预期，而不是过去的结果，然而，最近的结果往往起着决定性的作用来决定这些短期预期是什么。每当一次生产过程开始时，重新形成一个预期会过于麻烦；此外，这也会徒然浪费时间，因为，从一天到下一天之间，情况通常不会有很大变化。根据上述事实，除非有肯定的理由认为变化会出现，企业家会按照最近实现的结果能继续下去这一假设条件来形成预期是合乎情理的。这样，在现实生活中，以对就业量的决策的影响而言，最近的产量所实现的销售的卖价在很大的程度上就是人们期望从现行的投入品所能得到的销售的卖价；从而，企业家对前景的预测会更经常地根据实现的结果而逐渐加以修改，而不是根据由于预期到前景的变化而加以修改。①

虽然如此，我们不要忘记：在生产耐用品的情况下，企业家的短期预期系以投资者的现行的长期预期为根据；而长期预期的特点是不能在短暂的间隔中用实现的结果加以检验的。此外，正如我们将在对长期预期作较详尽的考察的第 12 章中所看到的那样，长期预期会受到突然的修改。因此，现行的长期预期这一因素甚至在粗略的意义上也不能被实现的结果所排除或代替。

① 我认为，这里所强调的在对生产作出决策时的预期符合霍特里先生的论点。该论点指出：在价格下降以前，或在售卖产品的损失显示出预期的落空以前，投入品和就业量受到存货的积压的影响。其原因在于：存货的积压（或定货单的减少）恰恰是那种最可能使投入品数量发生变化的事件；投入品数量的变化是相对于全然根据过去产品销售收益的统计数字而决定的下期的投入品数量而言。

第六章　收入、储蓄和投资的定义

Ⅰ　收入[1]

在任何一个时期中，企业家都要把他的制成品售卖给消费者或其他企业家；由此而得到的一笔款项可以用 A 来代表。他也要向其他的企业家购买制成品，由此而支付的款项可以用 A_1 来代表。他最终会拥有一些包括半制成品存货或流通资本以及制成品存货在内的资本设备。他的资本设备具有 G 的价值。

然而，$A+G-A_1$ 中的一个部分并不来自他在本期的经济活动，而是来自本期开始时他已拥有的资本设备。因此，为了得到我们所谓本期或现行时期的收入，我们必须从 $A+G-A_1$ 中减去一笔款项，这笔款项代表从上期继承下来的设备在价值上所作出的（在一定意义上的）贡献。只要我们能找到一个合适的方法来计算这笔应被减去的款项，收入的定义问题便会得以解决。

有两种可能的计算这笔款项的方法；而每一种都具有重要性——

---

〔1〕 当本书在 1936 年出版时，由英国财政部、美国商业部和全国经济研究所进行的有关西方现代国民收入统计的研究成果尚未出现，也就是说，现有的西方国民收入核算体系及其统计数字均不存在，所以凯恩斯在这里对国民收入的概念作了考察。按照汉森的意见（汉森，《〈通论〉导读》，1953 年，第 54～55 页），现在的读者如果略去有关国民收入的这一节，不会影响以后的阅读。——译者

一种与生产有关，另一种与消费有关。我们顺次对二者加以考察。

（1）资本设备在本期终了时的实际价值 G 是一个正负抵消后的净数值；该净数值系由于以下两个方面所造成：一方面由于企业家在本期中对资本设备加以维修和改善；他不但向其他企业家购买资本设备而且还在自己的企业中对它进行维修和添增的工作；另一方面，企业家也通过把这些设备用于生产而使它们受到磨损和折旧。如果他不用它们来生产物品，那么，他仍然值得花费一笔最适度数值的款项来对它进行维修和改善。我们假设：他值得花费 B' 来进行维修和改善，并假设：由于花费了 B' 的数量，资本设备在本期末的价值为 G'。这就是说：$G'-B'$ 是可以从上期那里继承下来的最大的净价值，如果他不把它们用之于生产 A 的话。[1]

〔1〕　这里的 $(G'-B')$ 便是凯恩斯在上一段中所提到的要从 $A+G-A_1$ 中减去的部分。然而，凯恩斯对此却不但没有加以明确指出，反而突然提出了使用者成本的概念，接着又对要素成本 F 和产品 A 的直接成本进行解释。在此之后，他在下一段中说明：国民收入＝要素成本＋企业家收入＝A－U。

事实上，在这里，凯恩斯提出了三种等价的国民收入的定义，即：(1)国民收入＝消费＋投资；(2) 国民收入＝A－U(使用者成本)；(3) 国民收入＝工资＋利息＋地租＋企业家收入(利润)。对此，译者在下面加以说明：

（1）国民收入＝消费＋投资。根据凯恩斯的行文，国民收入＝$A+G-A_1-(G'-B')=(A-A_1)+G-(G'-B')$。

其中 A 为社会在一段时期(如一年中)的产品的全部卖价，其中的 A_1 为被企业家卖掉给其他企业家的部分，因此，$A-A_1$＝消费。G 是年终时的机器设备(包括成品和半成品)的价值，$(G'-B')$ 大致代表年初时的机器设备价值。如果 $G-(G'-B')$ 为正号，那表明企业家在一年中进行了投资，因此，

$$A+G-A_1-(G'-B')=(A-A_1)+G-(G'-B')=\text{消费}+\text{投资}$$

(2) 国民收入＝A－U。根据凯恩斯的行文，产品 A 的直接成本＝F(要素收入＝工资＋利息＋地租)＋使用者成本；同时，利润(企业家收入)＝A－直接成本＝A－F－U，因此，

国民收入＝全部居民的收入＝F＋利润＝F＋A－F－U＝A－U。

(3) 国民收入＝工资＋利息＋地租＋利润。根据凯恩斯的行文，国民收入＝F＋利润＝工资＋利息＋地租＋利润。

这一笔资本设备的价值超过 $G-A_1$ 的部分便是由于生产 A 而消耗掉的数量，如下式所示：

$$(G'-B')-(G-A_1)$$

这一数值衡量由于生产 A 而消耗掉的数量，即 A 的使用者成本，[1]其符号为 U。①企业家为了取得劳务而向其他生产要素所支付的款项被称为 A 的要素成本 F，而从生产要素的观点来看，要素成本是它们的收入。要素成本 F 和使用者成本 U 之和被称为产品 A 的直接成本。

这样，我们就能给企业家的收入②下一定义：企业家收入是他的在本期中被卖掉的制成品的卖价超过他的直接成本的部分。就是说：企业家的收入被认为等于普通所说的企业家的毛利润，而毛利润取决于他的生产规模，也是他想使之最大化的一个数值。上述定义符合常识。由于社会上其他人的收入等于要素成本，[2]所以总收入等于 A－U。

以如此方式加以定义的收入是一个完全明确的数量。此外，由于企业家在决定向生产要素提供何种就业量时，他企图使之最

（接上页注文）　上述三种国民收入的定义是等价的，因为，

$$消费+投资=A-A_1+G-(G'-B')=A-[(G'-B')-(G-A_1)]=A-U$$
$$=A-使用者成本=A-U+F-F=F+利润$$
$$=工资+利息+地租+利润。——译者$$

〔1〕　大致说来，凯恩斯的使用者成本＝为了生产 A 而消耗掉的原料（A_1）加上折旧（$G'-B'-G$），因为，根据上面的公式，$U=(G'-B')-(G-A_1)=A_1+(G'-B'-G)$。——译者

①　在本章的附录中，将对使用者成本作进一步的论述。

②　这里的“收入”与下面要加以定义的净收入是有区别的。

〔2〕　即除了利润以外的收入，也就是：工资＋利息＋地租。——译者

大化的正是收入超过他向生产要素的支付额的部分，所以收入对就业量具有因果关系的重要性。

当然，不难设想 $G-A_1$ 可以大于 $G'-B'$，从而使用者成本具有负数值。例如，我们能以某种方式选择我们的时期，以致在该时期中，投入品的数量增加而应该增加的产品数量却还来不及加以完成和被销售出去。[1] 另一种使用者成本为负的事例是：投资的数值为正数，而整个社会的企业又被设想为合并到如此的程度，以致各个企业可以被认为是制造出自己的机器设备时的情况。[2] 既然在这种情况下，使用者成本为负的原因是企业制造自己的机器设备，所以在一个企业主要由其他企业制造自己的机器设备的现实经济中，使用者成本为正应该是正常状态。此外，很难设想出一个场合，在其中，由于 A 的增加而导致的边际使用者成本，即 $\frac{dU}{dA}$ 竟然会不是正数。

这里是一个适当的场合来对本章后一部分的内容稍为提及一下。对整个社会而言，一个时期的总消费(C)等于 $\Sigma(A-A_1)$，而总投资(I)则为 $\Sigma(A_1-U)$。[3] 此外，除了企业家向别的企业家购买的以外，以一个企业家自己的设备而论，U 是单个企业家的负投资（而 $-U$ 则为他的正投资）。因此，在一个完全一体化的经济制度（在这里 $A_1=0$）中，消费等于 A，而投资则为 $-U$，即等于

[1] 即 G 的数值很大。——译者

[2] 即 $G>(G'-B')$，而 A_1 接近于零的情况。——译者

[3] $A_1-U=A_1-[(G'-B')-(G-A_1)]=A_1-(G'-B')+G-A_1=G-(G'-B')$ = 投资。——译者

$G-(G'-B')$。由于引入 A_1 而导致的比上述较为复杂的情况不过是为了对非一体化的经济制度提供一个一般性的方法。

除了上述以外，有效需求不过是企业家从他决定提供的就业量那里所期望得到的包括他将支付给其他生产要素的投入在内的收入。总需求函数把各种设想的就业量和各种就业量下的产量所能期望得到的卖价联系在一起，而有效需求则为总需求函数上的一点；在该点，需求是有效的，因为，把总供给的情况考虑在内，该点相当于能使企业家的预期利润最大的就业量。〔1〕

这一系列的定义还具有一个优点，即：我们可以和某些经济学者一样，把现在所定义的边际收益（或收入）和边际要素成本等同起来，从而得到一些相同的命题；不过，这些经济学者由于忽视了使用者成本或把它假设为零，却把供给价格①和边际要素成本等同起来。②

〔1〕 这段话的大意是：当总供给等于总需求时，企业产品的所期望的卖价就能实现，成为企业的收入，从而也决定了企业所愿意提供的就业量。——译者

① 我认为，如果忽视给使用者成本下定义的问题，那么，供给价格便是定义不完整的名词。这一事项将在本章附录中加以进一步讨论。在附录中，我将进行争辩，认为在供给价格中不考虑使用者成本，虽然有时在总供给价格的事例中是合适的，然而，对单个厂商的单位产品的供给价格的问题，却是不合适的。

② 例如，我们把 $Z_w=\Phi(N)$，或把其另一种形式 $Z=W\cdot\Phi(N)$ 当做为总供给价格（在这里，W 是工资单位，从而，$W\cdot Z_w=Z$）。于是，由于在总供给曲线上的每一点，边际产品的卖价都等于边际要素成本，我们得到：

$$\Delta N=\Delta A_w-\Delta U_w=\Delta Z_w=\Delta\Phi(N)$$

就是说：如果要素成本和工资成本之间具有不变的比例，如果每一厂商（厂商的数目假设为不变）的总供给函数和其他行业所雇用的人数无关，从而，适用于每一单个企业家情况的上述方程的各项都可以加在一起来表示全体企业家的情况，那么，$\Phi'(N)=1$。其意义为：如果工资不变，而其他要素成本与工资总额保持固定的比例，那么，总供给函数是线性的，其斜率等于货币工资率的倒数。

（2）我们现在转入上述第二种方法。到目前为止，我们所论述的资本设备的价值改变是其改变的一个部分，即：把一个时期结束时的资本设备和开始时的加以比较所得到的价值改变，而这种改变是由于企业家企图使利润最大化而自愿作出的决策的后果。除此以外，还存在着资本设备价值的非自愿的损失（或增益）。由于（例如）市场价值的改变、老化或仅由时间的消逝所造成的消耗，或战争和地震灾害所导致的破坏，资本设备价值的损失或增益来自超过企业家本人所能控制的原因，并且与他的现行的决策无关。当然，这些非自愿的损失的某些部分虽然是不可避免的，但却不是——一般说来——不能被预料到的，如不论使用与否，由于时间的消逝而带来的损失以及所谓“正常的”老化。正如庇古教授所说的那样，这种老化“具有足够的规律性来被人们预见到，即使不能详细地被预见到，也在大体上能够如此”。此外，老化的损失还包括对整个社会的具有足够的规律性的损失，一般被称为“可以被保险的风险”。这些预期的损失的大小取决于进行预期的时期。现在，我们暂时忽视这一事实并且把非自愿的、然而却不是意料之外的设备的折旧，即：预期的折旧超过使用者成本的部分，称为补充成本，其符号为 V。在这里，也许并不需要指出：我们的补充成本的定义与马歇尔的不同，虽然二者的基本想法，即表示那种不进入直接成本的那部分的预期折旧，却是类似的。

因此，在计算企业家的净收入或净利润时，通常把补充成本的估计值从他的已经在上面加以定义的收入和毛利润中减去。其理由为：当企业家在考虑他能任意花费或储蓄的数量时，补充成本对他的影响和把补充成本从他的毛利中减去的影响几乎是一样的。

在企业家以生产者的身份出现来决定他是否使用他的设备时，直接成本和毛利润是重要的概念。[1]但当他以消费者的身份出现时，补充成本对他的头脑的作用正同补充成本是他的直接成本的一个部分的作用一样。如果在给总净收入下定义时，我们减去补充成本和使用者成本，从而，总净收入等于 A－U－V 时，那么，我们得到一个与消费的数量有关的概念。

仍然未加以处理的是非自愿的和——在很一般意义上——预料不到的资本设备的价格改变；这些改变来源于预料不到的市场价值的变动、特殊情况下的老化以及灾难的破坏那些非自愿的和预料不到的原因。被我们在计算净收入和资本账目时所忽略的上述项目中的实际损失可以被称为意外损失。

净收入在因果关系上的重要性在于它牵涉到的 V 在心理上对现行的消费量的影响，因为净收入被我们认为是普通人在决定消费量时所必须考虑的他现行能自由支配的收入数量。当然，在他决定花费多少时，净收入并不是他所考虑的唯一因素。例如，他在资本账目上所得到的意外增益和意外损失也会施加相当的影响。但是，在补充成本和意外损失之间却存在着一个差别之处，即：前者的改变对他的影响方式同他的毛利润的改变对他的影响方式趋于相同。与企业家的消费量有关的是他的现行产量的卖价超过直接成本与补充成本之和的部分，而意外损失（或增益）虽然也进入他的考虑之中，但其程度并不相同——一定量的意外损失与同量的补充成本并不具有相同的影响。

[1] 这就是在上面的(1)中提到的与生产有关的计算方法。——译者

现在，我们必须再度思索一下，补充成本和意外损失——即那些不可避免的、被我们认为应该记入收入账目的借方的损失和那些被认为是能够合理地进入资本账目的意外损失（或增益）——之间的区别之处是部分地来源于成规和心理上的原因，取决于被一般人所接受的估计补充成本的方式。因为，不可能为补充成本的估计建立一个唯一的原则，从而，补充成本的数值将取决于会计方法的选择。当设备最初被制造出来时，补充成本的预期值是一个具体的数量。但如果在以后对它再行估计的话，在设备寿命剩下期间内的补充成本的数值可能会由于我们预期的改变而有所不同；[1]而资本设备的意外损失则为原来预期的 U+V 和预期改变后的 U+V 之间的差额折算成为现价的数值。[2] 英国国内税务署援用得到广泛赞同的一个商业会计的原则：当设备被购置后，即为它的补充成本和使用者成本之和估算出具体数值，并且在设备的全部生命期间，继续维持这一数值，不论在此期间预期的改变为何。在这种情况下，任何时期的补充成本必然被认为是事先规定的数值超过实际的使用者成本的部分。这种办法的有利之处是能保证在整个设备的生命期间的意外的增益和损失均为零。但在某些情况下，在每一会计期间（如一年）中，根据现行的预期而重新估算补充成本也是另一个合理的办法。究竟采用哪一种办法，工商业人员并不一致。我们可以把根据设备购置后刚开始时的预期而

〔1〕 如对设备还能使用多久的预期的改变。——译者

〔2〕 例如，原来预期设备还能使用 5 年，而原来没有预期到新发明使设备的使用寿命变为 2 年，因此，在新的预期下，折旧的数值必须增加。新旧折旧量之间的差额被折算成现值后即为意外损失。——译者

计算出的补充成本称为基本补充成本，而把根据现行的预期而重新计算出的同一数量称为现行补充成本。

由此可见，我们已经不能对补充成本下一个更加精确的定义。我们只能说，这种成本是一个典型的企业家在计算他的净收入时，必须从收入中减去的各种项目，以便能根据净收入而宣布股息的大小（如果是一家公司的话）或者决定他现行的消费多寡（如果是单个的个人的话）。由于资本账目的意外损失或增益不能被排除在考虑的范围以外，所以对不确切知道是否应被包括在补充成本之内的项目，最好把它放之于资本账目，而使补充成本只包括那些显然属于它的项目。因为，不论放入资本账目的项目有多少，其后果都可以通过改变该账目对消费量的影响的大小而得以矫正。

可以看到，我们对净收入所下的定义非常接近于马歇尔的收入的定义。在决定收入的定义时，马歇尔援用所得税司的实际事例，并且——大致说来——把所得税司根据经验而核定的收入当做自己所认可的收入。其理由在于：该司在这方面所作核定可以被认为是最详尽和广泛的考察所可能得到的结果，以便解释什么是通常所说的收入。我们的定义也相当于庇古教授最近所定义的国民所得的货币价值。[①]

然而，由于净收入奠基于各家均能以不同方式加以解释的含糊不清的标准之上，所以净收入仍然是一个不完全明确的概念。例如，哈耶克教授曾经提出过：资本品的个人所有者可以意图使他所拥有资本品所得到的收入保持不变，因此，直到他能节约足够的

① 《经济学杂志》，1935 年 6 月号，第 235 页。

数量来补偿任何原因所造成的他投资收入的下降趋势以前，他不会自发地把其收入用之于消费。[1] 我怀疑这种个人是否存在于现实之中；然而，在理论上，显然提不出任何理由来反对把上述的节约当做净收入的一个可能的心理标准。但是，当哈耶克据此推断，认为储蓄和投资也具有相应的含糊不清时，如果他指的是净储蓄和净投资，那么，他仅在这一点上才是正确的。与我们的就业理论有关的储蓄和投资并没有这种缺陷，并且能以客观的方式对它们加以定义，正如我们在上面已经说明的那样。

由此可见，全力以赴地强调净收入而忽视（像过去通常所做的那样）收入本身这一概念是错误的。净收入只对消费决策有关，而且它与影响消费的其他各种因素也不易划分。收入却与现行的生产有关，也是一个相当不含糊的概念。

对收入和净收入所下的上述定义企图尽可能地接近日常用语。因此，有必要立即提醒读者：在《货币论》中，我在特殊的意义上给收入下了定义。定义的特殊之处在于总收入中属于企业家的那一部分。我在为这一部分下定义时，既没有采取企业家在现行的经营中实际上取得的利润（不论是毛利润还是净利润），也没有采取他在决定从事现行的经营时所预期的利润，而采取某种意义上的正常或均衡利润。现在想来，如果我们考虑到生产规模改变的可能性，那么，这种正常或均衡的意义也未得到充分的规定。根据这一定义而导致的后果为：储蓄超过投资的部分即为正常利润超过实际利润的部分。我相信，这一名词的使用已经造成相当程

[1] 参见《对资本的维持》，载《经济》杂志，1935 年 8 月号，第 241 页以下。

度的混乱，特别在与储蓄相关的使用上更是如此。使用这种定义的结论（牵涉到储蓄大于投资的情况）只有在按照我的特殊意义来解释这些名词时才是正确的。然而，这些结论往往在一般的讨论中加以采用，好像这些被使用的名词具有较多的众所周知的意义。由于这一原因，由于我不再需要用我的过去的名词来准确地表达我的思想，所以我已决定放弃这些名词——并为它们所造成的混乱而感到非常抱歉。

Ⅱ 储蓄和投资[1]

在分歧很大的名词使用中，有一点却是大家同意的。据我所知，每人都同意，储蓄的意思是收入超过用于消费支出的部分。因此，对储蓄的意义的任何怀疑必须来自对收入或对消费的意义的怀疑。我们已经在上面给收入下了定义。任何时期的消费开支必须是在该时期中卖给消费者的物品的价值，而这又把我们推回到什么是购买消费品的消费者这一问题。任何一个合理的划分消费品的购买者和投资品的购买者的规定都同样地合乎我们的要求，如果规定是先后一致地加以遵守的话。现有的那种问题，如是否

〔1〕 在本章正文的以下部分，凯恩斯想要说明的是：根据定义，投资总是和储蓄相等，然而，他却未能明确指出，这种统计数字的相等，或事后的相等，并不意味着意愿的（或事前的）投资和意愿的（或事前的）储蓄相等。事实上，按照凯恩斯的理论，正是由于意愿的投资和储蓄不相等，所以才导致了国民收入和就业量的波动。本书出版后，投资和储蓄的相等和不相等在西方经济学界造成了混乱，经过一段时间的讨论后才得以澄清。汉森认为，凯恩斯之所以未能在本书中澄清这一点，其原因在于：在撰写本书时，凯恩斯自己还未能把这一点彻底弄清楚（见汉森，《凯恩斯导读》，第59页）。——译者

应把汽车的购买当做消费品购买，是否应把房屋的购买当做投资品购买，在过去曾经常常加以讨论，而对这种讨论，我无法添增任何实质性的内容。区别的标准显然必须相应于我们划分消费者和企业家的界限。这样，当我们把 A_1 定义为一个企业家向另一个企业家购买的产品价值时，我们已经暗中解决了这一问题。据此，消费开支可以明确地被定义为 $\Sigma(A-A_1)$；在这里，ΣA 是一个时期的总销售量，而 ΣA_1 则为企业家之间的购买量。在以后的论述中，我们一律省略掉 Σ，并且用 A 来代表该时期的全部销售量，用 A_1 代表企业家之间的相互购买量，而 U 则为全部企业家的使用者成本的总和。

在给收入和消费下了定义以后，自然也会得到表示收入超过消费部分的储蓄的定义。既然收入等于 $A-U$，而消费又等于 $A-A_1$，那么，储蓄必然等于 A_1-U。同样，我们用净储蓄代表净收入超过消费的部分，它等于 A_1-U-V。

我们的收入的定义也使我们立即得到现行投资的定义。现行投资的意义必然是由于本期的生产活动而对资本设备造成的添增的价值。这显然等于我们刚才加以定义的储蓄。其原因在于：储蓄是收入中的没有被用于消费的部分。我们已经在上面看到，作为任一时期的生产活动的结果，企业家已经销售掉 A 数量的制成品，而在考虑到企业家之间的相互购买 A_1 的情况下，为了生产和销售 A 而造成的资本设备的耗损则由 U 所代表（如果是改善，则用 $-U$ 来代表）。在同一时期中，制成品的价值为 $A-A_1$ 的部分被用于消费。$A-U$ 超过 $A-A_1$ 的部分，即 A_1-U，是由于该时期的生产活动而造成的资本设备的增加，从而也是该时期的投资。

同样，在考虑到资本设备即使在不使用时也要蒙受的正常消耗的情况下，以及在不计入意外损失或增益的情况下，A_1-U-V 是资本设备的净增加额，也是该时期的净投资。

因此，虽然储蓄数量是单个消费者集体行为的后果，而投资数量是单个企业家集体行为的后果，但二者的数量必然相等。因为，二者的任何一个都等于收入超过消费的部分。此外，这一结论完全不取决于上述收入定义的任何奥妙和特殊之处。只要我们同意：收入等于现期产量的价值，现期投资等于没有被用之于消费的现期产量，而储蓄又等于收入超过消费的部分——所有这一切都符合于常识，也符合大多数经济学者的传统用法——储蓄和投资的相等是必然的结果。简言之：

收入＝产量的价值＝消费＋投资

储蓄＝收入－消费

因此，储蓄＝投资

这样，任何系列的定义只要能满足上述条件，便能得出相同的结论。只有否定一个或另一个条件的正确性，才能否定这一结论。

储蓄数量和投资数量的相等来源于交易双方的性质：一方面是生产者，而另一方面则为消费者或资本设备的购买者。被创造出来的收入等于生产者所出售的产量的卖价超过使用者成本的部分；然而，这一产量必然会不是卖给消费者，便是卖给另一些企业家，而每一企业家现期的投资等于他向其他企业家购买的设备超过他自己的使用者成本的部分。因此，从总量上看，被我们称之为储蓄的收入超过消费的部分不可能不等于被我们称之为投资的对资本设备的添增部分。关于净储蓄和净投资，情况是类似的。事实上，储蓄不过是一个余留额。消费的决策和投资的决策在一起决定收入。假设投资决策变为现实，那么，投资必然会减少消费或增加收入。因此，投资行为本身不可能不使被我们称之为储蓄的剩余额或多余额以相同的数量增加。

当然，人们在进行自己要储蓄多少和投资多少的决策时，可能极不正常，以致交易能够赖之以进行的价格均衡点不复存在。在这种场合，我们的名词不再适用，因为，产量不再有一个一定的市场价值，而价格则在零与无穷大之间找不到一个静止之点。然而，经验表明，事实并不如此。在现实中存在着的心理反应习惯可以使购买的愿望与出卖的愿望相等的均衡状态得以实现。在现实中应该存在的产量的市场价值是货币收入具有一定价值的必要条件，也是使储蓄者所决定的储蓄总量等于投资者所决定的投资总量的一个充分条件。

要想对上述种种理解清楚，最好的办法也许是用消费的决策（或者抑制消费的决策）来进行思索，而不是用储蓄的决策来进行思索。是否进行消费的决策确实属于个人的力量所能控制的范围之内，是否进行投资的决策也是如此。总收入与总储蓄的数量是社会上的个人对是否进行消费和是否进行投资自由选择的结果。二者都不能脱离上述有关消费和投资的决策，而根据另一系列决策来得到独立上述决策之外的数值。根据这一理由，在以后的论述中，消费倾向的概念将被用来代替储蓄的意向或倾向。

关于使用者成本的附录

I

我认为,使用者成本对古典价值理论具有重要性,而这种重要性却一向受到忽视。关于这一点,可以说的话比与这里的主题有关的或在这里应说的话要多。但作为一个脱离正题的论述,我们将在本附录中,对使用者成本作一些进一步的考察。

根据定义,企业家的使用者成本等于:

$$A_1+(G'-B')-G$$

在这里,A_1 是一企业家向其他企业家那里购买的制成品的数量,G 为在一个时期终了时的资本设备的实际价值,而 G' 则为:如果该企业家不使用该设备而又花费一笔最合算的钱(B')来保养该设备的话,该设备在时期终了时所可能有的价值。由此可见,$G-(G'-B')$,即企业家从上期所继承的设备价值的增值,代表该企业家在本期中对他的设备的投资,从而可以被写成 I。这样,由于他在本期中得到的出售产品的卖价 A 而蒙受的使用者成本 U 就等于 A_1-I;在这里,A_1 是他向其他企业家所购买的制成品的数量,而 I 则为他在本期中对自己的设备所进行的投资。稍加思索便可以看到,所有这一切不过是一般性的常识。他向其他企业家所购买的制成品的数量超过他对自己的设备所投资的部分必然代表他由于出售产品而付出的除了购买生产要素以外的代价。如果读者试行以其他方法来表示这一内容，那么，他会发现：我们方法的优点在于能避免无法解决的（和不必要的）会计问题。我认为，没有任何其他方法能毫不含糊地对一个时期的生产品的卖价[1]加以分析。如果整个社会的各个行业都合并在一起，或者，如果企业家不向外界购买物品，从而，$A_1=0$，那么，使用者成本不过相当于由于使用设备而造成的本期的负投资；[2]但是，这样做的好处是：在分析的任何阶段，我们并不要求把要素成本分配到被出售掉的物品和被保留的设备上。因之，我们可以把不论是合并在一起的、还是单独存在的厂商所提供的就业量当做取决于一个一次性的综合决策——这个办法符合现实，因为，现实中的整个生产与为了当前的销售量而生产之间存在着关联的性质。

此外，使用者成本概念可以使我们对厂商出售的产品的短期供给价格提供一个较明确的定义，因为，短期供给价格是边际要素成本和边际使用者成本之和。

在现代的价值论中，通常使用的办法是把短期供给价格单独地和边际要素成本等同起来，然而，显然可以看到：只有在边际使用者成本为零的情况下，或者，只有在像我所做的那样（上面第29页脚注②）把“产品卖价”和“总供给价格”定义为减去使用者总成本以后的数量，那么，短期供给价格和边际要素成本的等同才是正确的。但是，虽然为了方便起见，在处理整个社会的总产量时，可以把使用者成本减去；然而，如果把这种做法习惯性地（或暗中地）

〔1〕 这里的卖价也就是由于出售掉产品而得到的收入。——译者

〔2〕 这里的负投资大致可以被理解为一般所说的折旧，但按照凯恩斯的意思并不完全等于折旧。——译者

应用于单个的行业或厂商,那么,它就使我们的分析脱离现实。因为,它使一件物品的“供给价格”不符合“价格”的通常的含义,从而,这种做法可以造成某些使人困惑之处。人们似乎往往都已经作出假设,认为对一家单个的厂商所出售的产量的单位而言,“供给价格”具有明显的意义,从而,并不需要加以讨论。然而,对从其他厂商那里购买物品的处理以及对厂商由于生产边际产品而造成的自己设备的费用的处理,牵涉到与收入的定义有关的一系列困难。其原因在于:即使我们假设由于销售一个增加的单位产品而引起的向其他厂商进行购买的边际成本已经从单位产品的卖价中减去以便得到我们的所谓该厂商的供给价格,我们仍然必须计入由于生产边际产品而引起的该厂商自己的设备的边际负投资。即使所有的生产都由一个合并在一起的厂商来进行,把边际使用者成本假设为零仍然是错误的。就是说,在一般情况下,不能忽视由于生产边际产品而造成的在设备上的边际负投资。

使用者成本和补充成本的概念还能使我们较明确地建立长期供给价格和短期供给价格之间的关系。长期成本显然必须包括一笔款项用以补偿基本补充成本和预期直接成本,而二者又应以适当方式被分摊于设备的寿命年份。就是说,产品的长期成本等于直接成本和补充成本的预期值,而且,除此之外,为了获得正常利润,长期供给价格还要超过上面计算的成本一个数额,其大小等于与设备投资的年限和风险相同的现行利息率和设备成本之乘积。如果我们使用的利息率是“纯”利息率,[1]那么,我们还必须在长

〔1〕“纯”利息率即完全没有风险的贷款利息率。——译者

期成本中加进一个可被称为风险成本的项目，以便补偿实际收益和预期收益之间存在差异的未知的可能性。因此，长期供给价格等于直接成本、补充成本、风险成本和利息成本之和，即长期供给价格可以被分解为几个组成部分。另一方面，短期供给价格则等于边际直接成本。因此，当企业家购买或建造自己的设备时，他必然会期望直接成本的边际值超过其平均值的部分能够补偿自己的补充成本、风险成本和利息成本；从而，在长期均衡状态中，边际直接成本超过平均直接成本的部分会等于补充、风险和利息成本之和。①

处于边际直接成本正好等于平均直接成本与补充成本之和时的产量水平具有特殊的重要性，因为，在该产量水平上，企业家的交易账目正好收支相抵。就是说，它相当于利润为零之点，而如果产量低于这一水平，他的交易会蒙受亏损。

除了直接成本以外，核算补充成本的必要性由于设备类型不同而有很大差异。下面是两种极端的情况：

(i) 维修设备的某些方面是必须与设备的使用同时进行的(例如，给机器加油)。这种费用(除了向外界购买的以外)应被包括在要素成

① 这种论述的方式依赖于一个方便的假设条件，即：在产量变化的范围内，边际直接成本曲线都具有连续性。[1]事实上，这一假设条件往往是不现实的，从而，可以存在着一个或数个非连续性的点，特别当我们到达相当于设备的技术上的全部生产能力时，更是如此。在这种场合，边际分析法部分地不再适用；而价格可以超过边际直接成本；在这里，边际直接成本系以产量减少一个小单位所导致的成本减少来加以计算(同样，往往还会有下降方向的、即产量少于某一点的非连续性)。当我们考虑长期均衡中的短期供给价格时，这是很重要的，因为，在这一场合，相当于技术上的全部生产能力之点必须被认为是在运行之中的。这样，长期均衡中的短期供给价格可能要超过边际直接成本(以产量减少一个小单位的情况来加以计算)。

[1] 如果没有连续性，即不能进行数学上的“求导数”，也就谈不上“边际”。

本之内。如果为了物理上的原因，现期折旧的全部数量都由这种费用所构成，那么，使用者成本（除了向外界购买的以外）会等于补充成本并且和补充成本具有相反的正负号；从而，在长期均衡状态，边际要素成本会超过平均要素成本，其差额等于风险和利息成本。

(ii) 设备价值的某些部分只能在该设备被使用时才会因之而降低。这一费用应被纳入使用者成本，假设它并没有随着使用的过程而随时加以弥补的话。如果只存在着这种价值耗损的情况，那么，补充成本为零。

也许值得指出的是：企业家并不仅仅因为设备的使用者成本低廉而首先选用他的最破旧的设备；因为，低廉的使用者成本并不足以补偿它的相对低微的效率，即它的高额要素成本。这样，企业家会使用在每单位产品中使用者成本和要素成本为最低的设备。[①] 由此可见，对有关产品的任何生产量，都存在着一个相应的使用者成本，[②]但这个总使用者成本并不与边际使用者成本，即由于增产一单位产品而增加的使用者成本，保持相同的关系。

Ⅱ

使用者成本构成现在与将来之间的环节之一；其原因在于：企

① 由于使用者成本部分地取决于对将来工资水平的预期，所以被认为是短期存在的工资单位的降低会使要素成本和使用者成本以不同比例发生变化，从而对使用何种设备会产生影响。可以设想，对有效需求也会产生影响；因为，要素成本决定有效需求的方式可以与使用者成本不同。

② 最先使用的设备的使用者成本并不必然同总产量的水平无关（见下面的论述）；就是说，当总产量水平改变时，使用者成本可以随时受到影响。

业家在对其生产规模作出决策时，必须在目前就消耗掉他的设备还是把它留待将来使用之间进行选择。决定使用者成本的是：设备现在的使用预计会牺牲掉多少将来的利益；而决定他的生产规模的是：这一牺牲的边际数量、边际要素成本以对边际卖价的预期。不过，企业家如何计算某一生产过程的使用者成本呢？

我们已经把使用者成本定义为：在考虑到维修和改善设备的费用和向其他企业家购买物的费用的情况下，和不使用设备相比，使用设备所造成的设备价值的耗损。[1] 因此，要想得到使用者成本，必须计算现在不使用设备情况下，该设备在将来所能带来的收益的现在值。[2] 这一数值应该至少等于在不使用设备条件下，推迟设备更换的利益的现在值，也可能大于此现在值。①

如果不存在多余的设备，从而每年应该生产出更多的类似设备，以便增加设备总量或更换原有的设备，那么，显然可以看到：边际使用者成本能够根据由于使用设备而造成的设备效率或寿命的减少以及根据现行的重置成本而被计算出来。然而，如果存在多余的设备，那么，使用者成本也会取决于多余设备将由于折旧、损失等原因而被消耗净尽的时间中的利息率和现行的（即重新估计的）补充成本。利息成本和现行的补充成本以这种方式间接地进

〔1〕 即本章正文中的使用者成本定义的公式$(G'-B')-(G-A_1)$。——译者

〔2〕 设备在生产上消耗掉以后，其产品在那时（将来）能带来一定的利益；把这笔代表利益款项计算出来之后，再打一个折扣（即用计算贴现的方法）来计算出将来的利益在今天值多少。——译者

① 如果企业家预期在以后时期可以得到大于正常的收益，而这种收益能延续的时间短暂到不值得为此（或没有足够的时间）来生产新设备，那么，就会大于此现在值。今天的使用者成本是将来使用同一设备所能带来的各种不同收益的最大现在值。

入使用者成本的计算。

当要素成本为零时，[1]使用者成本的计算最为简单易懂。现以拙著《货币论》第 2 卷第 29 章中的像铜原料那样的多余存货的事例为例。我们首先列出一吨铜在将来的各个时间的预期价值。这一系列不同时间的价值取决于多余铜被消耗掉的速度，并随着多余铜的减少而逐渐接近于铜的正常生产成本。从铜价值系列的每一个时间的数值中减去现行的补充成本以及该数值的时间和目前之间的利息成本，所得到的最大的数值即为每一吨多余铜的现在值或使用者成本。

以同样的方式，具有多余数量的船舶、工厂或机器的使用者成本等于多余数量被消耗净尽的日期的重置成本减去现行的补充成本以及该日期到现在之间的利息成本。

在上面的论述中，我们假设：设备系被完全相同的物品所更换。当所涉及的设备被磨损净尽时，如果不用完全相同的物品加以更换，那么，在计算原有设备的使用者成本时，应该计入新设备的使用者成本的一个部分，其大小取决于两种设备的相对效率。

Ⅲ

读者应该觉察到：在设备并没有老化，却仅仅具有多余的数量的情况下，实际使用者成本和它的正常值（即在没有多余设备时的数值）的差别会由于多余设备被消耗完毕的预期时间的不同而发生变化。这样，如果有关设备的年龄分布比较均匀，从而每年均有

〔1〕 大致指设备不需要维修时。——译者

一定量的报废设备，那么，除非多余的设备数量过大，边际使用者成本不会有很大的下降。在普遍性的经济萧条存在的场合，边际使用者成本取决于企业家所预期的萧条存在的时间长短。因此，当萧条事态开始好转时，供给价格上升的部分原因可能是由于企业家对预期的修改而造成的边际使用者成本的急剧增加。

有的时候，人们曾提出过与企业家的意见相反的论点，认为：如果企业家们有组织地报废多余的设备，那么，除非这种行动涉及全部多余的设备，价格不会上升。然而，使用者成本的概念却可以说明，为什么报废（譬如说）多余设备的一半也会立即造成提高价格的影响。其原因在于：通过缩短多余设备被消耗完毕的时间，上述政策会提高使用者成本，从而会增加现行的供给价格。这样，企业家似乎能下意识地想到使用者成本，虽然他们并没有把它明确地提出来。

如果补充成本数额庞大，那么，当多余设备存在时，边际使用者成本数额必然低微。此外，当多余的设备存在时，边际要素成本和使用者成本不大可能比它们的平均值超出很多。如果上述两个条件均能具备，多余设备的存在很可能要使企业家的经营蒙受损失，也许会是重大的损失。当多余设备被消耗完毕时，这种蒙受损失的状态不会立即转变为正常利润。随着多余设备的减少，使用者成本会逐渐增加；而边际要素成本超过平均要素成本和平均使用者成本的部分也会逐渐增加。

Ⅳ

在马歇尔的《经济学原理》中（第 6 版第 360 页），使用者成本的一部分在“额外设备的耗损”的标题下被包括在直接成本之中。但是，关于如何计算该项目以及它的重要性则没有提供线索。庇古教授在他的《失业论》中(第 42 页)明白地作出假设，认为由于边际产量而导致的设备的边际负投资一般可以忽视不计：“与产品数量变动相联系的设备的耗损数量以及所使用的非体力劳动的成本数量都被忽视不计，因为，它们的重要性一般说来是次要的。”[①]确实，处于生产的边际状态，设备的负投资为零的说法存在于大量的现代经济理论之中。但是，一旦想到有必要来解释单个厂商的供给价格究竟是什么时，问题便随之而发生。

由于上述原因，维修闲置不用的设备的成本往往会减少边际使用者成本，特别在被预期为持续很久的萧条状态中，更是如此。这一说法是对的。虽然如此，很低的使用者成本并不是短期本身的特点，而是那些维修闲置不用的机器设备代价昂贵的特殊情况和设备种类的特点；也是那些具有老化快速和多余设备众多的非均衡状态的特点，特别是在新机器设备占有较大比重的情况下，特点更为突出。

在涉及原料的事例中，考虑使用者成本的必要性是显而易见的；——如果一吨铜在今天被使用掉，那么，它就不能在明天被使用，从而，铜在明天被使用的价值显然必须被计算为边际成本的一个部分。但是，铜不过是一个资本设备被使用于生产的一个极端的事例，然而，这一事实却被忽视。把原料和固定资本严格区别开

① 霍特里先生(《经济》杂志，1934 年 5 月号，第 145 页)曾经注意到庇古教授对供给价格和边际劳动成本的等同，并且进行争辩，认为庇古教授的论点会因之而受到严重损害。

来，认为对于前者，我们必须考虑由于使用它而造成的负投资，对于后者，我们可以毫无顾虑地对同一种负投资加以忽视。这种做法是不合乎现实的——特别在正常的情况下，每年都需更换一定量的设备，而使用设备会缩短更换的期限，这种做法尤其不合乎现实。

使用者成本和补充成本的优点之一在于：它们适用于经营资本、流动资本，也适用于固定资本。原料与固定资本的主要差别并不在于计算使用者和补充成本的不同之处，而在于这一事实，即：流动资本的收益只有一次，而在固定资本的情况下，由于它有耐久性，从而会逐渐被消耗净尽，所以它的收益包括一系列时期的使用者成本和赚得的利润。

第七章　对储蓄和投资的意义的进一步考察

I

在上一章中，**储蓄**和**投资**系以如此的方式加以定义，以致它们在数量上必然相等，因为，对整个社会而言，它们不过是同一事物的不同方面。然而，不止一位现代的学者（包括我自己在我的《货币论》中）曾经对这些名词作出特别的定义，使二者并不必然相等。其他学者的著作则依靠二者可以不等的假设条件，但在论述中并未给出任何定义。因此，有必要把现行的对两个名词的一些不同用法加以分类，以便说明我们过去的论述和其他的对这两个名词的论述之间的关系。

据我所知，每个人都同意：**储蓄**的意义是收入超过其被用之于消费的部分。如果储蓄的意义不是如此的话，那肯定会很不方便并且会引起误解。对于什么是被用之于消费的开支，也不存在重大的意见分歧。由此可见，用法的差异不是来自有关**投资**的定义，便是来自有关**收入**的定义。

Ⅱ

我们首先考察**投资**。在流行的用法中，投资的通俗意义是个人或公司对新的或旧的资产的购买。在偶然的情况下，该名词可以专指在证券交易所购买一张有价证券。但是，我们所说的投资却包括投资于(例如)一座房屋、一台机器、一批制成或半制成品，并且一般把用收入来对任何资本资产的购买称为新投资，以便与再投资加以区别。如果我们把一项投资的出售当做负投资，即投资的反面，那么，我的定义符合通俗的用法；因为，旧投资的买和卖必然相互抵消。当然，我们必须照顾到债务的形成和偿付(包括信用或货币数量的改变)；但由于就整个社会而言，债权数量的增加或减少总是必然等于债务数量的增加或减少，所以当我们涉及的是总投资时，这一信用或货币的复杂之处会相互抵消。因此，假设通俗意义的收入相当于我的净收入，那么，通俗意义的总投资与我的净投资的定义完全一致，即：一切种类的资本设备的净增加额；为得到净增加额而被减去的原有资本设备的价值改变已经在计算净收入中加以扣除。

以如此方式加以定义的投资包括资本设备的增加额，不论是指固定资本、经营资本或是流动资本而言；因此，如果投资的定义有重大的差异之处(除了投资与净投资的差别以外)，那么，差别必然系由于把上述三种资本中的一种或一种以上的增加额排除在投资的定义之外。

例如，霍特里先生认为，流动资本的改变，即意外的存货数量的增加(或减少),具有很大的重要性,从而提出把这种改变排除在外的一个投资的可能的定义。在这种场合,储蓄超过投资的数量就会等同于意外的存货量的增加,即流动资本的增加。霍特里先生并没有说服我,为什么这便是应该强调的因素;因为,他把全部重点都放在对未预料到的改变的矫正之上,而不放在对预料到的(不论预料是否正确)改变的矫正之上。霍特里先生认为:企业家会由于他的存货量的改变而变动一天和前一天之间的对生产规模的决策。可以肯定,对消费品而言,存货的改变对他的决策起着重大的作用。但是,我找不出任何理由来把其他影响决策的因素排除在外。因此,我倾向于强调有效需求的全部改变,而不仅仅是有效需求所反映的两个期间的存货量增加或减少那一部分的改变。此外,对固定资本而言,闲置设备的生产能力对生产决策的影响相当于存货的增加或减少;而我看不出霍特里先生的办法如何能对这一至少同等重要的因素加以处理。

奥地利学派经济学者所使用的资本形成和资本消费似乎很可能既不等同于上面加以定义的投资和负投资,也不等同于净投资和净负投资。具体说来,资本消费被认为是可以出现于上面加以定义的资本设备没有净减少的情况之中。然而,我还未能找到任何能把这些名词清楚地加以解释的著作。例如,有的著作说,当生产过程延长时,资本形成便会出现。那样的或类似的文句并不能解决问题。

Ⅲ

我们再来论述储蓄与投资的不等。由于收入的定义的不同,所以收入超过消费的部分不同，从而储蓄与投资不等。我自己在《货币论》中所使用的名词可以作为这方面的例子。正如我在上面第 67 页所解释的那样，我在该书所使用的收入与我现在的定义不同。该书的定义把企业家的(在一定的意义上)“正常利润”，而不是在现实中实现的利润当做他的收入。这样，关于储蓄大于投资，我的意思是：产量的规模处于如此的状态，以致企业家从他所拥有的资本设备那里得到少于正常利润的收益；而关于储蓄大于投资的数量增长，我的意思是：在现实中的利润已经下降，从而企业家会具有减少产量的动机。

我现在认为：就业量(从而产量和实际收入)是由企业家所决定的，他作出决定的动机是企图使他的现在的和将来的利润最大化(需要扣除的使用者成本的大小取决于他如何通过设备的使用在设备的寿命期间得到最大的收益)；与此同时，能使他的利润最大化的就业量则取决于总需求函数，而总需求函数代表在各种不同设想条件下他所预期的来自消费和投资的产品卖价。在我的《货币论》中，投资超过储蓄的数量的改变这一概念是一种处理利润改变的方法，虽然我在该书中并没有对预期的和已经实现的结果加以明确的区分。[①] 在该书中，我进行争辩，认为投资超过储蓄的数量是决定就业量改变的动力。由此可见，我的新论点(我在本书中所持有的)虽然远为更加精确和易于理解，但基本上是我旧论点的发展。如果用我在《货币论》中的用语加以表达，那么，我的新

① 在该书中，我的方法是把现行的已实现的利润当做决定现行的对利润的预期因素。

论点可以被述之如下：在过去的就业量和产量为既定时，对投资超过储蓄数量的预期的增加会导致企业家来增加就业量和产量。我现在和过去的论点的重要性在于企图说明：就业量取决于企业家对有效需求的预期，而我在《货币论》中所定义的对投资相对于储蓄的增加的预期是有效需求增加的一个准绳。然而，有鉴于我在这里所提出的进一步的发展，我在《货币论》中的表述当然是非常含混不清和不完整的。

D. H. 罗伯森先生曾经作出定义，使今天的收入等于昨天的消费加投资，从而，按照他的定义，今天的储蓄等于昨天的投资加上昨天的消费超过今天的消费的数量。在这样的定义之下，储蓄可以超过投资，即昨天的收入（我的意义上）超过今天的收入。由此可见，当罗伯森先生说，储蓄超过了投资，他的意思在实际上就等于我所说的收入在下降，而他所说的储蓄超过投资的部分正好等于我所说的收入的下降部分。如果今天的预期果真总是由昨天实现的结果所决定，那么，今天的有效需求会等于昨天的收入。这样，罗伯森先生的方法可以被当做有别于我的方法的另一种具有相同目标的企图（也许大致近似于我的方法）来对有效需求和收入作出区别，而这种区别对因果分析是至关重要的。[1]

Ⅳ

我们在下面将论述“强迫储蓄”以及与此相联系的许多远为更

① 参阅罗伯森的文章《储蓄与贮钱》（载《经济学杂志》，1933 年 9 月号，第 399 页）以及罗伯森先生、霍特里先生和我自己的讨论（载《经济学杂志》，1933 年 12 月号，第 658 页）。

加含混的观点。在这些观点中，是否能发现任何明显的重要之处？在我的《货币论》中（第1卷第171页脚注），我提供了以前使用“强迫储蓄”的参考文献并且认为，这些文献的用法在某种程度上相近于投资与“储蓄”的差额，而“储蓄”具有我在该书中使用的意义。我现在不再肯定：现实中会存在着我那时所宣称的那样多的相近的程度。无论如何，我敢于肯定：“强迫储蓄”以及最近使用的类似名词（例如哈耶克和罗宾斯教授所使用的）与我在《货币论》中所指的投资和“储蓄”的差额的意义没有任何具体关系。虽然这些学者并没有对他们所使用的这一名词加以明确的解释，然而，可以清楚地看到：他们的意义上的“强迫储蓄”是一种经济现象，该现象直接来自货币数量或银行信用的改变并且可以用这种改变加以衡量。

众所周知，产量和就业量的改变会造成以工资单位来衡量的收入的改变，而工资单位的改变又会造成借款者和放款者之间的收入再分配以及以货币来衡量的总收入的改变。[1] 不论就上述产量和就业量的改变所造成的后果而言，还是就工资的改变所造成的后果而言，都会（或可以）存在着储蓄数量的改变。由于货币数量的改变，通过它对利息率的影响，可以造成收入的数量和分配的改变（正如我们在以后要说明的那样），所以这种改变可以间接地引起储蓄数量的改变。但是，这种储蓄数量的改变并不比任何客观条件的改变所造成的储蓄数量的改变更具有“强迫储蓄”的性质；从而，除非我们为不同条件下的储蓄量规定正常值或标准值，

〔1〕 因为，工资单位的改变被认为是可以和物价的涨落伴随在一起。——译者

我们没有办法来区别各种储蓄数量改变的情况。此外，正如我们将要看到的那样，同一个既定货币数量的变动所造成的总储蓄的数量改变是很不相同的；它取决于许多其他因素。

由此可见，除非我们规定一定的储蓄量的标准，"强迫储蓄"是没有意义的。如果我们选定（也许是一个合理的选择）相当于充分就业的储蓄量为标准，"强迫储蓄"的定义会成为："强迫储蓄是实际储蓄超过充分就业在长期均衡条件下应有的储蓄的部分。"这个定义是有意义的，但根据这个定义，强迫储蓄会是很罕见的和非常不稳定的情况；在这种情况下，强迫储蓄的不足倒是通常存在的事实。

哈耶克教授的饶有兴趣的文章《强迫储蓄学说的发展》[①]表明：这正是该名词的原意。"强迫储蓄"或"强迫节俭"本来就是边沁的概念，而边沁明确说过，他所指的是：在"全部人手都已被雇用并且以最有利的方式被雇用"[②]的情况下，货币数量的增加（相对于货币可以购买的东西而言）所造成的后果。边沁指出，在这种情况下，实际收入不会增加，从而，过渡时期中的追加的投资会引起强迫节俭，"以国民的生活水平的牺牲和对社会正义的背离作为代价"。所有的19世纪的涉及这一概念的学者都具有同样的想法。但是，要想把这一完全清楚的想法扩大到小于充分就业的条件却会引起困难。当然（把增加的就业量应用于既定数量的资本设备的条件下，由于收益递减规律），任何就业量的增加会使已经就业

---

① 载《经济学季刊》，1932年11月号，第123页。

② 同上，第125页。

的人牺牲一些实际收入，但是，把这种收入的损失和可能伴随着就业量的增加而增加的投资联系在一起不大可能得到多少研究的成果。无论如何，我还不知道有任何对“强迫储蓄”发生兴趣的现代学者把该概念扩展到就业量正在增加的情况。他们似乎普遍地忽视了这一事实，即：把边沁的强迫节俭的概念扩展到小于充分就业的状态需要某些说明或限制条件。

V

认为在一般意义上的储蓄与投资可以不相等的想法之所以能够流行，其原因在我看来是由于一种视觉上的错误；这种视觉上的错误把单个存款者与他存款银行之间的关系看成单方面的交易，而不是实际存在的双方面的交易。具有这种错觉的人们认为，存款者和他存款的银行可以通过某种手段来实现某种行动，使得储蓄在银行制度中消失掉，从而储蓄不能被用作为投资；或者，反过来说，银行制度可以使投资出现，而又不存在与之相应的储蓄。但不论资产是现金、债权或资本品，除非通过取得一件资产，没有人能够进行储蓄；而没有人能取得一件他以前没有的资产，除非通过两种途径：或者，一件价值相同的新资产被创造出来；或者，另一人把他以前有的一件价值相同的资产脱手。在第一种途径中，存在着相应的新投资；在第二种途径中，另一人必须进行相同数量的负投资。其原因在于：另一人所失掉的财富必然系由于他的消费超过了收入，而不是由于来自资本品资产的价值变动所带来的在资本品账面上的损失，因为，我们在这里所涉及的事例与此人以前特有的资产在价值上遭受损失无关。此人取得了他现有资产的价值，但却未能以任何形式把该价值保持在自己手里；就是说，他必然把它用之于他的消费超过收入的部分。此外，如果银行制度脱手一件资产，那么，某一个人必然脱手现金。根据这些理由，社会上所有的人的总储蓄必然要等于社会上现行的新投资。

一种观点认为，银行制度所创造的信用可以在没有相应的“真正的储蓄”的条件下使投资成为可能。这种观点只看到银行信用增加的一个后果，而没有看到其他的后果。如果银行对企业家的新放款使企业家能进行没有这笔放款就不能进行的新投资，那么，收入在正常的情况下必然会以快于投资的速度增加。此外，除了在充分就业的情况以外，实际收入和货币收入都要增加。公众将进行“自由选择”来决定如何把他们增加的收入分配于储蓄和消费之间；而那些向银行借款来增加投资的企业家不可能实现使投资增加的速度大于公众增加其储蓄的意图(除非这些企业家的投资系被用来代替其他企业家本来就会进行的投资)。此外，公众所增加的和他们以任何其他方式所进行的储蓄都是一样的十足的储蓄。除非人们乐于持有额外的货币，而不是其他形式的财富，没有人能强迫他们持有相当于新的银行放款的额外货币量。然而，就业量、收入和价格势必以如此方式发生变化，以致在变化后的新情况下，某些人确实乐于持有额外的货币量。不能否认，在一个特殊方面的预料不到的投资的增加可以造成总储蓄和投资量的不规则变化，而这种变化在投资的增加能被充分预料到的条件下是不会发生的。也不能否认，银行提供放款会引起三种倾向——(1)产量增加，(2)以工资单位来衡量的边际产品的价值上升(在收益递减的条件下，随着产量增加而必然有的现象)，以及(3)以货币来衡量的工资单位增加(因为，这经常随着就业量的增加而发生)；这三种倾向可以影响不同人群之间的实际收入的分配。但是，这些倾向是产量增加本身所具有的特点。如果产量的增加来自银行放款(或信用)增加以外的原因，那么，三种倾向也会以相同的程度发生。要想避免它们的发生，只有避免任何能改善就业量的行动。虽然上面的论述是对的，然而，它的很大部分都是现在还没有得出的以后将加以讨论的结果。

由此可见，储蓄总是会引起投资这一老式的说法虽然是不完整的，而且会引起误解，然而，它在形式上却比有储蓄而没有投资或者有投资而没有"真正的"储蓄这种新型的说法要为健全一些。老式说法的错误在于根据个人的储蓄行为便作出似是而非的推断，认为他也会使总投资增加相同的数量。不能否认，当个人进行储蓄时，他增加他自己的财富。但是，他也会增加总财富的结论却没有考虑到一种可能性，即：个人进行储蓄的行为可以影响到另一人的储蓄，从而会影响另一人的财富。

一方面，储蓄恒等于投资，而另一方面，又显然存在着个人储蓄的"自由"，即：不论他自己或其他人的投资为多少，个人可以自由决定他的储蓄数量。二者之所以能调和一致，原因主要在于储蓄和消费一样，也具有两个方面。虽然一个人的储蓄不大可能对他自己的收入具有很大的影响，然而，他的消费数量对其他人收入的影响使所有的人不可能在一起同时储蓄掉一个事先规定的既定数量。每一个通过减少消费来增加储蓄的企图会影响收入到如此的程度，以致这种企图给自己招致失败的后果。[1] 当然，整个社会想要储蓄掉少于现行的投资的数量也是同样不可能的，因为，这样做的企图必然会把收入提高到某一个水平，而处于这一水平，个人想要储蓄的数量的总和正好等于投资的数量。

上面的论述非常相似于另一个命题，即如何使下列两个方面协调一致：一方面，每个人都有自由来改变他所想要持有的货币量，而另一方面，各个人所持有的货币量的总和又必须等于银行制度所提供的现金数量。在这个命题中，两个方面的货币量之所以能够相等，原因在于：人们所想要持有的货币量取决于他们的收入或各种物品的价格（主要是有价证券的价格）；而人们对这些物品的购买自然又成为在持有货币以外的另一种持有财富的方式。这样，收入和各种物品的价格必然会发生变化，一直到新的收入和价格水平能使人们所想要持有的货币量的总和等于银行制度所提供的货币量时为止。当然，这是货币理论的基本命题。

两个命题都不过是根据同一件事实而推导出来的结果。这件事实是：没有卖者就没有买者，或没有买者就没有卖者。虽然对考察个人而言，其交易量与市场交易量相比显得甚为微小，从而可以忽视需求所具有的双重交易的性质而不至造成重大的谬误，然而，当我们涉及总需求时，却不能这样做。这就是总体的经济行为理论和个体的行为理论之间的至关重要的差别，因为，在个体的行为理论中，我们可以假设：个人需求的大小并不会影响他自己的收入的高低。

---

〔1〕 意思是说，如果大家都想增加储蓄，从而减少消费量，那么，这会引起商品滞销，使整个社会的收入下降，而随着整个社会收入下降，每个人的收入也会下降。当个人的收入下降以后，他就没有能力进行他原先想要进行的储蓄量。——译者

第 三 编

消 费 倾 向

第八章　消费倾向：I．客观因素

I

在第一编之后，我们脱离了我们的主题，以便处理一些涉及方法和定义的一般性的问题。现在，我们重新回到主题上来。我们的分析的最终目标是找出：决定就业量的是什么。到目前为止，我们已经得到初步的结论，即：就业量取决于总供给函数和总需求函数的交点。总供给函数主要取决于供给的物质条件，其中牵涉到一些尚未为我们所熟知的考虑之点。总供给函数在形式上可能未为我们所熟知，但其中的基本因素却并不是新的。我们将在第 20 章中回到总供给函数；在该章，我们讨论总供给函数的反函数，其名称为就业函数。但总的说来，在过去被忽视的是总需求函数；而关于总需求函数，我们将在第 3 和第 4 编中加以论述。

总需求函数说明任何既定的就业量与该就业量预期能实现的"卖价"之间的关系。"卖价"系由两种总量构成——当就业量处于既定水平时，社会用于消费的总量以及用于投资的总量。决定这两种量的因素大致上是界限分明的。在本编中，我们将考虑前者，即：当就业量处于既定水平时，什么因素决定消费的总量。在第四编中,我们将进而论述决定投资的总量的各种因素。

由于我们在这里所涉及的是:当就业量处于既定水平时,什么决定消费量的大小,所以严格说来,我们应该考虑的是表明前者的数量(N)和后者的数量(C)之间的关系的函数。然而,为了方便起见,可以使用稍微不同的函数,即把以工资单位衡量的消费(C_w)和以工资单位衡量的相当于一定就业量水平的收入(Y_w)联系在一起的函数。这个函数的缺点是 Y_w 不是 N 的唯一函数,其原因在于:Y_w 和 N 的关系可以取决于(虽然在非常次要的程度上)就业量的具体特点。就是说,具有两种不同分配就业方式的同等数值的就业量 N 可以(由于不同的单个部门的就业函数会具有不同的形状——将在下面第 20 章加以论述)导致不同的 Y_w 的数值。在某些特殊情况下,应该照顾到这一因素。但一般说来,把 Y_w 当做 N 所决定的唯一值已经是足够精确的近似办法。因此,我们把被我们称之为**消费倾向**的名词定义为:存在于 Y_w(即用工资单位衡量的既定的收入水平)和 C_w(即在该收入水平下的消费开支)之间的函数关系 χ。所以,

$$C_w=\chi(Y_w) \qquad 或者,C=W\cdot\chi(Y_w)$$

社会花费于消费的开支数量显然(i)部分地取决于它的收入的数量,(ii)部分地取决于客观存在的有关情况,以及(iii)部分地取决于该社会居民的主观需要、心理上的倾向性、习惯以及收入分配的原则(当产量增加时,分配原则可能随之改变)。消费的动机是相互影响的,而对这些动机进行分类则难免有划分不当的后果。虽然如此,为了使我们的思路较为明确,可以把它们分为两个大的类别,分别加以考察。这两个类别被称为主观因素和客观因素。

我们将在下一章对主观因素加以较详尽的考察，包括那些人类本性的心理特点以及那些社会成规和制度。这些因素虽然并不是不能改变的，但在短时期内，除了处于非正常的或发生革命的情况，很难有较大的变动。从历史的角度加以考察或把不同类型的社会制度加以比较的研究中，必须考虑主观条件的改变以何种方式来影响消费倾向。但一般说来，我们将在以下论述中把主观因素当做既定不变的，并假设：消费倾向仅取决于客观因素的改变。

Ⅱ

影响消费倾向的主要的客观因素似乎可以列出如下：

(1) 工资单位的改变。消费(C)显然远为更加是(在一定的意义上)实际收入，而不是货币收入的函数。在技术、偏好和决定收入分配的社会条件均为既定的情况下，一人收入的高低取决于他所持有的劳动单位，即取决于他的以工资单位来衡量的收入。当然，当总产量改变时，他的实际收入的上升比例(由于收益递减的作用)要小于他的以工资单位来衡量的收入的上升比例。因此，在粗略的意义上，我们可以假设：如果工资单位有所改变，那么，在既定的就业量下的消费开支，像价格一样，也会以相同的比例改变，虽然在某些情况下，我们还必须照顾到工资单位的改变所造成的企业家与食利者之间的收入分配的改变，因为，这一改变可能对总消费量施加影响。除此以外，我们已经照顾到工资单位本身的变化，因为，我们系用以工资单位来衡量的收入来给消费倾向下定义。

(2)收入和净收入之间的差额的改变。我们已经在上面说明：消费量取决于净收入，而不是收入，因为，根据定义，当一人决定他的消费规模时，他所据以考虑的主要是他的净收入。在一个既定的情况下，在收入和净收入之间可以存在着比较稳定的关系；稳定关系的意义为：在不同水平的收入和其相应的净收入之间存在着表明二者之间的关系的唯一函数。然而，如果情况不是如此，那么，没有被净收入所反映出来的收入的改变必须被忽略掉，因为，它对消费没有影响。同样，没有被收入所反映的净收入的改变必须要被计算进来。除了例外的情况以外，我怀疑这一因素在现实上的重要性。在本章的第 4 节，我们再对收入和净收入之间的差额对消费的影响作一较全面的论述。

(3) 在计算净收入时没有计入的资本价值的意外变动。这一项目可以对消费倾向施加远为重大的影响，因为，它与收入之间没有稳定的或规律性的关系。拥有财富的阶级的消费可以异常敏锐地受到它财富价值的意料不到的改变的影响。这一点应该被认为是能在短期中影响边际消费倾向的主要因素之一。

(4) 对时间折算的贴现率的改变，即现有物品和将来物品的交换比例的改变。这与利息率并不完全相同，因为前者计入能被预料到的货币购买力在将来的改变。它还要照顾到一切种类的风险，如活到能享受将来的果实的可能性，或者，没收性的税收政策。然而，作为一种概略的估算方法，我们可以把这个贴现率和利息率等同起来。

这一因素对既定收入中的消费量究竟有多少影响，很值得怀疑。按照古典的利息理论[①]的说法，利息率是使储蓄的供给和需求能够相等的因素。据此，可以简单地设想：在其他条件相同的情况下，消费开支会对利息率的改变作出相反方向的反应，从而，利息率的任何上升显然会使消费开支减少。然而，人们很久以来已经认识到：利息率的改变对现行的消费量的作用是复杂而不肯定的；其作用取决于相互矛盾的倾向，因为，利息率的上升可以有助于加强储蓄的某些主观动机，而又会削弱其他一些主观动机。在长时期中，利息率的相当大的改变很可能趋于在较大的程度上改变社会的习惯，因之而成为影响消费的主观因素——虽然除了根据具体事实加以判别以外，很难说影响的方向为何。然而，短时期的通常类型的利息率的波动不大可能对消费开支施加任何一方向的直接影响。如果人们的总收入保持不变，那么，不会有许多人仅仅由于利息率从 5%降到 4%而去改变他们的生活方式。在间接的意义上，影响可以较大，但影响的方向不尽相同。通过利息率的改变而对既定收入下的消费意图的最重大影响也许在于利息率的改变对有价证券和其他资产的增值或降值的作用。如果一人的资本的价值获得意料之外的增值，那么，即使以赚取收入的能力来说，他的资本并不比以前为好，他的增加现行消费的动机应该得以加强。如果他经受在资本上的亏损，那么，消费意图会随之而削弱。但这种间接的影响，我们已在上述第 3 点中照顾到了。此外，我认为，经验所提供的结论是：除非利息率有着不同寻常的巨大改变，利息率对个人在既定收入中的消费量的短期影响相对说来是

① 参阅下面第 14 章。

次要的。当利息率确实下降到很低的水平时，以一定量金钱所能购买到的年金与同量金钱所得到的年利息之间的比例的增加是一个进行负储蓄的重要的原因，因为，比例的增加会促使人们去购买年金以备年老时之需。

消费倾向可以受到急剧影响的非正常情况也许应被置于这里的第 4 点之中。在这种非正常情况下，人们对将来以及将来会带来些什么具有极端的不肯定性。

(5) 财政政策的改变。既然个人的储蓄倾向取决于人们所期望的将来的收益，那么，储蓄显然不仅仅取决于利息率，而且也取决于政府的财政政策。所得税，特别是当该税对“不凭本事而赚到的”收入税率很高时，如利润税、遗产税以及类似的税种都和利息率一样影响储蓄；与此同时，财政政策可能变动的范围至少在预期中可以比利息率的变化要大。如果财政政策有意地被作为取得比较平均的收入分配的手段，那么，它对增加消费倾向的影响当然还要更大。[①]

我们还要考虑到政府为了偿付债务而设置的来源于税收的偿债基金，因为，它对总消费倾向会产生影响。这种偿债基金代表一种集体储蓄，从而大量设置偿债基金的政策应被当做减少消费倾向的因素。正是由于这一原因，当政府从借债的政策转变为相反的设置偿债基金的政策时（或作相反的转变时），它能造成严重的有效需求的收缩（或相当大的扩张）。

---

① 这里可以顺便提一下：财政政策对财富的增长的影响曾经受到重大的误解。然而，对这种误解，在不具备第 4 编所提出的利息理论的知识时，我们无法加以应有的论述。

（6）人们改变其对现在和将来的收入水平的差距的期望。为了形式上的完整，我们才列入这一项目。虽然该项目可以在相当大的程度上影响个人的消费倾向，但对整个社会的消费倾向而言，该项目的影响很可能会由于各个人改变期望的方向不同而相互抵消。此外，该项目属于那种具有很大不肯定性的事物，从而，通常不会施加很大的影响。

因此，我们可以得到结论：如果我们消除掉以货币来表示的工资单位的改变，那么，在既定的情况下，消费倾向可以被当做相当稳定的函数。资本价值的意外变动可以改变消费倾向，而利息率和财政政策的相当大的改变可以施加某些影响；与此同时，虽然其他的客观因素的作用不容忽视，但在普通的情况下，它们的作用不大可能是重要的。

在既定的一般经济情况下，以工资单位衡量的消费开支主要取决于产量和就业量。这一事实是我们能建立约略性的“消费倾向”函数的理由。虽然其他因素可能改变（这一点决不能忘记），但以工资单位来衡量的总收入一般是主要的变量来决定作为总需求函数的一个组成部分的消费量。

Ⅲ

消费倾向是一个相当稳定的函数，从而，总消费量一般取决于总收入量（二者均以工资单位加以衡量），而消费倾向本身的变化则被认为具有次要的影响。在承认这一切的前提下，这一函数的正常形状为何？

根据现有的资料，无论从我们所知道的人类本性来看，还是从经验中的具体事实来看，我们可以具有很大的信心来使用一条基本心理规律。该规律为：在一般情况下，平均说来，当人们收入增加时，他们的消费也会增加，但消费的增加不像收入增加得那样多。就是说：假设 C_w 代表消费量，而 Y_w 代表收入（二者皆以工资单位来衡量），那么，ΔC_w 和 ΔY_w 会具有相同的正负号，但前者小于后者，即：$\frac{dC_w}{dY_w}$的数值为正，但却小于 1。

当我们涉及短时期时，情况尤其如此。在短期中，例如在所谓就业量作出周期性的波动的场合；在其中，人类的习惯——有别于其他永久性较大的心理倾向——还没有足够的时间来改变自己，以便适应已经改变了的客观环境。人们已经习惯了的生活水平的费用通常首先从他们的收入中扣除掉，然后，他们会把生活水平的费用和实际收入之间的差额储蓄起来。如果他们由于收入的变化而调整其生活费用的话，他们的调整在短期也是不完全的。由此可见，增加的储蓄往往伴随着收入的上升，而减少的储蓄则伴随着下降的收入。当收入变动时，储蓄最初会比在以后具有较大的改变。

但除了收入水平在短期中的变动以外，较高的绝对量的收入水平显然也会扩大收入和消费之间的差距。其原因在于：满足人们及其家庭的现行的基本生活需要通常要比积累具有较强的动机。只有在到达一定的舒适程度以后，积累的动机才会转变为较强。由于这些原因，当实际收入增加时，人们通常会储蓄掉其收入中的较大的比例。然而，撇开是否储蓄掉收入中的较大比例不谈，我们把下面的陈述当做任何现代社会的基本心理规律，即：当社会的实际收入增加时，该社会不会使它的消费增加的绝对量等于收入增加的绝对量，从而，除了其他因素同时发生强烈而不寻常的变化外，该社会必将进行较大绝对量的储蓄。正如我们在以后所要说明的那样，[①]经济制度的稳定性主要取决于这个存在于现实中的规律。该规律的意思是：当就业量，从而总收入增加时，并不是所有的新添增的就业量都会被用来满足新添增的消费量。

另一方面，当由于就业量水平的降低而带来的收入下降具有很大的数量时，它甚至会使消费超过收入。消费之所以超过收入，其原因不仅仅在于某些个人或集体用掉了它们在较好的年景中所积累起来的经济上的储备，也在于政府，不论是否自愿如此，将会造成预算赤字，或者，将以借来的款项来提供（譬如说）失业救济金。由此可见，当就业量下降到低水平时，总消费量的下降数量会小于收入下降的数量。其原因在于人们的习惯性行为，也在于政府很可能要执行的政策。这两个原因可以解释为什么通常在波动幅度有限的范围内，均衡状态能够得以形成。否则，一旦就业量和收入开始下降，它们便可能继续下降到幅度很大的地步。

我们将会看到，这个简单的原理可以引导出和过去相同的结论，即：除非消费倾向有所改变，就业量只能伴随着投资量的增加而增加。其原因在于：当就业量增加时，由于消费者的开支小于总供给价格的增加，所以除非投资的增加能填补二者之间的差距，已增加的就业量会成为无利可图的事情。

① 参见下面第18章第3节。

Ⅳ

我们决不要低估上面已经提到过的事实，即：就业量是预期消费和预期投资的函数，而在其他条件相同的情况下，消费却是净收入，也就是净投资（净收入等于消费加净投资）的函数。换言之，在计算净投资时，被认为必须扣除的折旧等储备金额越大，一定投资水平对消费的促进影响越小，从而对就业量的促进影响越小。

当这一笔储备金额的全部（或补充成本）都在目前实际上被用于维修已经存在的资本设备时，它的作用不大可能被忽视。但当储备金额超过目前的维修费用时，由此而造成的后果对就业量的影响并不总是能为人们所了解。其原因在于：这一超过的部分既不直接引起现行的投资，也不被用于支付消费。因此，它必须由新的投资所补偿，而对新投资的需求与储备金额为之而形成的旧设备的耗损几乎毫无关系。结果，能够真正形成现行收入的新投资必须减少相应于储备金额超过目前维修费用的数量，从而，要想达到既定的就业量，必须存在着更加强烈的对新投资的需求。此外，大致相同的理由也适用于包括在使用者成本之内的设备的耗损，如果该耗损在实际上并未加以弥补的话。[1]

现以一座房屋为例。假设该房屋直到寿命终了以前均能被居住而无需加以修缮。如果每年都从房客支付的租金中减去一笔折

[1] 这里说的“弥补”是指扣除了折旧费而没有把相当于折旧费的款项花费掉。——译者

旧费，而这笔折旧费既没有被房主用于维修，又没有被他当做可以供消费之用的净收入，那么，这笔储备金额，不论它被算作 U 或 V 的一部分，会在房屋的寿命期间继续压低就业量，一直到该房屋重建时，才突然把以往压低的就业量一次补足。

在静止不变的经济体系中，[1]所有这一切也许会不值一提，因为，在每一年中，旧房屋的折旧费正好为新房屋的建造费用所抵消，而每一年的新房屋又正好能代替在每一年年终时结束其寿命的旧房屋。但对于一个非静止不变的社会，这些因素可以具有重大的作用，特别是处于长期耐用的投资异常活跃之后的一段时期中，更是如此。因为，处于这种情况下，企业家会为已经存在的资本设备扣除较大数量的储备金额，而已经存在的资本设备虽然会逐渐被磨损掉，然而，它们目前所需要的维修费用却远未达到被扣除的储备金额的水平。这样，现行的新投资项目的很大部分会被较大数量的储备金额所抵消。这些事实所造成的后果为：收入只能处于一个低水平，低到能与低数值的净总投资相适应。由此可见，远在重置资本设备的开支（为了这笔开支才扣除储备金额）能发生作用以前，偿债基金等项目[2]就会从消费者那里抽掉购买力。就是说，这些项目会缩小现行的有效需求，而只有在实际上对资本设备进行重置时才会增加有效需求。如果这种作用被“财务上的稳妥态度”——即为资本设备“扣除”的储备基金大于资本设备的实际被磨损掉的部分才是稳妥的——所加强，那么，加在一起

〔1〕“静止不变”系指西方经济学的“静止不变的状态”（stationary state）。处于这种状态，一切经济事物都以相同的比例或数量被再生产出来。——译者

〔2〕这些项目当然也包括上面说的储备金额。——译者

的后果的确是非常严重的。

例如，在美国，到了1929年，以往五年的迅速的资本设备的扩充已经使尚不需要加以更换的厂房设备的偿债基金和折旧费用达到如此庞大的程度，以致需要巨额的全新的投资才能加以补偿；与此同时，要想找到更多的新投资，多到足以补偿当时处于充分就业下的富裕社会所进行的储蓄，那几乎是毫无希望之举。这一因素本身很可能足以造成一次萧条。此外，由于这种类型的"财务上的稳妥态度"继续在整个的萧条状态中为那些能有力量这样做的大公司所采用，所以它严重阻挠了萧条状态在较早的时候进入复苏的阶段。

或者，再以目前(1935年)的英国为例。自从第一次世界大战以来所进行的相当大数量的住宅建造和新投资已经使偿债基金远远超过目前为了修缮和更新而需要的数量。这一倾向又为"健全的"财政原则所加深。对地方当局和公众机构所进行的投资而言，该原则往往要求足够多的偿债基金来补偿投资费用，以便在离需要更新投资设备的时期到来以前的相当长的日期就能收回全部投资费用。这样做的后果是：即使个人能把他全部净收入都花费净尽，那么，处于这种由官方或半官方的条例所规定的而又与同期的新投资完全无关的巨大偿债基金的情况下，要想恢复充分就业会是一项艰巨的任务。我认为，[①]地区当局每年划出的偿债基金目前已占这些地区当局用于新投资的全部费用的一半以上。[②] 虽然如此，我们还难于肯定，卫生保健部是否知道，当它要求地区当局

① 实际的数字被认为具有如此之小的意义，以致在两年或两年以后才加以公布。

② 在终结于1930年3月31日的年份中，地方当局花费于资本设备的款项为8700万镑，其中的3700万镑系由偿债基金所提供；在终结于1933年3月31日的年份中，相应的数字为8100万镑和4600万镑。

设置高额的偿债基金时，它使失业问题的严重程度增加多少。以建筑业协会贷款给人们建造自己的住宅而论，人们尽快清偿债务的愿望会使住宅主人的储蓄大于住宅的耗损所要求的数量——虽然这一事实也许应被归入消费倾向的直接降低，而不是由于净收入的减少所致。从实际数字来看，建筑协会的抵押放款的偿还额，从 1925 年的 2400 万镑增加到 1933 年的 6800 万镑，而其间的新抵押放款为 10300 万镑。在今天，偿还额很可能还要高一些。

从产量统计数字中可以找到的是投资额，而不是净投资额。这一事实在科林·克拉克的《1924～1931 年的国民收入》一书中有力地和很自然地体现出来。他还说明：在正常情况下，折旧等项目的数值占有投资额的很大一部分比重。例如，根据他的估计，在 1928～1931 年间，英国的投资和净投资可以如下表所示。在表中，他的毛投资很可能比我的投资要稍大一些，因为，毛投资可能包括我的使用者成本，而他的"净投资"在何种程度上与我下的定义相吻合则并不明确：

	（百万英镑）			
	1928 年	1929 年	1930 年	1931 年
毛投资	791	731	620	482
"原有资本设备的耗损额"	433	435	437	439
净投资	358	296	183	43

库兹涅茨根据他所得到的美国在 1919～1933 年间的《毛资本形成》（即我的所谓投资）的统计数字作出了颇为相似的结论。产量统计数字中所包含的只能是毛投资，而不是净投资。库兹涅茨

先生也发现了根据毛投资计算净投资的困难。他写道："根据毛资本形成计算净资本形成的困难，即为了反映现有的耐用品的消耗而对数字作出调整的困难，并不仅仅在于缺乏资料。能被使用许多年的物品的年耗损这一概念本身就是含混不清的。"①因此，他只能假设"企业的账簿中所扣除的折旧和消耗正确地反映了企业所使用的现有的耐用品的折旧和消耗的数量"。另一方面，他绝不企图对个人手中拥有的房屋以及其他的耐用品扣除折旧。

	（百万美元）				
	1925 年	1926 年	1927 年	1928 年	1929 年
毛资本形成（扣除企业存货变动的净值以后）	30706	33571	31157	33934	34491
企业家的常规维护、修理、检修、折旧和消耗	7685	8288	8223	8481	9010
净资本形成（根据库兹涅茨先生的定义）	23021	25283	22934	25453	25481

	（百万美元）			
	1930 年	1931 年	1932 年	1933 年
毛资本形成（扣除企业存货变动的净值以后）	27538	18721	7780	14879
企业家的常规维护、修理、检修、折旧和消耗	8502	7623	6543	8204
净资本形成（根据库兹涅茨先生的定义）	19036	11098	1237	6675

① 这些资料取自国家经济研究所《学术报告》（第 52 号）。该《报告》提供库兹涅茨先生将要出版的一本书籍的初步结果。

从该表中呈现出几个突出的事实。在1925～1929年的五年中，净资本形成非常稳定，在后一段时期仅仅上升10%。对企业家的修理、检修、折旧和消耗的扣除额维持着高数值；即使在萧条阶段的谷底也是如此。但是，库兹涅茨的方法肯定会导致出对折旧等的年增加量的过低的估计数字；因为，他的年增加量的数字少于净资本形成的1.5%。尤其重要的是：净资本形成在1929年之后一落千丈；到了1932年，下降到1925～1929年这五年中平均值的95%以下。

在一定的程度上，上述种种是一段脱离正题的论述。然而，重要的是：必须着重指出，对于一个已经拥有大量资本设备的社会而言，要想得到通常有可能被用之于消费的净收入，必须从该社会的收入中减去一定的数值。因为，如果我们忽视这一点，那么，我们便会低估使消费倾向偏低的因素，而甚至在社会愿意把它的净收入的一个很大比例的部分用于消费，这种因素仍然存在。

消费——重复众所周知的事实——是一切经济活动的唯一目标和对象。就业的机会必然会受到有效需求的多寡的限制。总需求只能来源于现行的消费以及现在为将来的消费所作出的准备。我们事先以有利可图的方式来为之作出准备的消费不可能无限地被推迟下去。作为一个社会，我们不能用财务上的措施，而只能用物质产品来满足将来的消费。由于像我们这样的社会和企业组织把在财务上的为将来消费作准备同在实物上的为将来消费作准备迥然分开，所以取得前者的努力并不必然也取得后者。[1] 这样，

[1] 例如，上面提到的"储备金额"构成"财务上的努力"的一个部分，但是，这一笔款项不一定马上被用之于投资，即"实物上的努力"。——译者

在财务上为稳妥的办法就会减少总需求，从而会损害社会福利，正如许多例子所证实的那样。此外，我们为将来而事先准备的消费越多，要想找出更多的为之而事先作出准备的将来的消费渠道就更加困难，从而，我们就更加依赖现行的消费作为总需求的来源。然而，很不幸，我们的收入越多，我们的收入和消费之间的差距越大。因此，正如我们要看到的那样，如果拿不出某种新颖的解决办法，那么，就无法解决这个难题。于是，社会只能保持足够大的失业量来使我们贫穷到如此的程度，以致我们的消费小于我们的收入的数量不超过在今天的有利可图条件下为了将来消费而生产的物质设备的价值。[1]

或者，用另一种办法来解释同一事物。消费系部分地由现行制造的物品所满足，部分地由过去制造的物品所满足，即由负投资所满足。以消费为过去制造的物品所满足而论，现行的总需求会因之而缩小，因为，正是由于消费系由过去制造的物品所满足，现行消费支出的一部分就不能转变为净收入的一个部分。相反，在一个时期中，每当制造一件为了满足以后的消费而从事生产的物品时，[2]现期的总需求会得以扩大。众所周知，一切资本投资迟早总会以资本负投资的形式而告终。这样，随着资本存量的增加，使资本投资超过资本负投资的数量大到能够足以补偿净收入和消

---

〔1〕 这里说的物质设备的价值系指投资量。这句话的整个意思是：由于投资量微小，所以整个国家的收入必须减少（即贫困下去），一直到如此的状态；在该状态，根据凯恩斯的消费函数而计算出的储蓄（收入－消费＝储蓄）能和微小的投资量相等。此时即处于凯恩斯所说的小于充分就业的均衡状态。——译者

〔2〕 这里指新的投资项目。——译者

费之间的差额成为日益困难的问题。只有将来的在消费上的开支被预料为是增加时，新资本投资才能超过现有的资本负投资。当我们每一次通过投资的增加来取得二者的相等时，我们就加重了使二者在明天等同的困难。今天的消费倾向的降低只有该倾向在将来的哪一天能提高的情况下，才能使社会受到益处。《蜜蜂的寓言》这本书可以提醒我们——只有明天的欢乐成为事实才能构成今天的刻苦的必不可少的理由。

值得一提的奇怪之事是：对上述的最终会面临的困难，公众的头脑似乎只有在诸如道路建筑、住宅建造等公共投资的场合中才意识到。通常被用来反对政府投资以便提高就业量的理由是它会给将来造成困难。人们问道："当你为将来的数量不变的人口建造出了他们所需要的一切住宅、道路、市政厅、高压电网、供水设备等等，他们还能干些什么呢？"但是，同样的困难也适用于私人投资和私人产业的扩展这一事实却并不那样容易为人们所理解。特别对私人产业的扩展更是如此；因为，对新厂房设备的需求要远比对住宅的需求容易得到满足，而且，新厂房设备从个人那里只吸收少量的资金。

使得人们在这些例子中思路不清的障碍和使得许多对资本的学术讨论思路不清的障碍在很大的程度上是相同的，即没有充分认识到：资本是不能脱离消费而自我存在的事物。恰恰相反，代表一种永久性的生活习惯的消费倾向的减少必然会减少对资本品的需求以及对消费品的需求。[1]

〔1〕 凯恩斯在这里企图指出：为了维持高就业量，有必要鼓励消费，因为，消费减少会减少投资，而消费＋投资又等于国民收入（或就业量）。——译者

第九章 消费倾向:Ⅱ. 主观因素

Ⅰ

仍然存在着第二类对既定收入中的消费量发生影响的因素——即:在既定的以工资单位来衡量的总收入和既定的我们已经讨论过的客观条件下,决定消费开支的主观和社会的因素。然而,由于分析这些因素并不牵涉到读者不知道的新颖论点,所以只需要列出比较重要的因素,而不以较长篇幅对它们加以论述。

一般说来,存在着八个带有主观性质的动机或目标;它们导致人们不把收入用之于消费:

(1) 为了不时之需而积起一笔准备金。

(2) 为了事先料到的个人(或其家庭)所需要的开支与其收入之间的关系的改变而作出储备,例如,为了养老、家庭成员的教育或抚养无自立能力的人。

(3) 为了获得利息和财产增值,即:因为,以后的较大量的消费被认为是优于现在的较小量的消费。

(4) 为了取得能逐渐增加的生活开支,因为,这可以满足一个普通存在的本能来使生活水平逐渐改善,而不是相反,虽然人们的享受能力可以是日益减退的。

(5) 为了取得具有独立生活能力的感觉以及取得能做出事业的量力，虽然对具体的行动并没有明确的想法或意图。

(6) 为了进行投机或业务项目而积累本钱。

(7) 为了能留下遗产。

(8) 为了满足纯粹为守财奴的欲望，即：不合理地但却一贯地禁止消费的行为。

这八个动机可以依次被称之为谨慎、远虑、筹划、改善、独立、进取、骄傲和贪婪动机，而我们也能开出一系列与之相应的消费动机，如享乐、短视、慷慨、失算、浮华和奢侈。

除了个人所积累的储蓄以外，在类似英国或美国的现代工业社会中，也存在着大量的被积累起来的收入，其数量占总储蓄量的1/3到2/3。这类储蓄系由中央政府、地方政府、社会组织和企业公司进行——其动机在很大程度上相似于但并不等同于个人。这些动机主要有下列四个：

(1) 进取动机——取得资金，以便能进行更多的资本投资而又不承担债务或在市场上筹资。

(2) 流动性动机——取得流动性资产，以便对付紧急事项、困难情况和经济萧条。

(3) 改善动机——取得逐年增加的收入；这可以使经理们免受批评，因为，由于储蓄而带来的收入和由于效率而带来的收入很难加以区别。

(4) 财务上的谨慎动机以及处于“正确的地位”的迫切愿望使得储备基金超过使用者成本与补充成本，以便能在资本设备被磨损净尽和老化到不堪使用的期限以前(而不是以后),清偿债务和收回成本。这一动机的强度主要取决于资本设备的数量和特点以及技术变革的速度。

相应于这些能使人们把一部分收入不用之于消费的动机,有时也存在着使消费超过收入的动机。上面列出的导致正数值的储蓄的动机本身就意味着在一段时期以后,使人们的储蓄具有负数值。例如,用储蓄来提供家庭所需要的开支或养老之需。用借款来支付失业救济金可以被作为负储蓄的良好例证。

所有的这些动机的强弱在很大程度上取决于经济社会的体制和组织,取决于种族、教育、成规、宗教和流行的风气所形成的习惯,取决于现在的希望和过去的经验,取决于资本设备的规模和技术以及取决于现行的财富的分配和已经形成的生活水平。在本书的论述中,除了偶然的脱离正题之处以外,我们并不关心社会改变的长远后果,也不关心长期发展的缓慢作用。就是说:我们将把形成储蓄和消费的主观因素的一般背景当做既定的事实。由于财富的分配取决于大致为永久性的社会结构,它也可被认为是在长期中变动缓慢的因素,从而,在本书所涉及的范围内,可以被认为是既定的。

Ⅱ

根据以上的论述,改变消费倾向的主观和社会的动机一般说来变动迟缓,而利息率和其他客观因素的变动的短期影响又往往具有次要的地位,因此,我们得出的结论只能是:消费的改变主要取决于收入（以工资单位来衡量）的多寡，而不取决于在既定收入下的消费倾向的改变。

虽然如此，我们必须避免引起误解。上述的意思是说：利息率的有限的改变对消费倾向的影响通常是微弱的。这并不意味着：利息率的改变对实际的储蓄量和消费量仅仅具有很小的影响。事实恰恰相反。利息率的改变对实际的储蓄量的影响是非常重要的，但其影响的方向却与通常设想的相反。其原因在于：虽然高利息率所带来的较多的将来的收入具有降低消费倾向的作用，然而，我们却可以肯定，利息率上升的作用会减少实际的储蓄数量。因为，总储蓄受到总投资的控制，而利息率的上升（除非为相应的投资需求曲线的变动所抵消）却会减少投资。所以，利息率上升的作用必然是把收入减少到如此的水平，以致在这一水平，储蓄会减少到与投资相等的地步。由于收入的下降在绝对量上会大于投资的下降，所以，当利息率上升时，消费量会减少。这并不是说，利息率的上升使储蓄增加。恰恰相反，储蓄和消费二者都要减少。

由此可见，即使利息率的上升会使社会把既定收入的较大部分用之于储蓄，我们仍能相当肯定地说：利息率的上升（假设不存在着有利于投资的需求曲线的变动）会减少在现实中的总储蓄量。类似的论证方法甚至可以告诉我们，在其他条件相同的情况下，利息率的上升会使收入降低多少。因为，收入的降低量必须是这样一个数量：在现有的消费倾向的数值下，这个收入降低的数量所造成的储蓄的减少正好等于上升的利息率在现行的资本边际效率下所造成的投资的减少。关于这一方面的详尽的考察将是我们下一章的内容。

只有在收入不变的条件下，利息率的上升才可能使我们进行更多的储蓄。但是，如果较高的利息率阻挠投资，那么，我们的收入不会，也不可能保持不变。收入必须下降，从而会减少进行储蓄的能力。储蓄能力的减少足以抵消较高的利息率所导致的储蓄的积极性。我们越是有德行，越是致力于节约，我们国家和个人的财务越是坚持正统原则，那么，当利息率作出相对于资本边际效率的上升时，我们的收入会下降得越多。对此持顽固不化的态度只能带来惩罚，不会带来利益。因为，上述结果是不可避免的。

按照上面的说法，现实中的总储蓄量和总消费量丝毫不取决于谨慎、远见、筹划、改善、独立、进取、骄傲和贪婪。美德和罪恶都不发生作用。在既定的资本边际效率的情况下，一切取决于利息率有利于投资的程度。[①] 当然，事情并不完全如此，上面的说法有点夸大其词。如果利息率能被控制到使它能继续维持充分就业的程度，节俭的美德仍然会恢复它的影响——资本积累的速度还是要取决于消费倾向的低微。由此可见，古典学派经济学者之所以颂扬节俭的美德，其原因还是由于他们暗中作出的假设条件，即：利息率总是被控制在能维持充分就业的水平。

① 本节的某些段落已经事先使用了第 4 编所要引入的论点。

第十章　边际消费倾向和乘数

在第8章中，我们已经确立之点是：就业量只能随着投资的增加而增加。[1] 我们现在可以沿着这条思路前进一步。在既定的就业量随着投资而增加的情况下，我们可以在收入和投资之间确立一个被称为乘数的固定比例，而通过某些简单化的措施，可以在总就业量和直接被用于投资的就业量（被我们称为初期就业量）之间，[2]确立一个被称之为乘数的固定比例。这个进一步的步骤是我们整个就业理论中的一个不可缺少的环节，因为，有了这一步骤，在既定的消费倾向的数值下，便可以在总就业量、总收入和投资量之间，确立一个精确的关系。乘数的概念系由R. F. 卡恩先生在他的论文《国内投资和失业之间的关系》（载《经济学杂志》，1931年6月号）中首先引入于经济理论。在该文中，他的论点来自一个基本的想法，即：如果在各种设想的情况（以及其他一些条件）下，消费倾向都具有既定的数值，如果国家的货币管理当局或其他的领导机关采取行动来刺激或阻挠投资，那么，就业量的增减会是投资量的净增减的函数。该文的目的在于建立一个一般性的原

[1] 因为，有效需求＝消费＋投资，而消费倾向的数值比较难于改变。——译者

[2] 例如，假设投资部门增雇了一名劳动者，即初期就业量＝1。如果由于增雇该劳动者而引起整个社会增雇5个劳动者，那么，乘数＝5÷1＝5。——译者

理，用以估计净投资的增量和由此而导致的总就业量的增量之间的数量关系。在论述乘数以前，有必要说明边际消费倾向的概念。

I

本书所考察的实际收入的波动是那种把不同数量的就业量(即不同数量的劳动者单位)运用于既定数量的资本设备而造成的收入波动，从而，实际收入随着所使用的劳动者单位数量的增减而增减。如果像我们一般所假设的那样，在资本设备为既定的条件下，被使用的劳动者单位的增加会导致收益递减，那么，用工资单位来衡量的收入的增加比例会大于就业量的增加比例，而就业量的增加比例又会大于以产品来衡量的(假设那是可能的话)实际收入的增加比例。然而，以产品来衡量的实际收入和以工资单位来衡量的收入却会同时增加或减少(在短期中，资本设备几乎没有变动的情况下)。由于无法对以产品来衡量的实际收入加以精确的衡量，所以，以工资单位来衡量的收入(Y_w)往往被当做实际收入的变动的实用的指标。在某些场合，我们决不能忽视 Y_w 的增加或减少的比例一般大于实际收入的增加或减少的比例这一情况；但在其他的场合，它们总是同时增加或减少的事实使它们成为几乎是可以相互代替的东西。

我们的一般心理规律宣称：当整个社会的实际收入增加或减少时，该社会的消费也会增加或减少，但后者的增加或减少不会像前者那样快。现在，我们一般心理规律可以被改写成为——并不是绝对准确的，而是受到限制条件的约束；这些限制条件是显而易见的，并且很容易地能以完整的形式加以说明——下列的命题，即：ΔC_w 和 ΔY_w 具有相同的符号，但 $\Delta Y_w > \Delta C_w$；在这里，C_w 为用工资单位衡量的消费。这不过重复在上面第 34～35 页已经确立的命题。我们把$\frac{dC_w}{dY_w}$称为**边际消费倾向**。

这一变量是相当重要的，因为，它可以告诉我们，下一次产量的增量将如何在消费和投资之间进行分割。由于 $\Delta Y_w = \Delta C_w + \Delta I_w$，在这里，$\Delta C_w$ 和 ΔI_w 依次为消费和投资的增量；所以，我们可以得到 $\Delta Y_w = k\Delta I_w$，在这里 $1-\frac{1}{k}$ 即等于边际消费倾向。

我们称 k 为**投资乘数**。它告诉我们：当总投资增加时，收入的增加量会等于 k 乘以投资的增加量。

Ⅱ

卡恩先生的乘数与这里的稍有不同，因为，他的乘数衡量投资品行业的初期就业量的增量与由此而导致的总就业量的增量之间的比例。就是说：如果投资的增量 ΔI_w 所导致的投资品行业的初期就业量为 ΔN_2，那么，总就业量的增量 $\Delta N = k'\Delta N_2$。我们称 k' 为**就业乘数**。

一般说来，没有理由认为 $k = k'$。因为，各个不同行业的总供给函数的有关部分未必具有如此的特征，以致需求的增量[1]与由此而引起的就业量的增量之间的比例在各个行业中都是相

〔1〕 这里的"需求的增量"主要指投资量的增量而言，因为投资构成需求的一个部分，而凯恩斯在这里所论述的是投资量的增加所引起的后果。——译者

同的。①[1] 我们能很容易设想出比例不相同的事例。例如，当边

① 更确切地说：假设 e_e 和 e'_e 依次为所有行业的就业弹性和投资品行业的就业弹性，又假设 N 和 N_2 依次代表所有行业的就业量和投资品行业的就业量，那么，我们可以得到：

$$\Delta Y_w=\frac{Y_w}{e_e\cdot N}\Delta N$$

以及 $$\Delta I_w=\frac{I_w}{e'_e\cdot N_2}\Delta N_2,$$

所以 $$\Delta N=\frac{e_e}{e'_e}\frac{I_w}{N_2}\frac{N}{Y_w}k\cdot\Delta N_2,$$

即 $$k'=\frac{I_w}{e'_e\cdot N_2}\cdot\frac{e_eN}{Y_w}k.$$

如果没有理由认为所有的行业的总供给函数和投资品行业的总供给函数会具有显著的不同之处，从而，$\frac{I_w}{e'_e\cdot N_2}=\frac{Y_w}{e_e\cdot N}$，那么，由此可以得到$\frac{\Delta Y_w}{\Delta N}=\frac{\Delta I_w}{\Delta N_2}$。因此，$k=k'$。

[1] 现将这个结果以较详细的步骤推导出来。根据凯恩斯的定义：

$$e_e=\frac{\frac{\Delta N}{N}}{\frac{\Delta Y_w}{Y_w}}=\frac{Y_w\Delta N}{\Delta Y_wN};\quad e'_e=\frac{\frac{\Delta N_2}{N_2}}{\frac{\Delta I_w}{I_w}}=\frac{I_w\Delta N_2}{\Delta I_wN_2}$$

所以，$\Delta Y_w=\frac{Y_w}{e_eN}\Delta N$；　$\Delta I_w=\frac{I_w}{e'_eN_2}\Delta N_2$

因此，$\Delta N=\frac{e_eN\Delta Y_w}{Y_w}=\frac{e_ee'_eN\Delta Y_w}{e'_eY_w}=\frac{e_eI_w\Delta N_2N\Delta Y_w}{e'_e\Delta I_wN_2Y_w}$

但，$k=\frac{\Delta Y_w}{\Delta I_w}$；　所以，$\Delta N=\frac{e_eI_wN}{e'_eN_2Y_w}k\Delta N_2$

由此可得到，$\frac{\Delta N}{\Delta N_2}=k'=\frac{I_w}{e'_eN_2}\cdot\frac{e_eN}{Y_w}k$　　(1)

根据凯恩斯定义，

所有行业的总供给曲线为：$Y_w=\Phi(N)$

投资品行业的总供给曲线为：$I_w=\Phi(N_2)$

如果两个函数没有显著的不同之处，那么，

$$\frac{I_w}{e'_eN_2}=\frac{Y_w}{e_eN}$$

将此结果代入上面第(1)式，可以得到，

$k'=k$　——译者

际消费倾向和平均消费倾向差异很大时，那么，$\frac{\Delta Y_w}{\Delta N}$和$\frac{\Delta I_w}{\Delta N_2}$很可能具有一些差别，因为，在这种情况下，消费品需求变动的比例和投资品需求变动的比例会有很大的不同。[1] 如果我们要把这两类行业的总供给函数的有关部分的形状差异之处考虑在内，那么，把下面即将进行的论证改写成更加一般化的方式并不会有任何困难。但为了便于说明基本的想法，还是采取简单化的方式，即 $k=k'$条件下的方式。

根据以上的论述，如果社会的消费心理处于这样一种状态；在这一状态下，人们愿意消费掉(例如)其收入的增量的 9/10，①那么，乘数便为 10；而在不减少其他投资项目的条件下，(例如)增加公共工程所导致的总就业量便为公共工程所提供的初期就业量的 10 倍。即使在就业量和实际收入增长时，如果社会的消费量仍维持原状不变，那么，只有在这样的事例中，由于公共工程而导致的就业量才限于公共工程本身所提供的初期就业量。另一方面，如果社会愿意消费掉任何收入的增加的全部，那么，经济的稳定不变的状态便不能存在，而价格将会无休止地上升。在心理状态被假设为正常的情况下，只有当就业量的增加和消费倾向的改变同时发生时，就业量的增加才会与消费的减少联系在一起——例如，在战争时期减少个人消费的宣传可以造成消费倾向的改变。只有在这种场合，投资行业的就业量的增加才能导致消费品行业减少其

〔1〕 消费品需求的变动会引起消费品行业(或部门)的利润的变动，而利润的变动会使 Y 从而使 Y_w 有较大的变动，然而，利润的变动却使 ΔN 变动较小。——译者

① 我们的数量皆用工资单位衡量。

就业量的反响。

下面的论述不过以一般的语言来总结一下对读者说来现在已经是显而易见的东西。除非公众愿意增加以工资单位来衡量的储蓄，以工资单位衡量的投资便不会发生。在通常情况下，除非以工资单位来衡量的总收入有所增加，公众不会增加其储蓄。这样，被公众所消费掉的收入增加的一部分便可以推动产量，一直到收入(及其分配)的新水平所导致的储蓄大到足以等于已经增加了的投资时为止。乘数告诉我们，公众的就业量应该增加多少，以便使实际收入的增加大到足以使公众进行必要的额外储蓄；而且，乘数是公众的心理上的消费倾向的函数。① 如果储蓄是药丸，而消费是果酱，那么，额外的果酱的多少必须与额外丸药的大小成比例。除非公众心理上的倾向与我们所假设的不同，我们在这里已经建立了一条规律，即：投资的就业量的增加必然会推动生产消费品的行业，从而，会导致总就业量的增加，而增加的总就业量是投资本身所造成的初期就业量的数倍。

根据以上的论述，如果边际消费倾向的数值接近于1时，那么，投资的微小波动固然会导致就业量的巨大波动，但在这里，一个相对微小的投资却能导致充分就业。另一方面，如果边际消费倾向的数值接近于零，那么，微小的投资波动固然会导致相应的就业量的波动，但在这里，要想造成充分就业，就需要投资的大量增加。在前一种场合，非志愿失业会成为易于治疗的病症，虽然如果

① 虽然在较为一般化的场合，乘数也是生产投资品和消费品的行业的物质条件的函数。

听任其发展下去，还会造成问题。在后者的场合，就业量的变化固然较小，但却会停留在一个低水平；而且，除非施加极为猛烈的治疗方法，还会顽固地维持这一水平。在现实中，边际消费倾向似乎处于这两个极端之间，比较偏向于1的数值；其后果为：我们在一定的意义上可以说是两害俱全，即：有着相当大的就业量的波动，而与此同时，为了取得充分就业所需要增加的投资数量又大到难于筹措。很不幸，就业量的波动幅度不足以使病疼的性质成为显而易见的事实，而波动幅度的严重程度却大到除非理解病疼的性质便无法加以治疗的地步。

在到达充分就业以后，不论边际消费倾向的数值为何，任何进一步增加投资的企图都会使价格无休止地上升；即：我们已经到达真正的通货膨胀的状态。[①] 然而，在到达这一状态以前，价格水平会随着总实际收入的增加而上升。

Ⅲ

到目前为止，我们所论述的是投资的净增加量。因此，如果我们想要把上面的内容无条件地应用于（例如）增加公共工程的作用，那么，我们必须假设：(a)不存在其他方面的具有抵消作用的投资的减少，以及当然还有(b)不存在同时改变其数值的社会的消费倾向。卡恩先生在上面引用的那篇文章中主要研究我们应把哪一些可能是重要的抵消作用考虑在内，并且研究对它们作出数量

① 参阅下面第21章，第316～318页。

上的估计。因为，在现实的事例中，除了已知类型的投资的具体增加额以外，还存在着能影响最终结果的其他因素。例如，假设政府雇用了10万名额外人员于公共工程，又假设乘数（上面所论述的）为4，那么，作出总就业量的增加额为40万的结论是不可靠的。因为，例子中的那个政策可以引起其他方面的不利于投资的反应。

下面所列举的（根据卡恩先生）似乎很可能是在现代社会中最不容忽视的因素（虽然起首的两点直到第4篇时才能完全加以理解）：

（1）除非货币当局采取步骤加以矫正，公共工程资金的筹措以及就业量的增加和随之而来的价格上升所需要的周转现金的增加量可以引起利息率的增加，从而会阻挠其他的方面的投资。与此同时，资本品成本的增加会减少私人投资的资本边际效率，而这种减少又需要利息率的下降加以抵消。

（2）由于往往会存在的混乱的心理状态，政府的公共工程项目通过它对“信心”的影响，可以增加流动性偏好，或者减少资本边际效率。对此，如果不采取措施加以抵消，那么，它们会妨碍其他方面的投资。

（3）在一个具有对外贸易的开放经济制度中，增加投资的乘数作用的一部分会被消耗于提高外国的就业量，[1]因为，增加的消费量的一部分会减少我们自己国家的贸易顺差；从而，如果我们所考虑的仅仅是国内的，而不是整个世界的就业量，那么，我们必

〔1〕 由于收入增加额的一部分会被用于购买进口货，而进口货的增加会提高外国的就业量。——译者

须降低计算出的乘数的数值。另一方面，通过乘数作用在外国所引起的经济活动的增加对我们国家的有利反响，我们可以回收这种溢漏的一部分。

此外，如果我们所考虑的是数量相当大的投资变动，那么，我们必须计入随着数量的变动而发生的边际消费倾向的变动，从而也必须计入乘数的变动。边际消费倾向并不是在一切就业量水平上都保持不变，而且，一般说来，当就业量增加时，边际消费倾向趋向于减少。就是说，当实际收入增加时，社会愿意逐渐减少收入被用于消费的比例。

除了刚才提及的一般原则的作用以外，还存在着其他因素来改变边际消费倾向，从而改变乘数的数值。一般说来，这些其他因素的作用似乎很可能在于加强、而不是抵消上述一般原则的作用。其原因在于：首先，由于在短期中的收益递减的作用，就业量的增加趋向于增加企业家所分摊到的总收入的比例，而企业家的边际消费倾向很可能小于其整个社会的平均值。其次，在某些私人和公共部门中，失业的存在很可能要导致负储蓄，因为，失业者会依靠他们自己的储蓄或他们亲友的储蓄或依靠其资金部分地来自借贷的公共救济来维持生活；其后果为：失业者的再就业会逐渐减少这些特殊的负储蓄，从而会减少边际消费倾向；而在没有上述的失业者再就业的情况下，即使国民收入增加的数量相同，边际消费倾向减少的速度也会较为缓慢。

不论在哪一种情况下，当投资的净增加数量微小时，其乘数值要大于投资净增加数量较大时的乘数值；因此，当我们所考虑的情况是投资作出相当大的改变时，我们应该使用根据考虑范围内的平均边际消费倾向而计算出的乘数的平均值。

卡恩先生曾经考察了类似因素在某些设想的特例中对乘数的数值可能造成的影响。但显然很难得出一般性的结论。例如，我们所能说的不过是，对一个典型的现代社会而言，它所消费掉的它收入的增加部分很可能不会大大少于80%。如果它是一个封闭的经济制度，而它对失业者的补助来源于向其他消费者征收的款项，那么，在计入各种抵消因素之后，它的乘数不会大大小于5。然而，在一个进口消费品占有其(譬如说)20%的消费量的国家中，如果它的失业者的补助来源于贷款或类似的方式，如果补助的数额接近于失业者在就业时的正常消费量的50%，那么，乘数的数值可以降低到2或3。这样，在一个对外贸易额占有很大比重、而失业补助在很大程度上又来源于借贷的国家中(如1931年的英国)，投资的波动所导致的就业量的波动要远小于上述因素较少存在的国家(如1932年的美国)。[①]

尽管如此，我们还是应该依靠乘数的一般原理来解释为什么占有国民收入相对微小比重的投资的波动会造成总就业量和收入的波动，而波动的幅度远远超过投资波动本身。

Ⅳ

直到目前，我们的论述奠基于一个假设条件，即：总投资的变

① 关于对美国的估计数字，参照下面第132～133页。

动在事前足够长的时间内已经被预料到，所以消费品行业能够和资本品行业同时增加产量，从而，除了增产所引起的收益递减的作用外，消费品价格不会受到其他的干扰。

然而，一般说来，我们应该考察的却是变动来源于没有完全被预料到的投资品行业的产量增加的情况。这种来源的变动显然只能在一段时期以后才能对就业量发生它的全部作用。我发现，在讨论这一显然存在的事实时，往往引起对两种事物的混淆。一种是合乎逻辑推理的乘数理论本身，它在任何连续不断的时间点上均能成立，而且不存在时间的滞后。另一种是资本品行业扩展的后果；它具有时间滞后，从而在一段时间后才能逐渐发生作用。

这两种事物之间的关系可以通过下列各点而得以澄清：第一，没有被预料到的和没有完全被预料到的资本品行业的扩展并不对总投资量立即发生它的全部影响，而是逐渐使投资量增加；第二，它可以使边际消费倾向暂时离开其正常值，然后逐渐回到正常值。

由此可见，资本品行业的扩展在一段时间中会造成发生于一连串时期中的一系列总投资的增加量以及一连串时期中的一系列边际消费倾向的数值。这些数值不同于在投资品行业的扩展能被预料到时所应有的数值，也不同于当整个社会已经习惯于新的总投资水平时所应有的数值。但在每一个上述一连串时期中，乘数理论仍然能够在下列意义上成立，即：总需求的增加量等于总投资的增加量乘以边际消费倾向所决定的乘数。

为了澄清上述两种事物之间的关系，可以考察一个极端的情况；在其中，资本品行业就业的扩大以如此的程度没有被预料到，以致在第一个时期中，消费品行业的产量没有任何增长。在这种情况下，那些在资本品行业中新近就业的人们消费掉其一部分收入的行为会抬高消费品价格，一直到需求和供给得到暂时的均衡时为止。暂时的均衡之所以能得以达到，部分原因在于较高的价格推迟了一部分人的消费，另一部分原因在于较高的价格所带来的利润的增加使收入的再分配有利于多储蓄的阶级，还有一部分原因在于较高的价格造成了存货的减少。以均衡的恢复系由于推迟消费而论，边际消费倾向的数值，从而乘数本身的数值势必暂时降低。以均衡的恢复系由于存货的减少[1]而论，总投资的增加势必暂时小于投资品行业的投资的增加——就是说，在计算乘数的影响中被乘的数值的增量小于投资品行业的投资增量。然而，随着时间的进展，消费品行业会进行调整，使自己能适应新的需求，从而，当被推迟的消费得以实现时，边际消费倾向会暂时上升到高于正常的水平来补偿它过去下降到低于正常水平的地步，并且最终会恢复它的正常水平。与此同时，恢复存货到减少以前的原有数量也会使总投资的增量暂时大于资本品行业投资的增量（与较大的产量相适应的周转资金的增量也暂时具有相同的作用）。

预料不到的改变只能在一段时间以后才能发挥出它对就业量的全部作用这一事实在某些场合是很重要的——特别是在经济周期分析中更是如此（像我在《货币论》中所持有的思路那样）。但是，这一事实丝毫不影响本章所建立的乘数理论，也不使乘数不能被用来表示资本品行业的扩展对就业所带来的有利的全部作用。此外，除非消费品行业的营运几乎已经达到生产能力的极限，从

〔1〕 存货的减少被认为是一种负投资。——译者

而，要使产量的进一步扩大必须增添厂房设备，而不是仅仅较为集约化地使用现有的厂房设备，那么，就有理由认为，在一个短暂的时期以后，消费品行业的就业量就会和投资品行业的就业量同时增长，而乘数则大致会照它的正常数值来发生作用。

V

在上面的论述中，我们已经看到：边际消费倾向越大，乘数越大，从而，在定量的投资变动的情况下，就业量受到的影响也就越大。这似乎可能导致一个令人感到疑难的结论，认为：储蓄仅占有收入的微小部分的贫穷社会却比储蓄占有收入较大比例的富裕社会（从而乘数的数值较小）更容易具有猛烈的经济波动。[1]

这一结论忽视了边际消费倾向的作用和平均消费倾向的作用之间的区别。虽然对一定量的投资变动的比例，高数值的边际消费倾向会引起较大的**成比例**的影响，然而，如果**平均**消费倾向也具有高数值，那么，在**绝对量上**的影响还是微小的。这可以用下列的数字例子加以说明。

假设一社会的消费倾向的具体内容为：只要该社会的实际收入不超过在现有的资本设备的条件下雇用 500 万人所得到的产量，它消费掉其收入的全部；对于进一步增雇的 10 万人的产量，它消费掉其中的 99%；对于再进一步增雇的 10 万人的产量，消费掉其中的 98%；对于第三次增雇的 10 万人，则为 97%；以此类推。

[1] 这里的经济波动主要指就业量的波动。——译者

同时，雇用1000万人代表充分就业。根据这些假设条件，当$5000000+n\times100000$人被雇用时，此时的乘数的数值为$\frac{100}{n}$，而投资占国民收入的百分比为$\frac{n(n+1)}{2\cdot(50+n)}\%$。[1]

由此可见，当520万人被雇用时，乘数的数值很大，即为50，但投资仅占同期的国民收入的极小部分，即为0.06%。结果，如果投资下降的比例很大，譬如说约为⅔，那么，就业量仅仅下降到510万人，即下降约为2%。另一方面，当雇用人员为900万时，此时乘数的数值相对微小，即为2½，但是，现在的投资却占现有收入的

[1] 在这里，乘数$=\frac{100}{n}$，原因在于：边际消费倾向$=\frac{\frac{100-n}{100}\times100000}{100000}=\frac{100-n}{100}$；

因此，乘数$=\frac{1}{1-\text{边际消费倾向}}=\frac{1}{1-\frac{100-n}{100}}=\frac{100}{n}$。

据此，可以求出总投资量：

当$n=0$时，增加的投资量$=0$。

$n=1$时，增加的投资量$=100000\times[1-(1-\frac{1}{100})]=100000\times\frac{1}{100}$.

$n=2$时，增加的投资量$=100000\times[1-(1-\frac{1}{100})]=100000\times\frac{2}{100}$.

$n=n$时，增加的投资量$=100000\times[1-(1-\frac{n}{100})]=100000\times\frac{n}{100}$，

全部增加的投资量＝投资量（因为$n=0$时，储蓄量$=0$）为：

$$100000\times(\frac{1}{100}+\frac{2}{100}+\cdots\cdots+\frac{n}{100})=\frac{100000}{100}(1+2+\cdots\cdots+n)=\frac{100000}{100}\frac{n(n+1)}{2}.$$

所以，投资量占收入的百分比$=\frac{\frac{100000}{100}\frac{n(n+1)}{2}}{5000000+100000n}\times100=\frac{n(n+1)}{2(50+n)}$。——译者

相当大的比重，即为 9%。结果，如果投资下降⅔，那么，就业量会下降到 690 万人，即下降 23%。在极端的场合，当投资下降到零时，就业量在前一情况的下降为 4%，而在后一种情况的下降为 44%。①

在上面的例子中，两个社会中的较贫穷的一个固然是由于就业不足而变为贫穷的。但是，如果贫穷的原因是由于工作不够熟练、技术水平低下或机器设备不良，那么，只需略加修改，上述投资能提高收入的道理也可适用。由此可见，虽然在贫穷的社会中，乘数具有较大的数值，然而，在假设富裕社会的现行的投资额占有其现行收入的远为较大的比例的条件下〔1〕，投资的波动对就业量的影响在富裕的社会中是远为更大的。②

从上面的例子中，显然还能看到：当失业问题严重时，一定量的被雇用于公共工程项目的人员会（处于和例子相同的假设条件下）比失业问题解决后的接近充分就业的状态时，对总就业量具有远为更大的作用。在上面的例子中，如果在就业量已经降低到 520 万人时，额外的 10 万人被雇用于公共工程，那么，总就业量会

① 在正文的例子中，投资的数量系由被雇用来生产投资品的人数所衡量。这样，随着就业量的增加，如果出现边际收益递减的情况，那么，以投资品行业雇用人数来衡量的投资量的加倍会少于投资品行业物质产量的加倍（如果存在着能衡量后者的单位的话）。

〔1〕 在例子中，富裕社会投资占收入百分比为 9；贫穷社会为 0.06。——译者

② 更一般地说，总需求量变动的比例和投资量变动的百分比之间的比例为：

$$\frac{\Delta Y}{Y}\Big/\frac{\Delta I}{I}=\frac{\Delta Y}{Y}\cdot\frac{Y-C}{\Delta Y-\Delta C}=\frac{1-\frac{C}{Y}}{1-\frac{dC}{dY}}$$

随着财富的增加，$\frac{dC}{dY}$会减少，但$\frac{C}{Y}$也会减少。由此可见，式中的分数的增加或减少取决于消费增减的比例是小于还是大于收入的增减比例。

上升到640万人。但如果额外的10万人系在就业量已经为900万人时被雇用于公共工程，那么，总就业量仅会上升到920万人。由此可见，只要我们能肯定，当失业问题严重时，储蓄在收入中的比重较小，那么，仅从节约救济资金代价的角度加以考虑，即使其本身的效用尚成疑问的公共工程项目也值得一次又一次地加以推行。但在接近充分就业状态时，这些项目的推行就会成为值得争论的问题。此外，如果我们所假设的边际消费倾向随着就业量的增加而递减的条件是正确的，那么，要想通过持续投资的增加来增加定量的就业数量就会越来越为困难。

根据在不同时期的总收入和总投资的统计数字(如果它们存在的话)，要想建立一张说明在经济周期不同阶段的边际消费倾向的数值的表格，不应该是一件困难的事。然而，在目前，我们的统计数字并不精确到足以(或者按照我们的这一要求来收集到足够的数字)使我们能得出比约略的估计要精确一些的结果。据我所知，以我们的目的而言，最好的统计数字是库兹涅茨为美国所计算的数字(已经在上面第108页中引用过)，虽然这些数字还很不精确。撇开这些不精确之处之谈，从库兹涅茨的包括国民收入在内的估计数字中所得到的投资乘数比我所期望的数值要低，也比我所期望的较为稳定。如果孤立地考察单个年份，其数字有着大到不合情理的变化。但是，如果把两年的数字编成一组，那么，由此而得到的乘数数值似乎小于3，并且很可能稳定在2.5左右。这意味着边际消费倾向不至于超过60%到70%——该数值对繁荣时期而言是很有可能的，但按照我的判断，以萧条时期而论，该数值却低到难以令人置信。虽然如此，美国公司的极端保守的理财方式也有可能造成这一后果。换句话说，在由于没有对资本设备进行维修和更换而导致投资大幅度下降的情况下，如果仍然在财务计算中扣除维修和更新的储备基金，那么，其后果是压低应有的边际消费倾向的数值。我猜测，这一因素很可能已经在加重美国近来的萧条程度上起着重大的作用。另一方面，统计数字也可能对投资的下降有所夸大。和1929年相比，1932年的投资的下降被认为多于75%，而净“资本形成”的下降则多于95%——这些估计数字的轻微的变动就可以对乘数的数值造成相当大的差异。

Ⅵ

当非自愿失业存在时，劳动的边际负效用必然小于劳动的边际产品。前者甚至会远小于后者。对于一个长期失业者而言，一定量的劳动不但不会引起负效用，反而可以具有正效用。如果接受这一点，那么，上面所论述的道理可以说明为什么“浪费式的”举债支出[①]在得失相抵之后还是可以增加社会的财富。如果我们的政治家们由于受到古典学派经济学的熏陶太深而想不出更好的办法，那么，造金字塔、地震甚至战争也可以起着增加财富的作用。

① 为方便起见，“举债支出”这一名词往往既包括以借贷的方式从私人那里筹措资金的公共投资，也包括从同一来源取得资金的其他公共开支。严格说来，后者应被看做负储蓄，然而，这种类型的官方行动并不受到像私人储蓄那样的心理上的动机的影响。因此，“举债支出”是一个方便的名词来表示政府当局在一切账目上的借款净额，不论借款是用于资本账目的事项，还是用于补偿预算赤字。举债支出的一种形式是用于增加投资，而另一种则用于增加消费倾向。

奇怪的是：流行的常识，为了摆脱古典学说所导致的荒谬结论，往往偏向于采用全部“浪费式的”举债支出的形式，而不是部分浪费式的形式，其原因在于：正是由于部分浪费式的形式并不是完全浪费的，所以，它的采用与否系按照严格的“企业经营”的原则加以判别。例如，用借款来筹措资金进行的失业救济要比用借款来筹措资金进行的效益小于现行利息率的设备改良来得容易为人们所接受。与此同时，被称为开采金矿的在地上挖窟窿不但不能增加世界上的真正财富，反而会引起劳动的负效用，然而，它却是所有的解决办法中的最容易被接受的一个。

如果财政部把用过的瓶子塞满钞票，而把塞满钞票的瓶子放在已开采过的矿井中，然后，用城市垃圾把矿井填平，并且听任私有企业根据自由放任的原则把钞票再挖出来（当然，要通过投标来取得在填平的钞票区开采的权利），那么，失业问题便不会存在，而且在受到由此而造成的反响的推动下，社会的实际收入和资本财富很可能要比现在多出很多。确实，建造房屋或类似的东西会是更加有意义的办法，但如果这样做会遇到政治和实际上的困难，那么，上面说的挖窟窿总比什么都不做要好。

挖窟窿的办法和现实世界的开采金矿是完全相仿的。在金矿的深度适宜于开采的时期，经验表明：世界的财富迅速增加。当适合于开采的金矿为数很少时，我们的财富数量停滞不前或下降。由此可见，金矿对文明具有极大的价值和重要性。正如战争被政治家们认为是值得为之而进行大规模的举债支出的唯一形式一样，开采金矿也被银行家们当做在地下挖窟窿的唯一借口，认为它合乎健全理财的原则，而战争和开采金矿对人类进步都已经发挥了作用——如果没有更好的办法的话。举一个具体的例子，相对于劳动和原料而言，黄金的价格在萧条时期趋于上升。这种上升有助于经济的复苏，因为，黄金价格的上升增加了值得开采的金矿的深度并且降低了值得开采的金矿的级别。

假设我们受到限制，不能使用增加就业量而又能同时增加有用的财富的办法，那么，开采金矿，除了通过增加黄金的供给所可能造成的对利息率的影响以外，还是一个具有高度现实性的投资形式。其原因有二：第一，由于它带有赌博的性质，所以它可以不太考虑现行的利息率而付诸实施。第二，作为开采金矿的结果，增加了的黄金的存量并不像其他事物那样，会使它的边际效用递减。因为，一幢房屋的价值取决于它的效用，所以，每增建一座房屋会减少进一步增建房屋所能取得的租金，从而，除非利息率以相同的比例下降，房屋建造的吸引力就会减少。但开采金矿的果实却不会具有这种不利之处；抑制开采的条件只能是以黄金来衡量的工资单位的上升，而除非在就业的情况大为改善时，这种条件不大可能出现。此外，黄金也不像其他耐久性较少的财富形式那样，具有由于必须支付使用者成本和补充成本而带来的负作用。

古代的埃及具有双重的幸运，而其神话般的财富不容置疑地来源于此，因为，它进行了两种活动，即建造金字塔和探索贵金属，而由于这两种活动的果实能不以被消费掉的方式来满足人们的需要，所以它们不会由于数量充沛而降低其效用。中世纪则造教堂和做道场。对于死者而言，两座金字塔、两次道场带来的好处要两倍于一座金字塔和一次道场。然而，在伦敦和约克之间造两条铁路则不是如此。由此可见，我们现在崇尚现实，把我们自己教育成为如此接近于谨慎的私人理财家，以致我们在为后代建造住房时，要仔细考虑这样做对后代所添增的“财务”负担，从而，我们就没有像埃及和中世纪那样简便的避免失业问题的办法。我们不得不接受失业的存在，把它当做运用私人的“致富”之道于国家事务的不可避免的后果，而私人的“致富”之道不过使私人能积累起来大量的他们并不想在任何一定的时期行使的享用权利。

第四编

投资诱导

第十一章　资本边际效率

I

当一人购买一件投资品或资本资产时，他是在购买能得到一系列未来的收益的权利；在投资品的寿命的限度内，未来的收益等于他所预期的投资所带来的产品的卖价减去由于取得产品而支付的费用。这一系列的年收入 Q_1、Q_2…Q_n 可以被称之为投资的预期收益。

与投资预期收益相对应的是资本资产的供给价格，其意义并不是指一件资产在市场上能实际上被买到的价格，而是指能诱使制造商生产出相同的资本资产的价格，即有时也被称为重置成本的概念。从资本资产的预期收益和它的供给价格或重置成本之间的关系可以得到资本资产增加一个单位的预期收益和该单位的重置成本之间的关系。这种关系向我们提供了资本边际效率的概念。更确切地说，我把资本边际效率定义为一种贴现率，而根据这种贴现率，在资本资产的寿命期间所提供的预期收益的现在值能等于该资本资产的供给价格。这是某一具体种类的资本资产的边际效率。各种不同的资本资产的边际效率的最大值即可被当做一般的资本边际效率。

读者应该注意：这里的资本边际效率的定义涉及资本资产的

预期的收益和现行的供给价格。如果一笔钱被投资于购买新近生产出来的资产，那么，资本边际效率即取决于这笔钱的预期的收益率。它的意思并不是指已经过去的历史上的结果，即当一件投资的资产的寿命结束时，我们在该资产的记录中看到的该资产投资费用所取得的收益率。

在任何时期中，如果增加在任何一种资产上的投资，那么，随着投资量的增加，该种资产的资本边际效率就会递减；其部分原因在于：当该种资产的供给量增加时，预期收益会下降；另一部分原因在于：一般说来，该种资产的增加会使制造该种资产的设备受到压力，从而，它的供给价格会得以提高。在短期中，两种因素中的第二种通常具有较大的重要性来导致均衡状态。然而，时期越长，第一种因素就会越来越为重要。由此可见，对每一种资产，我们均可为之建立一张表格或曲线，用以说明：要想使资本边际效率等于某一个既定数值，在同时期中所需要增加的投资量为多少。然后，我们把各种资产的表格或曲线加总在一起，以便得到一张总的表格或曲线，用以说明：总投资量与总投资量所导致的、并与之相应的资本边际效率之间的关系。我们将称此为投资需求表或曲线；或者，称此为资本边际效率表或曲线。

现在，显然可以看到，实际的投资量会增加到如此的地步，以致没有任何种类的资产的资本边际效率会大于现行的利息率。换句话说，投资量会增加到投资曲线上的一点，在该点，一般的资本边际效率等于现行的市场利息率。[①]

① 为了简化论述，我忽略了一点，即：我们所涉及的是相应于不同长短时期的一系列的利息率和贴现率，而只有在不同长短的时期终了后，资产的各种未来收益才能得以实现。但要想照顾到这一点，改换我们的论述方法并不会造成困难。

上述结果也可以用另一种方式表达如下。如果 Q_r 是一件资产在 r 时的预期收益，而 d_r 则为 r 年以后的 1 镑按现行利息率折算的现在值，那么，$\Sigma Q_r d_r$ 即为对投资的需求价格。投资会增加到使 $\Sigma Q_r d_r$ 和上面加以定义的供给价格相等的地步。另一方面，如果 $\Sigma Q_r d_r$ 小于其供给价格，那么，对于所涉及的资产种类而言，便不会有任何现行的投资。

根据上面的论述，投资的诱导部分地取决于投资需求表或曲线，又部分地取决于利息率。只有在第 4 编终了时，才有可能就其实际上的复杂性质来对决定投资量的各种因素作出全面的考察。然而，我要求读者现在就注意到：一件资产的预期收益的数据或者该资产的资本边际效率的数据既不能使我们推算出利息率，又不能使我们推算出该资产的现在值。我们必须从一些其他来源来找出利息率，而只有做到这一点之后，我们才能通过资产的预期收益的"资本化"来决定一件资产的价值。

Ⅱ

上述的资本边际效率的定义与一般使用的类似名词有何种关系？资本的边际生产率或资本的边际收益或资本的边际效率或资本的边际效用是我们经常使用的众所周知的名词。但是，要想在经济学文献中找到有关经济学者们在使用这些名词时所企图表达的确切意思并不容易。

至少存在着三个含混之处需要加以澄清。首先，这些名词所表达的究竟是在单位时间内由于增加一个物质单位的资本所引起的物质产品的增量，还是由于增加一个价值单位的资本所引起的价值产品的增量。前者牵涉到对物质资本的单位加以规定的困难，而我认为，这种困难是无法解决的，也是不必要的。当然，人们可以说：在定量的土地上，如果10个劳动者能使用更多的机器，那么，他们会出产出更多的小麦。但如果不引入价值单位，那么，我不知道有任何办法把这句话的内容转换成人们所能理解的数字比例。尽管如此，有关这一主题的许多论述似乎还是主要关心在某种意义上的资本的物质生产率，虽然论述者并没有明确地对此加以说明。

其次，还存在着资本边际效率究竟是一个绝对数量，还是一个比例的问题。从它在使用中的上下文来看，以及按照把它当做具有和利息率一样的维度的惯例，资本边际效率似乎应该是一个比例。然而，构成比例的两项数值究竟代表什么，通常并没有清楚地加以说明。

最后，必须区别两个概念，而二者的混同一向是造成混乱和误解的主要原因。一个概念是：在现有的情况下，使用一定量增加的资本所能得到的价值的增加量。另一个是：在增加的资本资产的整个寿命期间所预期得到的一系列的价值增量。二者的区别也就是Q_1与整个系列Q_1、Q_2…Q_r…之间的区别。这会引起预期在经济理论中的地位的整个问题。大多数对资本边际效率的论述对Q_1以外的部分不加理会。然而，除了在所有的Q都相等的静态的理论中以外，[1]不加理会的做法是不正确的。在通常的分配论

〔1〕 在西方经济学的静态理论中，一切变量都被假设为没有时间的先后。——译者

中,资本被假设为现在就得到它的边际生产率(不论边际生产率的意义为何)作为报酬。这一说法只有在静止不变状态中才是正确的。资本的现行的收益总和与它的边际效率没有直接的关系;同时,在生产的边际,资本的现行的收益(即产品的供给价格所含有的资本的报酬)是它的边际使用者成本,而边际使用者成本与资本边际效率也没有多少关系。

正如我在上面说过的那样,对于这一切,完全缺乏任何清楚的说明。同时,我相信,我在上面作出的定义相当接近于马歇尔使用该名词时的意义。马歇尔自己所使用的名词是生产要素的"边际净效率",或者使用"资本的边际效用"。下面的引文是我在他的《经济学原理》(第6版,第519～520页)中所能找到的对此最为有关的文句的汇总。我把一些原本不相联接的句子联接起来,以便表达他的说法的要旨:

> "假设在一家工厂中,可以使用额外的价值为300镑的机器而不致引起任何其他追加的费用,而在减去机器的折旧以后,可以对该工厂每年增加价值为3镑的净产品。假设投资者能把资本尽先投入于一切收益较高的行业,又假设在这样做以后所达到的均衡状态下,使用这种机器仍然正好像上述的情况那样有利,那么,我们可以据此推测出,利息率的年率为3%。但是,这种例子仅能表明决定价值的重要因素中的一部分。它不能被用作利息论或工资论,因为,这样做要犯循环推理的毛病……假设完全无风险的优质证券的年利息率为3%,而制帽业吸收了100万镑资本。这意味着:制帽业能够

善于使用这100万镑资本，以致它愿意为之支付年息为3%的纯利息率，而不愿弃置这笔资本不用。可能存在着某些机器设备，当利息率为每年20%时，该行业还是愿意使用这些机器，而不愿把它们弃置不用。如果利息率为10%，那么，该行业会使用更多的这种机器。如果利息率为6%，那么，用的机器还要多。如果为4%，机器会继续增加下去。最后，如果利息率为3%，那么，该行业使用的机器会进一步多下去。当制帽业使用相当于3%的利息率的机器数量时，机器的边际效用，即制帽业值得为之而使用机器的效用正好等于3%。”

上述引文显然表明，马歇尔完全知道：如果我们试图按照这种方式来决定实际利息率的数值，那么，我们会陷入循环推理之中。[①] 在这段引文中，他似乎接受了上面已经提出的观点，即：当资本边际效率为既定时，利息率会决定将要进行的新投资量为多少。如果利息率为3%，那么，这意味着没有人会用100镑来购买一架机器，除非在扣除成本和折旧之后，该机器还能为他的年净产量添增3镑的数值。但是，我们将在第14章中看到，马歇尔在其他一些段落中并不是那样谨慎——虽然当他的论点使他有可能犯错误时，他还是退了回来。

虽然欧文·费雪教授并未使用“资本边际效率”这一名词，然而，在他的《利息理论》(1930年)中，他对他的所谓“超过成本以外的收益率”下了定义。该定义与我的定义相同。他写道：“超过成

① 当他认为边际生产率工资论也同样具有循环推理性质时，他错了吗？

本以外的收益率具有那样一种数值；如果把该数值用来计算一切成本和一切收益的现在值，那么，两个现在值就会相等”。[①] 费雪教授说明：任何方面的投资数量取决于把超过成本以外的收益率和利息率加以比较的结果。要想诱使新投资的到来，“超过成本以外的收益率必须大于利息率”。[②] “这一新的数量（或因素）在我们对利息理论的有关投资机会方面起着核心的作用”[③]。由此可见，费雪教授使用“超过成本以外的收益率”在意义上和在目的上和我对“资本边际效率”的使用完全相同。

Ⅲ

对资本边际效率的意义和重要性的最大混淆之处来源于未能看清：它取决于资本的预期的收益，而不仅仅取决于其现行的收益。说明这一点的最好办法便是指出未来的生产成本的预期的改变对资本边际效率的影响，不论这种预期的改变是来自劳动成本，即工资单位的改变，还是来自新发明和新技术。今天生产出来的机器设备的产品将在机器设备的寿命过程中和以后生产出来的机器设备的产品相竞争，而以后生产出来的机器设备，可能由于生产它们的劳动成本较低，也可能由于生产它们的技术的改善，可以容许其产品具有较低的价格。因此，以后生产出来的机器设备的数量将会增加，一直到它们的产品价格下降到上述容许的程度时为

① 《利息理论》，第168页。
② 同上，第159页。
③ 同上，第155页。

止。此外，如果全部产品都能以较低的成本被生产出来，那么，企业家来自老的和新的机器设备的利润（以货币来衡量）将要减少。只要这种后果被预计为大致要出现，甚至被预计为有可能出现，今天生产出来的资本品的边际效率便会作出相应的缩减。

通过资本边际效率这一因素，预期的货币购买力的改变可以影响现行的产量的多寡。对货币购买力下降的预期会刺激投资，从而一般会刺激就业，因为，这一预期可以提高资本边际效率曲线，即投资的需求曲线；而对货币购买力上升的预期具有抑制作用，因为，它降低资本边际效率曲线。

这就是被欧文·费雪教授最初称为“增值和利息”理论赖以成立的真理之所在——“增值和利息”理论区别货币利息率和实际利息率，而在矫正货币购买力的改变之后，后者等于前者。从该理论本身的表达方式中，很难理解它的真正含义，因为，它并没有明确指出货币购买力的改变是否被假设为是事先被预料到的。这样，就会存在着一个困难之处，即：如果货币购买力的改变没有被预料到，那么，它对现行的事物不会发生影响；与此同时，如果它是被预料到的，那么，现行物品的价格会立即被调整到使持有货币和持有物品的利益再度相等，从而利息率也就没有必要作出改变，以便补偿在借款期间由于货币购买力的变动而给放款人带来的得益或损失。这一困难之处也未能由庇古教授的权宜之策而得以解决。他假定，一部分人预见到货币购买力在将来的改变，而另一部分人则没有预见到。

这里的错误的原因在于：认为货币购买力在将来的改变会直接影响利息率，而不是影响既定的资本存量的边际效率。既存的资产的价格总是会针对货币购买力在将来的改变的预期而作出相应的调整。这种预期改变的重要性在于：它通过它对资本边际效率的作用而影响生产新资产的积极性。预期价格上升的刺激作用并不在于它会提高利息率(在这里，利息率的上升会是一个令人感到真假难辨的刺激产量的方法，因为，利息率的上升会削弱这种刺激)，而在于提高既有的资本存量的边际效率。假设利息率随着资本边际效率的提高而作出相应的上升，那么，对价格上升的预期不会具有刺激作用。因为，对产量的刺激取决于既定的资本存量的边际效率相对于利息率的上升。[1] 这样，费雪教授的理论最好被改写成为有关“实际利息率”的理论，而“实际利息率”应该被定义为：由于对将来货币购买力的预期的改变而应该形成的利息率，以致使这种预期的改变不会对现行的产量造成任何影响。①

值得注意的是：对将来利息率下降的预期会具有降低资本边际效率曲线的作用，因为，它意味着今天生产出来的机器设备的产品将要在其部分寿命期间和造价较低的机器设备所导致的较低价格的产品相竞争。这种预期并不具有很大的降低作用，其原因在于：对各种期限的将来利息率的预期会部分地反映于相应的今天的利息率之中。虽然如此，仍然会存在着一些抑制的作用，因为，今天生产出来的机器设备的产品会在该机器设备寿命快终结期间和远为较新的机器设备的产品相竞争，而远为较新的机器设备只

〔1〕 因为，如果利息率也和资本边际效率一同上升，那么，二者相等，即：对价格上升的预期不会有刺激作用。——译者

① 参阅罗伯森先生的文章，《经济波动和自然利息率》，载《经济学杂志》，1934 年 12 月号。

要求较低的收益，其原因为：在今天生产的机器设备的寿命终结以后的时期，利息率也将较低。[1]

既定量的资本品的边际效率取决于预期的改变。理解这一点是重要的，因为，主要是这一依赖关系才使得资本边际效率具有相当剧烈的波动，而这种剧烈波动可以解释经济周期。在下面的第22章中，我们将说明：资本边际效率相对于利息率的波动可以被用来解释和分析繁荣与萧条的交替的行进。

Ⅳ

有两种类型的风险可以影响投资的数量。对这两种风险一般并不加以区分，而区分它们却是重要的。第一种是企业家或借款者的风险，它来自企业家或借款者对他自己希望得到的未来收益的可能性持有怀疑态度。如果人们系用自己的金钱从事冒险事业，那么，这便是所涉及的唯一的风险种类。

但当借款和放款的体制存在时，即当借款者对所借款项提供一定量的动产或不动产作为担保时，这便涉及第二种风险，被我们称之为放款者风险。放款者风险可以起因于道德不良造成的损失，即故意赖债或其他可能是合法的逃脱之计来不履行债务，也可能起因于缺乏足够的担保，即由于期望未能实现而造成的对债务的非自愿性的赖债。还可以存在着第三种来源的风险，即由于货币购买力的降低而使放款不如不动产来得安全，虽然这种风险的

〔1〕 从而，新设备的造价也较低。——译者

全部或大部分已经被反映于、从而也被计入不动产的价格之中。

第一种类型的风险在一定的意义上是一种实际的社会成本，虽然这种成本可以通过平均化或预期准确性的增加而得以减少。然而，第二种风险却是对投资成本的一个纯粹增加额，因为，如果借款者和放款者同为一人，那么，增加额便不会存在。不仅如此，这一增加额还代表企业家风险的一个部分，使得企业家在计算值得为之而进行的投资项目的最低预期收益时，除了在纯粹利息率之上加进企业家原有的风险额以外，还要**再加上**这一增加额。其中的原因在于：如果一个投资项目带有较大的风险，那么，借款者会要求在他的预期收益和他认为值得为之而支付的利息率之间具有较大的差距。与此同时，同样的原因也使放款者要求在他所索取的利息率和纯粹利息率之间具有较大的差距，以便诱使他进行放款（除非借款者的实力和富有程度大到使他能提供超过通常事例以外的担保）。即使存在着能在借款者的心目中消除部分风险的非常有利后果的期望，这种期望也不会缓解放款者头脑中的不安状态。

据我所知，到目前为止，这种对一部分风险的重复计算并没有被着重加以指出，然而，在某些情况下，它可以是很重要的。在繁荣时期，人们往往会对借款者风险和放款者风险二者都作出轻率和异乎寻常低的估计。

V

资本边际效率曲线是非常重要的，因为，对将来的预期之所以能影响现在主要是通过这一因素(比通过利息率远为重要)。只有在静态情况下,才能主要以资本设备的现行的收益来对资本边际效率加以解释,而在这一静态情况下,不存在着变动中的将来对现在的影响,从而其后果为:割断今天和明天在理论上的联系。即使以利息率而论,它在实际上[①]不过是现行的现象。如果我们把资本边际效率也转变成为同一现行类型的事物,那么,我们在对现行的均衡的分析中,就会割断将来对现在的直接影响。今天的经济理论往往以静态假设作为前提这一事实使得经济理论在很大程度上缺乏现实性。但在引入上面已经加以定义的使用者成本和资本边际效率之后,经济理论又回到现实中来;与此同时,又把它的需要修改之处限制在最低限度。

正是由于存在着耐久性的机器设备,所以经济上的将来和现在能够被联系在一起。因此,对将来的预期会通过久用性的机器设备的需求价格来对现在施加影响。这一说法符合并且反映了我们思想的一般原则。

① 并不完全如此,因为,它的数值部分地反映了对将来的不肯定性。此外,各种不同条件下的利息率之间的关系取决于预期。

第十二章　长期预期状态

I

我们在上一章中已经看到，投资数量取决于利息率与资本边际效率之间的关系——有一个现行投资量，即有一个与之相应的资本边际效率；而资本边际效率的数值则取决于资本资产的供给价格和它的预期收益。在本章，我们将较为详尽地考察决定资本资产的预期收益的一些因素。

对未来收益的预期部分取决于既存的事实，部分取决于将来的事件；前者被我们大致当做是肯定的，而后者则只能以或多或少的信心对之进行预测。在前者的既存事实中，可以举出如各种资本资产的现有的存量、资本资产的总量、消费者目前对物品的需求的强烈程度以及对这些物品进行有效率的生产所需要的资本量的多寡，等等。在后者的将来事件中，可以举出资本资产的种类和数量在将来的变动、消费者偏好的改变、在投资品的生命过程中的有效需求的强弱以及在同一过程中可能出现的以货币表示的工资单位的改变，等等。我们可以把包括后者全部内容的心理上的预期状态概括为**长期预期状态**——以便有别于短期预期，而根据短期预期，企业家可以进行估计：如果他在今天用现有的机器设备开始生产的话，他的产品能给他带来多少好处。关于这一点，我们已经在第5章中加以考察。

Ⅱ

在形成我们的预期时，如果对非常不肯定[①]的事物赋予很大的比重，那将是愚蠢的。因此，有理由认为，预期在相当大的程度上取决于我们感到比较有把握的事实。虽然这些事实比我们对之感到模糊不清和缺乏了解的事实就面临的问题而论具有较少的关系，我们还是看重比较有把握的事实。由于这一原因，现时存在的事实可以说是不成比例地进入我们长期预期的形成之中；我们通常的行事法则总是：根据现有的情况，然后把它延伸到将来；只有在我们多少有点肯定理由来预期到变化时，才对延伸作出修改。

作为我们决策基础的长期预期状态并不单纯取决于我们所作出的具有最大可能性的预测。它也取决于我们对这一预测的信心——取决于我们对我们最好的预测变为错误的可能性的估计有多大。如果我们预期到会有大的变动，但又对变动的具体形式感到很不肯定，那么，我们的信心必然是微弱的。

对所谓信心状态这一事物，务实的人总是对之加以最密切的注意。但经济学者们却并没有对它进行仔细的分析，而且总是满足于以空泛的辞令对其加以论述，特别是，论述并没有明确指出：

① 我在这里所说的“非常不肯定”和“非常不可能”不是一回事。参阅我的《概率论》，第6章，论“论证的权衡”。

它在经济问题上的重要性来自它对资本边际效率的重大作用。影响投资量大小的下列两个因素并不是全然无关的，即：资本边际效率和信心状态。信心状态之所以重要，其原因在于：它是决定前者的主要因素之一，而前者和对投资的需求曲线又是同一事物。

然而，对于信心状态，仅凭理论上的推想是没有多大意义的。我们的结论必须主要取决于对现实市场和商业心理的考察。这就是为什么以下脱离正题的论述和本书的大部分相比，处于不同的抽象层次。

为了论述方便，在下面有关信心状态的论述中，我们假设利息率不变，从而，在下面的各节中，我们把投资数量的改变看做仅仅取决于对未来收益的预期的改变而完全与未来收益赖之于资本化的利息率的改变无关。当然，利息率的改变的影响可以很容易地被加之于信心状态的改变的影响之上。

Ⅲ

突出的客观事实是：我们对未来收益进行估计时所依据的知识是极端靠不住的。我们通常对决定投资项目在几年后的收益的各种因素了解很少，并且往往根本缺乏了解。坦率地说，我们必须承认：对投资项目，如铁路、铜矿、纺织工厂、有专利药品的信誉、远洋船舶、城市建筑物等，我们所具有的赖之于估计它们在 10 年以后的收益的知识充其量也是很少，有的时候则根本没有。甚至对投资在 5 年以后的收益也是如此。事实上，那些企图认真进行这种估计的人，其数量往往少到如此程度，以致他们的行为对市场不起作用。

在过去的岁月中，那时的企业主要为那些创业者或创业者的朋友或合伙人所拥有，从而，那时的投资取决于是否存在着足够多的具有活跃性格和事业动力的个人。这些人把从事企业当做生命的需要，而并不真正依赖于对企业未来收益的确切计算。虽然事情的最终结果主要取决于经营者的能力和品质，但是，它还是有点像买彩票。有些人遭受失败；有些人取得成功。然而，即使在事后，也没有人知道投资额的平均所得是否超过、等于或小于现行的利息率；虽然，如果我们把自然资源的开发和垄断的情况排除在外，投资的实际平均所得，即使在前进和兴旺时期，很可能会使那些为此而创业的人感到失望。企业家所进行的是一场技能和运气兼而有之的游戏；终局之后，参与者无从得知投资的平均所得为多少。如果人类的本性不受投机的诱惑，也不从建造工厂、铁路、矿井和农庄中取得乐趣（除了取得利润以外），那么，仅凭冷酷的计算，可能不会有大量的投资。

在老式的私有企业中，投资决策在执行后大体上是不能收回的。这对整个社会和个人来说都是如此。在今天通行的所有权和管理权分离的情况下，随着有组织的投资市场的形成，出现了一个很重要的新因素。它有时为投资提供方便，但有时也在很大程度上增加经济制度的不稳定性。在证券市场不存在的条件下，对我们已经承诺的投资项目作出一次又一次的重新估价是没有意义的。但证券交易所却每天都对许多投资项目重新加以估价，而这种重新估价又经常向个人（虽然并不向整个社会）提供修改承诺的机会。这就相当于一个在早饭后记录下天气温度的农民能决定在上午10至11时之间把资金从农业中提出，然后再考虑在几天后投回到农业中一样。然而，证券交易所每日的重新估价，虽然其目的主要在于为旧有的投资在个人间的转手提供方便，却对现在进行的投资量无可避免地施加决定性的影响。因为，如果建立一个新企业的费用大于购买一个类似企业的费用，那么，就没有理由去建立该新企业。与此同时，如果看上去像是耗资巨大的投资项目的股票能在证券市场售卖出去并且还能立即获得利润，那么，这种投资就具有吸引力。[①] 这样，某些种类的投资取决于股票价格所显示的那些在证券交易所从事经营的人的平均预期，而不取决于实际经营企业的人的真正的预期。[②] 既然如此，那么，那些影响重大的对既有的投资每日、甚至每小时作出的重新估价是如何在现实中进行的？

Ⅳ

一般说来，在现实中，人们之间存在着默契，大家都按照在实际上说是一种**成规**来行事。这一成规的实质——当然，它在实际

---

① 在我的《货币论》中（第2卷，第195页），我指出：当一家公司的股票的市场价值很高，从而该公司能以优惠的条件通过发行更多的股票来筹集更多的资金时，这一情况的作用相当于它能以较低的利息率来筹借款项。现在，我应该把这一事实描述为：现行股票的较高价格会引起相应种类的资本的资本边际效率的增加，从而具有和利息率下降的相同作用（因为，投资与否取决于把资本边际效率和利息率相比较的结果）。

② 当然，这并不适用于那些可以随时在市场上转让的类型的企业，也不适用于那些不具有类似可转让的证券的企业。属于这种例外情况的企业类型在过去是为数众多的。但从它们在新投资总额中所占比例来看，它们的重要性正在迅速下降。

运行上并不如此简单——是：除非有明确的理由来期望事态的变动，否则，我们会假定现行的情况永远会继续下去。这并不意味着我们真正相信现行的情况会永无止境地延伸。我们从大量的经验中知道，这是很不可能的。在长时期以后，一个投资项目的实际结果很少和最初的预期一致。我们也不能给我们的行为提出合理的解释，从而认为：对一个完全缺乏信息的人而言，他对前景作出偏高或偏低的预期具有相同的可能性，从而，根据相同的概率，可以求出一个统计学上的平均预期值。不能这样解释的原因在于，我们可以很容易地证明：对于缺乏信息的事物赋予相同的概率会导致荒谬的结果。这样做就等于假设：现有的市场价值，不论是以何种方式形成的，却代表唯一正确的数值。这一数值是根据我们现在所知的能影响投资收益的各种事实得出的，从而，它只能随着我们所知的事实的变动而改变。然而，从哲学的观点来看，这一数值并不是唯一正确的，因为，我们现在所知的事实并不构成充分的根据来计算出正确的数学期望值。事实上，许多在决定市场价值时所考虑之点是与未来收益完全无关的。

虽然如此，只要我们能信赖上述的成规会被维持下去，它在相当大的程度上有利于我们的事态的连续性和稳定性。

因为，如果存在着有组织的投资市场，如果我们能信赖该成规可以被遵守下去，那么，投资者便有理由使自己感到宽慰，相信他所承担的唯一风险是：关于不久的将来的真正的信息会有所改变。因为，在成规得到遵守的条件下，只有这种改变才会影响他投资的价值，而关于改变的可能性，他尚可形成自己的判断，同时，这种改变也不大可能很大。这样，对投资者来说，投资在短期内成为相对

"安全"的事情。因此,不论经历多少个短期,只要他相当肯定上述的成规不会中断,从而在事态变为严重以前,他有修改决策和改变投资的机会,那么,投资仍然是相对"安全"的,他不会单纯由于对他的投资在 10 年以后一无所知而失眠。在如此的条件下,对整个社会说来是"固定数量"的投资对个人来说成为"可变数量"。

我相信,我们的主要投资市场都是根据类似的思想基础而被发展出来的。然而,不难看出,一个以如此随意的方式来形成对事物的绝对观点的成规不免带有它的弱点,即它的靠不住的性质。这种性质给我们当前的要取得足够多的数量的投资这一问题造成不少的困难。

V

加强这一靠不住的性质的一些因素,可以概述如下:

(1) 社会的总资本投资的一部分系为那些既不从事实际经营又对现在和将来不具备特殊知识的人所拥有。由于这一部分的投资在社会总投资中所占有的比重逐渐增加,拥有投资和进行投资的人在估计投资的价值时所使用的真正知识的部分大幅度下降。

(2) 既有的投资的利润经常作出暂时和无关紧要的波动。然而,这种波动趋于对市场施加远为过分的影响,其影响甚至到荒谬的地步。例如,据说美国制冰公司的股票在夏天的价格高于冬天,因为,季节性使夏天的利润高于冬天。全国性的节假日的多次出现可以使英国铁路公司股票的市场价值提高数百万英镑。

(3) 作为对事态一无所知的群众心理的后果,成规所决定的市场价值易于受到突如其来的看法改变的影响——看法改变可以是由于与未来收益的关系不大的因素——而作出剧烈的波动，其原因在于：群众心理所决定的市场价值缺乏强有力的信赖基础来使它得以保持稳定。特别在非正常时期，即使没有明确的理由来期望变动，现有的事态能无限制地继续进行下去的说法也比较难以令人置信。这时，市场会为乐观情绪或悲观情绪的浪潮所支配。这种浪潮是盲目的，但在一定意义上也是应该出现的，因为，这时并不存在用理性进行考虑的坚实基础。

(4) 但是，这里有一点特别值得我们注意。人们可能会设想：知识和判断能力超越一般投资者之上的市场专家们之间的竞争会矫正缺乏知识的个人的胡思乱想。然而，事实是：专业投资者和投机者的精力和技能却主要被用之于其他的地方。这些人中的大部分在实际上所关心的主要并不在于对投资项目的生命期间的可能的收益作出优质的长期预测，而在于能比一般群众早一点看到根据成规而得出的股票市场价值的改变为何。他们所关心的不是：像购买一项投资项目的股票并把股票长期保存起来的人那样，关心于这项投资真正值多少钱，而是：在群众心理的影响下，上述股票在 3 个月或 1 年以后在市场上能值多少钱。必须说明，这种行为并不代表思想怪僻。这是按照上述方式来组织投资市场所带来的必然后果。因为，如果你相信一个投资项目的未来收益能使该项目在今天值 30，如果你也相信市场在 3 个月后使它的价值成为 20，那么，用 25 去购买该项目便不是明智的行动。

这样，专业的投资者就被迫而致力于在新闻和社会气氛中来预测即将来临的某些因素的改变，因为这些因素被经验证明为最能影响市场的群众心理。在一个以所谓“流动性”为目标来进行组织的投资市场里，[1]这是一个不可避免的结果。在传统的理财的守则中，肯定没有比流动性崇拜更加不利于社会的条目。流动性崇拜的原则认为，投资机构把资金集中用于购买“具有流动性”的证券是一件好事，但是，它忘记了，对整个社会而言，却不存在投资的流动性。技巧高明的投资的社会目标应该是克服把将来遮盖起来的由于缺乏信息和时间因素而造成的模糊不清之处。然而，在现实中，今天的最高明的投资的私人目标却是被美国人表达得很恰当的“起跑在枪响之前”，以便在斗智中胜过群众，从而把坏的和被磨损了的钱币脱手给他人。

不去预测在长期之后一项投资的未来收益，而仅仅对几个月以后的社会成规用以决定股票价值的基础加以预测——这种机智上的斗争甚至并不一定意味着把群众的鱼肉去充填专业经营者的肠胃；斗争可以在专业经营者之间进行。它也不意味着任何人盲目相信社会成规赖之以决定股票价值的基础能在长期中适用。因为，斗争好像是一种“叫停”的游戏，一种“传物”的游戏，一种“占位”的游戏——一种消遣；在其中，胜利者属于不过早或过晚“叫停”的人，属于在游戏结束前能把东西传给邻近者的人，或在音乐停止前能占有座位的人。这些游戏可以玩得很有乐趣，虽然参与者都知道，有一个大家不要的东西在传递之中，而在音乐停止时，总会有一个没有座位的人。

[1] 这里的“流动性”主要指把资产能被售卖掉来得到现款的难易程度，特别就出售掉股票来得到现款而言。越容易换取到现款，“流动性”越大。——译者

或者，把比喻稍加改变，专业的投资者的情况可以和报纸上的选美竞赛相比拟。在竞赛中，参与者要从100张照片中选出最漂亮的6张。选出的6张照片最接近于全部参与者一起所选出的6张照片的人就是得奖者。由此可见，每一个参与者所要挑选的并不是他自己认为是最漂亮的人，而是他设想的其他参与者所要挑选的人。全部参与者都以与此相同办法看待这个问题。这里的挑选并不是根据个人判断力来选出最漂亮的人，甚至也不是根据真正的平均的判断力来选出的最漂亮的人，而是运用智力来推测一般人所推测的一般人的意见为何。在这里，我们已经达到了第三个推测的层次；我相信，有人还会进行第四、第五和更多的层次。

读者也许会提出问题：如果有一个技能高超的人，不受现在流行的办法的影响，持续地根据他自己所能作出的最优的真正长期预期来进行投资，那么，他在长期中，肯定会从其他参与者那里取得大量利润。对于这一问题的答案是：首先，怀有这种认真态度的人是存在的，而且，这种人的影响是否能胜过那些玩弄游戏的人对投资市场而言是关系重大的。但是，我们也必须看到，在现代的投资市场上，存在着许多因素，使得这种人的影响缩小。在今天，根据真正的长期预期而进行投资已经困难到很难成为现实的程度。那些企图这样做的人肯定要比那些试图以超过群众的精确程度来猜测群众的行为的人花费远为更多的精力并且会冒更大的风险。在智力相同的情况下，前者可能要犯较多的灾难性的错误。从经验中还找不出明确的根据来表明：对社会为有利的投资也是利润最大的投资。克服时间和我们对将来缺乏信息所造成的困难要比“起跑在枪响之前”需要更多的智力。其次，生命的期间是不够长的——人类的本性需要快速的成果；在快速赚钱方面，存在着特殊的热情，而较长时期以后的收益会被一般人大打折扣以后才使它变为现在的价值。对于那些完全没有赌博本能的人来说，专业化的投资固然讨厌和紧张到令人不能容忍的程度，然而，那些有赌博本能的人却愿意为此付出应有的代价。再其次，忽视市场在近期内的波动的投资者为了安全起见需要较多的资金，从而，不能充分利用借来的款项从事规模足够大的经营——这是另一个理由来说明，为什么在相同的智力水平和资本数量下，玩游戏的人会得到较大的报酬。最后，在投资基金由人数众多的委员会、董事会或银行所管理的情况下，[①]在现实中招致最多的批评的人恰恰是其中的最能促进社会利益的长期投资者。因为，在一般人的心目中，他的行为基本上应该是偏执的、不合潮流和鲁莽的。如果他获得成功，那么，这只会肯定一般人对他的鲁莽的评语。在短期中，如果他遭受很可能要有的失败，那么，他不会得到多少同情与怜悯。世俗的智慧教导人们：就人们的声誉而言，合乎成规的失败要优于不合乎成规的成功。

(5) 到目前为止，我们所论述的主要是投机者或投机的投资者自己所具有的信心状态。我们的论述有可能使人感到，我们已经暗中作出假设，即：只要投机的投资者对前景感到满意，他可以按照市场利息率借到任何数量的款项。实际情况当然不是如此。

① 被保险公司和投资信托部门认为是稳妥的办法是：不仅要计算所持有的有价证券带来的股息，而且还要计算股票的市场价格所导致的股票价值的变动。这种办法也趋于使人们过分重视股票的短期价格的波动。

于是，我们必须对信心状态的其他方面也加以考虑，即考虑放款机构对向它借款的人的信心，有时也被称为信用状态。信心和信用状态二者中的任何一个的低靡不振便足以导致股票价格的崩溃，从而给资本边际效率带来灾难性的后果。虽然二者中的任何一个的低靡不振足以造成经济崩溃，然而，经济复苏却要求二者同时上扬。因为，信用的衰微足以造成经济崩溃，但是，它的加强却仅仅是复苏的必要条件，而不是充分条件。[1]

Ⅵ

上述的种种考虑之点都不应被置之于经济学者的视野之外。但是，考虑它们时却应有轻重缓急之分。如果我用投机一词来表示预测市场心理的活动，而用从事企业一词来表示预测资产的整个生命期间的未来收益，那么，现实情况远不能表明：投机的成分总是大于从事企业的成分。然而，当投资市场的组织改善时，投机大于从事企业的危险确实会加大。在世界上最大的投资市场之一，即纽约，投机（在刚才说的意义上）的影响是巨大的。甚至在金融领域之外，美国人总是倾向于对找出一般人所相信的一般人相信的东西感到异乎寻常的兴趣，而这一整个国家的弱点就是股票市场对它所施加的报应。人们说，美国人不像许多英国人仍然在做的那样，是为了取得“股息”，从而，美国人除去为了得到股票

〔1〕 这里的意思是：虽然企业家可以借到投资所需要的款项（即信用），但是，由于对经济前景信心不足（即资本边际效率很低），他未必愿意进行投资。——译者

升值的好处以外，不太愿意购买股票。这不过是用另外一种方式来说：当美国人购买股票时，他并不把希望寄托于得到股票的未来收益，而是寄托在企业股票市场价格的上涨。就是说，在上述意义上，他是一个投机者。如果投机者像在企业的洪流中漂浮着的泡沫一样，他未必会造成祸害。但是，当企业成为投机的旋涡中的泡沫时，形势就是严重的。当一国资本的积累变为赌博场中的副产品时，积累工作多半是干不好的。以把华尔街当做一个其社会功能可以使新投资按照未来收益流入最有利渠道的机构而论，该街所获得的成功程度不能被认为是自由放任的资本主义的典范——这并不值得奇怪，如果我下面所说的是对的话；我所说的是：华尔街的最好的头脑却在事实上被引导到一个与其社会功能不同的目标。

这些脱离社会功能的倾向是在成功地组织起“具有流动性”的投资市场之后所带来的不可避免的后果。人们通常同意：为了社会利益，应该使赌场难于进入并且使进入的代价昂贵。相同的话对股票交易所说来，也许仍然是对的。伦敦证券交易所的祸害之所以能少于华尔街，其原因主要并不在于民族特点的差异，而在于：对一般的英国人而论，和一般美国人进入华尔街相比，进入斯罗格莫顿街是非常困难和昂贵的。附加在伦敦证券交易所进行经营的费用，如介绍费、高额的经纪人费用以及向英国财政部缴纳的大量的转手税，可以减少市场的流动性（虽然每两周结账一次的办法具有方向相反的作用）；这在很大的程度上使带有华尔街的特点的交易不能存在。[①] 对一切交易，政府施加相当高额的转手税可

① 据说，当华尔街交易旺盛时，股票买卖的至少一半以上属于投机者企图在同一天内把买转变为卖、或把卖转变为买的交易。在商品交易所中，情况也往往如此。

能是最切实可行的改进办法，以便在美国减少投机压倒企业经营的可能性。

现代投资市场的奇怪局面使我倾向于这种主张：使购买证券成为永久性的事物；像婚姻一样，除了死亡和其他严重原因以外，不能解约。这也许是治理当代弊端的一个有效手段，因为，它可以迫使投资者考虑长期的前景。然而，对这一解决办法稍加思索又使我们看到一个难题，即：虽然要求投资具有流动性有时会有害于新投资的产生，但它却往往也对新投资的产生有利。此中的原因在于：每个投资者会自以为他投入的资金“具有流动性”（虽然对所有的投资者在一起而言并不如此）；这一事实可以给投资者壮胆，从而使他比较愿意承担风险。如果投资者所投入的资金被弄成不具有流动性，那么，只要存在着个人保持储蓄的其他方式，投资不具有流动性就会严重损害新投资的产生。这就是上述的难题。只要个人能够以贮藏或放款的方式来处理他的财富，那么，除非存在着一个能使投资的资产很容易转换成现款的有组织的市场，购买投资资产的方式就不会具有足够的吸引力（特别是对那些不直接经营和没有这一方面知识的人来说，更是如此）。

医治这种影响现代社会经济生活的信心危机的唯一极端方法是使个人在消费掉他的收入和购置具体的资本资产之间没有选择的余地。即使这些被购置的资本资产对他来说很难能被算作最有利的投资方式时，也应这样做。可能出现这样的情况，即：当他对前途处于异常的疑虑状态时，疑虑会使他增加消费和减少投资的比重。即使如此，这却会使他在异常疑虑状态时能避免那种灾难性的、自我加重的和影响深远的手段来把他的收入既不用于消费，也不用于投资。

那些强调贮藏现款对社会所带来的危害的人们当然怀有和上述相类似的想法。但是,他们却忽视了危害在其他条件下出现的可能性;那就是:即使贮藏现款的数量不变,或改变的数量微少,危害也会出现。

Ⅶ

除了投机所造成的经济上的不稳定性以外,人类本性的特点也会造成不稳定性,因为,我们积极行动的很大一部分系来源于自发的乐观情绪,而不取决于对前景的数学期望值,不论乐观情绪是否出自伦理、苦乐还是经济上的考虑。关于结果要在许多天后才能见出分晓的积极行动,我们的大多数决策很可能起源于动物的本能——一种自发的从事行动、而不是无所事事的冲动;它不是用利益的数量乘以概率后而得到的加权平均数[1]所导致的后果。不论各个企业以何种坦率而真诚的程度来宣称:它们从事经营的主要动机已由企业的组织章程所说明;它们在实际上不过是把它们的动机假装成为如此而已。事实上,根据对将来的收益加以精确计算后而作出的经营活动只不过比南极探险的根据稍多一些。因此,如果动物的本能有所减弱而自发的乐观精神又萎靡不振,以致使我们只能以数学期望值作为从事经营的根据时,那么,企业便会萎缩和衰亡——虽然对企业的前景看好和看坏的根据和以前没

〔1〕 指数学期望值。——译者

有什么不同之处。

我们有把握说:对将来怀有希望而兴办的企业对整个社会有利。但是,只有当合理的计算结果由于动物本能而得到加强和支持时,个人主动性才会大到能兴办企业的地步。在个人主动性得到动物本能的加强和支持下,那种往往使创业者意志消沉而为经验所表明的最终要失败的想法会被放在一边,正如健康的人把对死亡的预期放在一边一样。

不幸的是:上述情况不仅会加深萧条和危机的程度,而且还使经济繁荣高度依赖于对一般工商业者合适的政治和社会气氛。如果对英国工党政府和美国新政的恐惧会抑制从事企业经营的话,其原因可以既不在于合理计算的结果,也不在于具有政治意图的策划——原因可以仅仅在于破坏了自发的乐观状态的微妙平衡。因此,在估计投资前景时,我们必须考虑到决定自发活动的那些主要人物的胆略、兴奋程度、甚至消化是否良好和对气候的反应。

我们不应据此而得出结论,认为一切都取决于非理性的心理浪潮。恰恰相反,长期预期状态往往是稳定的,而且,当它不稳定时,其他因素会施加补偿性的影响。我们不过是在这里提醒我们自己:不论在个人事务、还是在政治和经济问题中,影响着将来的人的决策都不可能单纯取决于精确的数学期望值,因为,进行这种计算的基础并不存在。推动社会的车轮运行的正是我们内在的进行活动的冲动,而我们的理智则在我们能力所及的范围内,在能计算的时候,加以计算,以便作出最好的选择;但以动机而论,我们的理智却往往退回到依赖于我们的兴致、感情和机缘的地步。

Ⅷ

此外，还存在着一些重要的因素以某种方式在现实中减轻我们由于对将来缺乏知识而造成的影响。由于计算复利的作用，再加上随着时间的进展而很可能出现的老化，许多投资项目的主要考虑之点是能否用比较近期的未来收益所收回。以期限很长的投资中的一个重要类别，即建筑物而论，风险经常可以从投资者那里被转移到住房者的身上，或者被二者分摊；其手段是通过长期契约，而长期契约可使住房者感到契约的连续性和有房子住的保障所带来的有利之处会大于冒风险的程度。以长期投资的另一个重要类别，即公用事业而论，未来收益中的相当大的部分在实际上已经为垄断特权和按照获取一定利润率而定价的权利所保证。最后，还有一个日趋重要的由政府进行的或由政府承担风险的投资类别。在进行这种类别的投资时，政府显然只考虑社会的将来的利益，而不管投资的商业效益会有多大的波动，也不拘泥于使投资收益的数学期望值至少应等于现行利息率——尽管政府所要支付的利息率仍然会起着关键的作用来决定它的财力所及的投资的规模。

这样，在充分顾及到长期预期状态在短期内改变（以便和利息率的改变相区别）的影响的重要性之后，我们仍然有理由把利息率当做至少在正常条件下能影响投资的重大因素，虽然并不是决定性的因素。然而，只有经验才能证明：在何种程度上，控制利息率能够持续地刺激投资，使它处于合适的水平。

以我自己而论,我对仅仅用货币政策来控制利息率的成功程度,现在有些怀疑。我希望看到的是:处于能根据一般的社会效益来计算出长期资本边际效率的地位的国家机关承担起更大的责任来直接进行投资,因为,根据我在上面已经加以论述的原则来计算出的各种资本边际效率的市场估计值似乎很可能具有过分大的波动,以致利息率的任何能实现的改变都不足以抵消这种波动。

第十三章　利息率的一般理论

I

在第11章中，我们已经说明：虽然存在着使投资量上升或下降的因素以便使资本边际效率等于利息率，然而，资本边际效率本身与现行利息率却是不同的东西。资本边际效率曲线（或表）可以被认为是为了进行新投资而需要借进资金的人所愿意支付的代价，而利息率则代表现行的提供资金的代价。因此，为了使我们的理论完整，我们必须知道，决定利息率的是什么。

在第14章及其附录中，我们将考察迄今为止的对这一问题的答案。大致说来，我们将发现：这些答案使利息率取决于资本边际效率曲线和心理上的储蓄倾向之间的相互作用，即：利息率是一个平衡的因素，其作用能够使代表在各种不同利息率下存在的新投资量的对储蓄的需求等于社会心理状态所决定的不同利息率下的对储蓄的供给。只要我们能觉察到：仅仅根据这两个供求因素不可能得出利息率，那么，这些说法便要被推翻。

既然如此，对于这一问题，我们的答案是什么？

Ⅱ

要想完全体现出一个人的心理上的时间偏好，必须作出两种不同的决策。第一种涉及被我称之为消费倾向的那个时间偏好的方面。在本书第3编所陈述的各种动机的影响之下，消费倾向发生作用来决定每个人把其收入的多大部分用之于消费，又把其收入的多大部分以某种支配权形式加以保存，以备将来的消费之用。

一旦作出这个决策，他还必须作出另一个决策，即：他以何种形式来持有对将来的消费的支配权。不论对他的现行收入还是对他过去的储蓄而言，他都要作出这个另一决策。他是否准备把将来消费以具有瞬息流动性的支配权的方式（即货币或类似货币的东西）加以保持？或者，他是否准备在一定的期限和非固定的期间内放弃这个支配权的瞬息流动性，而听任将来市场情况来决定：在必要的时候，他能以何种比例来把他对某些物品的延期支配权转换成对一般物品具有瞬息流动性的支配权？[1] 换言之，他的流动性偏好的程度有多大？在这里，一人的流动性偏好系用此人在各种不同的情况下愿意以货币形式加以保存的其资产的价值（用货币或用工资单位来加以衡量）。

我们将要发现，已被接受的、现有的利息率理论的错误在于：它企图从上述心理上的时间偏好的两个组成部分中的第一个来得

〔1〕 在这里，放弃瞬息流动性的支配权系指股票、债券等不能立即用购买商品的票据；具有瞬息流动性的支配权系指活期存款、现钞等。——译者

出利息率，而却忽视了第二个部分。我们必须加以补救的正是对第二部分的忽视。

显然应该看到，利息率不可能是储蓄的报酬或被称之为等待的报酬。[1] 因为，如果一人把他的储蓄以现款的形式贮藏起来，虽然他的储蓄量和不以此方式保存的储蓄量完全相同，他却赚取不到任何利息。恰恰相反，仅凭利息率的定义本身就能告诉我们，利息率是在一个特定期间内放弃流动性的报酬。因为，利息率不过是一笔钱去除它的报酬而得到的比例，其中的报酬系来自在规定的时间内放弃对这笔钱的控制来换取相应的债权①这一事实。②

由此可见，由于利息率是放弃流动性的报酬，所以在任何时期的利息率都能衡量持有货币的人不愿意放弃流动性的程度。利息率并不是能使对投资资金的需求量和自愿放弃目前的消费量趋于均衡的"价格"，而是能使以现金形式持有财富的愿望和现有的现金数量相平衡的"价格"——这就意味着：如果利息率具有较低的数值，即如果放弃现金的报酬有所降低的话，那么，公众想要持有

---

〔1〕 传统的西方经济学沿袭马歇尔的说法，把利息当做等待将来的消费的报酬。——译者

① 划分"货币"和"债权"的界限要看对具体问题的方便程度而定，这不会影响在这里的定义。例如，我们可以把货币当做对一般购买力的支配权，而这一支配权在3个月内不会和货币所有者脱离。与此同时，把债权当做在此期间内不能收回的支配权。我们可以用1个月、3天、3小时，或任何期间来代替"3个月"。我们也能把在某一场合不能立即充当法定偿债物的东西都排除在货币以外。在现实中，经常使用的方便方式是把银行的定期存款，有时也把类似短期国库券的证券包括在货币之内。作为一个成规，我将和我在《货币论》中所做的一样，假设银行存款也是货币。

② 在对具体问题的讨论中，债务的期限是已知的，所以利息率是对一定期限的债务而言，因为，利息率随着期限的不同而有差别。和具体问题的讨论不同，在一般的讨论中，利息率最好指对不同期限的现行的利息率系列，即对不同期限的债务的利息率。

的现金量就会超过现有的供给量；如果利息率被提高了的话，那么，就会出现无人愿意持有的多余现金。假使这种解释是正确的，那么，货币数量便是另一个因素来和流动性偏好在一起决定在既定条件下的利息率的高低。流动性偏好是一种潜在的力量或函数关系的倾向，而这一潜在力量或函数关系的倾向可以决定在利息率为既定数值时的公众想要持有的货币数量。这样，如果 r 代表利息率，M 代表货币数量，L 代表流动性偏好，那么，我们可以得到 $M=L(r)$。这可以表明货币数量在何处并以何种方式来进入经济体制之中。

然而，在这里，我们回过头来考察一下，为什么像流动性偏好那样的事物能够存在。关于这一点，我们可以运用早已存在的对用做现行业务交易的货币和对用做财富贮藏手段的货币之间的区别加以说明。以这两种使用方式的第一种而论，显然可以看到，在一定限度内，为了流动性而牺牲一定数量的利息是值得的。但是，从另一方面看来，既然利息率从来不具有负数值，为什么人们宁可用收益很少和没有利息的形式来持有他的财富，而不用能赚取利息的方式来持有它呢(在这里，我们当然假设不赚取利息的银行存款和赚取利息的债券具有相同的风险)？对此加以全面解释是复杂的，必须留待到第 15 章。虽然如此，应该在这里指出一个必要的条件。如果没有这一条件，作为贮藏财富的手段而造成的对货币的流动性的偏好是不能存在的。[1]

---

[1] 按照西方经济学者普遍接受的说法，除非存在着一定的理由(即这里所说的条件)，合乎理性的人不会牺牲掉得到利息或其他收益的好处而把现款闲置于手中。——译者

这一必要条件便是：存在着对将来的利息率的**不肯定性**，即：不能肯定将来的各种期限系列的市场利息率的数值。因为，如果能肯定预期到一切将来时间的市场利息率，那么，一切将来时间的市场利息率都可以根据**现在的**不同期限债券的利息率而被推算出来，因为，现在不同期限的债券利息率会根据已知的将来时间的市场利息率而作出相应的调整。例如，假设${}_1d_r$是 r 年以后的 1 英镑(£1)的现在(第 1 年的)值。如果从第 n 年开始算起，${}_nd_r$ 是 r 年以后的 1 英镑(£1)在第 n 年时的现在值，那么，我们会得到[1]：

$${}_nd_r=\frac{{}_1d_{n+r}}{{}_1d_n}。$$

从上式可以看到 n 年后的任何债券的折算成现金的贴现率都可以

---

〔1〕 得到的公式可以用下列方式推导出来：

假设 i 和 j 分别代表现在的(第 1 年)为期 n 年和 $n+r$ 年的利息率；h 为第 n 年时的为期 r 年的利息率，那么，根据 j 而得到的 $n+r$ 年后的 1 英镑的现在值(第一年)为：

$$\frac{1}{(1+j)^{n+r}} \quad ①$$

根据 i 和 h 而得到的 $n+r$ 年后的 1 英镑的现在值为：

$$\frac{\frac{1}{(1+h)^r}}{(1+i)^n} \quad ②$$

在 h 为一定数值的条件下，则 i 和 j 必然会自动调节，使①＝②；否则，为了取得 $n+r$年后的 1 英镑的较大的现在值，人们会使用两种贴现方法中的一种，一直到①＝②时为止。因此，

$$\frac{1}{(1+j)^{n+r}}=\frac{\frac{1}{(1+h)^r}}{(1+i)^n}$$

这就是说：${}_1d_{n+r}={}_nd_r\times{}_1d_n$

因此，　${}_nd_r=\dfrac{{}_1d_{n+r}}{{}_1d_n}$

所以，根据 i 和 j 的数值，可以决定 h 的数值。这里的 i 和 j 都是现行的利息率，它们的数值都是已知的。因此，h 的数值可以根据 i 和 j 而被计算出来。——译者

根据现行的利息率系列中的两个而被推算出来。如果现行的每种期限的债券都具有正数值的利息率，那么，用购买债券的方式来贮藏财富总是比用持有现金的方式要较为有利。

在相反的情况下，如果对将来的利息率是不肯定的，那么，我们便不能保证，当第 n 年到来时，${}_nd_r$ 会等于$\frac{{}_1d_{n+r}}{{}_1d_n}$。这样，在第 n 年到来之前，如果发生对具有流动性的现金的需求，那么，和持有现金相比，购买长期债券然后把它转换成现金就会冒较大的受到损失的风险。按照现行概率而计算出的统计学上的利润或数学期望值——虽然是否能以如此的方式来加以计算尚未可知，但是，假设它能如此计算的话——必须大到足够的程度来补偿冒损失的风险。

此外，如果存在着有组织的债券交易市场，那么，不肯定性还会为流动性偏好的存在造成更多的理由；其原因在于：不同的人可以对前景的估计具有差异，而一个与以市场价格所表示的主流看法不同的人可以具有充分的理由来持有具有流动性资金，以便当他的看法正确时，即各个${}_1d_r$之间的关系处于错误状态时，可以从中谋利。[①]

这很像我们在上面以较多的篇幅针对资本边际效率加以讨论时的内容。在上面的讨论中，我们已经发现：资本边际效率并不取决于“最好的”看法，而是取决于由群众心理所决定的市场价值；与此相类似，由群众心理所决定的对将来的利息率的估计也对流动

---

① 这一点也就是我在《货币论》中所讨论的两种看法和“多头—空头”的处境。

性偏好产生影响——但是，在这一场合，需要添增的是：那些相信将来的利息率会高于现行市场利息率的人便有理由来持有具有流动性的现金，[①]而那些对将来的利息率看法相反的人便会有动机来获取短期借款，以便购买长期债券。市场价格会被决定于“空头”的出售量等于“多头”的购买量之点。

我们在上面论述的流动性偏好的三种类别可以被认为是取决于：(1) 交易动机，即：由于个人或业务上的交易而引起的对现金的需要；(2) 谨慎动机，即：为了安全起见，把全部资产一部分以现金的形式保存起来；(3) 投机动机，即相信自己比一般人对将来的行情具有较精确的估计并企图从中谋利。类似我们在论述资本边际效率时所说的那样，有组织的证券交易市场的存在的必要性给我们提出一道难题。因为，在缺乏有组织的市场的情况下，由于谨慎动机而形成的流动性偏好会大为增加；而与此同时，有组织的市场的存在又会为来自投机动机的流动性偏好提供大幅度涨落的条件。

我们可以对此加以进一步的说明：假设除了考虑到利息率的改变对收入的影响以外由于交易动机和谨慎动机的流动性偏好所吸收的货币数量对利息率的改变不太敏感，从而，货币数量的总量减去上述被吸收的数量后的剩余部分，可以被用来满足来自投机动机的流动性偏好，那么，利息率和债券的价格会被定于如此的水

① 也许有人认为：根据相同的理由，那些相信投资的将来收益要小于市场的预期数值的个人会具有足够的理由来持有流动性的现金。但是，这里的情况并不如此。这些人会具有充分的理由来持有现金或债券而不是股票。然而，除非他也相信将来的利息率要比市场所预期的数值为高，他会更愿意购买债券，而不是持有现金。

平，而处于这种水平，某些人所愿意持有的现金（因为，处于该水平，他们对债券的将来价格具有“空头”的想法）正好等于可以被用来满足投机动机的货币数量。在如此的情况下，每一次货币数量的增加必然能把债券的价格提高到足够的程度以便使价格高出某些“多头”的预期值，并且使他们出售债券来换取现金，从而加入“空头”的行列。[1] 然而，除了短暂的期间以外，如果来自投机动机的对货币的需求是微不足道的，那么，货币数量的增加几乎立即会把利息率降低到必要的程度，以致能提高就业量或工资单位的数量到足够的水平来通过交易动机和谨慎动机而把增加的货币数量吸收净尽。[2]

一般说来，我们可以假设：表明货币数量与利息率之间的关系

---

〔1〕 当货币数量增加时，利息率便会下降；利息率的下降意味着债券价格的提高。当债券价格高到一部分的“多头”（即文中所说的某些“多头”）所期望的最高水平时，他们便认为以后的债券价格不可能再行上升，而只能下降。此时，他们会出售债券，赚取债券的高价所带来的利润。另一方面，他们会把变卖债券所得到的现款存放在手中，以等到债券价格下降（意味着利息率的上升）时，低价收购，待价格再度上升时出售，获取利润。由于他们持有现款，等待价格下降，所以文中说他们“加入‘空头’的行列”。——译者

〔2〕 上句话系就货币数量的增加额正好使债券价格上升到某种程度；处于这种程度，上句话所说的“某些‘多头’”由于出售债券而得到的现款正好等于货币数量的增加额。这仅仅代表一种现实的情况。

本句所指的是另一种情况，即：货币数量的增加额很大，而债券价格上升所导致的“某些‘多头’”由于出售债券而持有的现款（即文中所说的“来自投机动机的对货币的需求”）又为数甚微。此时，按照凯恩斯的意思，货币数量增加额减去“来自投机动机对货币的需求”以后的多余部分会使利息率下降；下降的利息率（在资本边际效率不变的条件下）又会增加投资，从而使国民收入增加。根据凯恩斯的理论。国民收入会增加到某种水平；处于这一水平，交易动机和投机动机所导致的对货币的需求的增加量正好等于上述货币数量增加额的多余部分，因为，交易动机和谨慎动机所引起的对货币的需求量被认为是主要取决于国民收入。——译者

的流动性偏好曲线是一条平滑的曲线;该曲线表明:随着货币数量的增加,利息率下降。导致这一结果的原因有几个:

首先,随着利息率的降低,如果其他条件不变,那么,很可能会有较多的货币数量被来自交易动机的流动性偏好所吸收。因为,如果利息率的降低会增加国民收入的话,那么,为了应付交易而持有的货币量将大致按收入增加的相同比例增加,而与此同时,以放弃利息来计算的持有足够现金的方便之处的代价便会减少。除非我们用工资单位而不用货币(在某些情况下较为方便)来衡量流动性偏好,如果利息率的下降所造成的就业量的增加导致工资的增长,即工资单位的货币价值增加,那么,交易动机所需要的货币量也同样要增加。其次,正如我们已经看到的那样,利息率的每一次下降都会增加某些个人所愿持有的现金数量,因为,他们对将来的利息率数值的看法与市场的看法不同。[1]

虽然如此,也会出现这样的情况:货币数量即使大量增加也只能对利息率施加相对微小的影响。其原因在于:货币数量的大量增加可以造成如此之大的对将来的不肯定性,以致来自安全动机的流动性偏好得以加强,而与此同时,对将来利息率的看法可以达到非常一致的程度,以致现行利息率的微小变化可以使大批的人转向于持有现金。使人感到有兴趣的是:经济制度的稳定性和它对货币数量的变动的敏感性竟然以如此的程度依赖于对不肯定的事物的各种不同看法的存在。能知道将来当然

〔1〕 这里的意思与第176页译者注〔1〕相似。——译者

最好。但如果不能的话，那么，如果我们想通过对货币数量的改变来控制经济制度，那么，看法的分歧便具有重要性。由此可见，这种控制办法在美国要比在英国难于见效，因为，在美国，每个人在同一时期倾向于持有相同的意见，而在英国，意见分歧较为经常。

Ⅲ

现在，我们已经把货币第一次引入我们的因果环节之中，而对货币数量的改变如何对经济制度发生作用，我们作了初步的窥视。然而，如果我们据此断言：货币是刺激经济制度活跃起来的酒，那么，我们必须提醒自己，在酒杯和嘴唇之间还有几个易于滑脱的环节。其原因在于：其他条件相同，虽然货币数量的增加可能使利息率下降，但是，如果群众的流动性偏好的增加大于货币数量的增加，那么，货币数量的增加就不能使利息率下降。此外，其他条件相同，虽然利息率的减少可能增加投资数量，但是，如果资本边际效率曲线的下降比利息率的减少更快，那么，利息率的减少就不能增加投资数量。还有，其他条件相同，虽然投资量的增加可能增加就业量，但如果消费倾向下降，那么，投资量的增加就不能增加就业量。最后，如果就业量增加，那么，价格将在一定程度内上升；上升的程度部分取决于物质供给函数的形状，部分取决于以货币衡量的工资单位是否易于提高。当产量已经增加，价格已经上升时，这对流动性偏好的影响是：为了维持一定数值的利息率所需要的货币数量必须加大。

Ⅳ

虽然来自投机动机的流动性偏好相当于我在《货币论》中称之为“空头状态”的东西，但二者决不是相同的。在该书中，“空头状态”被定义为一种关系。它不是利息率（或债券价格）和货币数量之间的关系，而是资产价格和债券价格在一起和货币数量之间的关系。然而，这种办法会引起利息率改变的后果和资本边际效率改变的后果之间的混淆。这一点，我希望我已加以避免。

Ⅴ

贮藏货币的概念可以被认为是流动性偏好概念的第一接近值。如果我们用“贮藏货币的倾向”来代替“贮藏货币”，那么，二者几乎是相同的东西。但是，如果我们把“贮藏货币”视作持有的货币量的增加，那么，它的意义便不够完整——而会严重造成误解，因为，它可以使我们把“贮藏货币”和“不贮藏货币”简单地看做两种不是这样做便是那样做的办法的话。其原因在于：“贮藏货币”的决策并不单纯取决于“贮藏货币”的绝对的好处，而且还要考虑脱离流动性而带来的利益——“贮藏货币”的决策是权衡两种利益的结果，因此，我们必须知道另一方面的情况是什么。此外，只要我们把“贮藏货币”看做实际持有的现金量，那么，群众的决策不能改变贮藏的货币量，因为，贮藏的货币量必须等于货币数量（或者，按照某种定义，等于货币数量减去交易动机所要求的部分)，而货币数量又不是群众所决定的。[1] 群众想要贮藏货币的倾向所能做到的一切不过是决定能使群众想要贮藏的总量等于既存的现金总量时的利息率。忽视利息率和贮藏货币之间的关系的习惯可以部分地解释：为什么利息率通常被当做不花钱的报酬，而在事实上，它却是不贮藏货币的报酬。

〔1〕 因为凯恩斯认为，货币数量系由西方国家所控制。——译者

第十四章　古典学派的利息率理论

I

古典学派的利息率理论是什么？它是哺育所有我们这些人的一种经济思想，而直到最近，我们对它才完全加以接受。然而，我发现，要想把它准确陈述出来却是困难的，或者，要想在现代古典学派的权威著作中找到对它的明确的论述也是困难的。[①]

然而，相当明确的是：古典学派的传统把利息率当做能使对投资的需求和意愿的储蓄保持均衡的因素。投资代表对可投入的资金的需求，而储蓄代表它的供给；与此同时，利息率则是能使二者相等的资金的“价格”。正和商品的价格必然处于使对它的需求等于对它的供给之点一样，所以利息率也必然在市场力量的作用下，处于能使投资量和储蓄量相等之点。

上述种种并不能逐字逐句地在马歇尔的《经济学原理》中找到。然而，他的理论似乎就是如此；别人以此教我，我在许多年中也以此教别人。拿他的《原理》中的下面一段话作为例子：“由于利息率是在任何市场上使用资本而支付的价格，所以它趋于走向一

① 参阅在本章的附录中，我所能找到的摘要。

个均衡水平；处于该水平，市场在该水平的总投资量等于在该水平的资金总供给量”。[①] 另一个例子是卡赛尔教授的《利息的性质和必要性》。在其中，他解释道：投资构成“对等待的需求”，而储蓄构成“对等待的供给”；与此同时，利息是一种“价格”，其作用为使二者相等。在这里，和上述马歇尔的情况一样，我仍然找不出他的具体的词句加以引用。卡弗教授的《财富的分配》的第6章显然把利息看做能使等待的边际负效用和资本的边际生产率保持均衡的因素。[②] 阿尔福雷德·弗勒克斯爵士(《经济学原理》，第95页)写道：“如果我们的一般论述是有道理的话，那么，必须承认：自动的调节发生在储蓄和有利可图地使用资本的机会成本之间……只要利息率大于零……储蓄便是有用的”。陶西格教授(《原理》第2卷，第29页)画出一条储蓄的供给曲线和一条需求曲线，“该曲线代表资本数量增加时的递减的生产率”。在此以前，他写道(第20页)：“利息率最终会稳定于一点；在该点，资本的边际生产率足以诱导出储蓄的边际增量”。[③] 瓦尔拉斯的《纯粹经济学大纲》的附

① 参阅下面192页以及其后有关这一段话的进一步论述。

② 要想理解卡弗教授关于利息的讨论是困难的，其原因在于：(1) 他所说的“资本边际生产率”、边际产品的数量或边际产品的价值的意义不相一致；(2) 他没有对资本的数量给出定义。

③ 在对这些问题的最近的讨论中(F. H. 奈特教授在《经济》杂志1932年8月号中的“资本、时间和利息率”中)，对资本的性质作了许多有意义的和深奥的考察。对庞巴维克的分析的无用性质这一马歇尔的传统观点，他肯定了这一观点的正确性。他所提供的利息论正好是传统的古典学派的模式。根据奈特教授的说法，在资本生产领域中的均衡意味着“这样一种利息率水平，而处于这一水平，储蓄流入市场的单位时间的量或速度正好等于储蓄流入于投资的速度。投资所产生的净收益又正好等于为了使用储蓄而支付给储蓄者的补偿”。

录Ⅰ.(Ⅲ)论述“储蓄与新资本的交换”;在这里,他明确表示:相当于每一个可能的利息率,存在着一个人们要进行储蓄的总量,也存在着一个人们要投资于新资本资产的总量,而二者趋于相等;与此同时,使得二者相等的变数就是利息率。因此,利息率会处于代表新资本的供给的储蓄等于代表对新资本的需求之点。由此可见,他完全沿袭了古典学派的传统。

由传统学说哺育出来普通人——银行家、公务员或政治家——以及受过专门训练的经济学者当然已经接受了传统思想。他们认为:当人们进行储蓄时,人们就自动完成了使利息率下降的行动,而这又会自动刺激资本的生产。他们认为:利息率正好下降到如此的程度,以致由此而导致的资本的产量的增长正好等于储蓄的增加量。不仅如此,他们还认为,这是一个自我控制的调节过程,这种过程会自动发生,不需要任何特殊的干预行动,或者不需要货币当局的祖母般的照顾。同样地——这甚至在今天还是一个更为普遍的信念——每一次添增投资的行动必然会提高利息率,如果这种提高没有被储蓄倾向的改变所抵消的话。

现在,上面几章的分析应该能清楚地说明:这种对上述事物的解释肯定是错误的。为了便于寻求意见分歧的根源,我们从对上述事物的一致之处开始。

不像新古典学派[1]那样,相信储蓄与投资在现实中可以是不

〔1〕 本章所指的新古典学派与目前西方学者所说的新古典学派不是同一事物。前者主要指以威克赛尔为代表的瑞典学派和哈耶克等人的利息论和对经济周期的理论。后者泛指边际效用学派兴起(1870年)后的追随西方正统经济思想的学者,如萨缪尔森、弗里德曼等。——译者

相等的，正规的古典学派接受了二者相等的观点。例如，虽然马歇尔没有明白表示出来，但他肯定相信：总储蓄和总投资必然相等。确实，古典学派的大多数人把这一信念推广到过分的程度，因为，他们认为：一人的任何储蓄行为必然会造成相应的投资的增加。同时，在目前所涉及的论述范围内，我的资本边际效率曲线或投资的需求曲线与上面引用的古典学派经济学者心目中的对投资的需求曲线并没有任何实质性的差别。当我们谈到消费倾向和它的对应概念储蓄倾向时，我们的意见就开始具有分歧，其原因在于：他们强调利息率对储蓄倾向的影响。但可以设想，他们不会否认：收入水平对储蓄数量也具有重要的影响。与此同时，就我而言，我也并不否认：利息率也许可以对既定收入的储蓄量具有影响（虽然影响的作用也许不像他们所设想的那样）。所有这些一致之处可以被总结为一个古典学派可以接受而我又不会反对的命题，即：假设收入水平是既定的，那么，我们可以推断说：现行的利息率必须处于某一点；在该点，相当于不同利息率的对资本的需求曲线和相当于不同利息率的在既定收入中的储蓄量曲线相交。

然而，在此之后，肯定为错误的东西进入了古典学派的理论。从上述的命题中，如果古典学派仅仅推出这样一个结果，即：在对资本的需求曲线为既定的条件下，以及在利息率的改变对不同收入的储蓄量的影响也为既定的条件下，在收入的水平和利息率之间必然存在着一定的关系，那么，就不会有争论之处。不仅如此，这一命题还自然会引导出另一个体现重要真理的命题，即：如果利息率对资本的需求曲线以及利息率对定量的收入水平中的储蓄量的影响都为既定的，那么，收入的水平必然是使储蓄量和投资量相等的因素。然而，事实上，古典理论不仅忽视了收入水平变动的作用，而且还含有思维上的错误。

因为，正如上面多次引用的那样，古典学派的理论假设：根据自己的理论，它便能进一步考察（例如）资本的需求曲线的移动对利息率的影响，而不需要松动或修正它关于储蓄因之而得以决定的既定收入数量的假设条件。古典利息率理论的自变量是资本需求曲线和不同的利息率在既定收入条件下的不同的储蓄量；而当（例如）资本需求曲线移动时，按照这一理论，新的利息率系由下列两条曲线的交点所决定：一条是新的资本需求曲线；另一条是表明利息率和定量的收入条件下的储蓄量之间的关系的曲线。古典学派的利息理论似乎在说：如果资本的需求曲线有所移动，或者，如果表明利息率和在定量收入条件的储蓄量之间的关系的曲线有所移动，或者，两条曲线都有所移动，那么，新的利息率便取决于两条曲线的新的位置的交点。然而，这是一个荒谬的理论。其原因在于：该理论所假设的收入不变与它所假设的两条曲线能够相互独立地作出移动是矛盾的。如果二者之中的任何一个有所移动，那么，一般说来，收入就会改变；其后果为：建立在既定收入这一假设条件之上的整个理论就要崩溃。要想使它免于崩溃，必须作出某种复杂的假设条件，即假设当上述曲线移动时，工资单位会自动地改变，其改变的数值足以使它在流动性偏好上所造成的影响能形成新的利息率，而这个利息率正好会抵消上述曲线移动的影响，从而使产量和上述曲线移动以前相同。事实上，关于这种假设的必要性，在上面所引用的著作中，找不到任何有关的论述的痕迹。这种假设顶多只能适用于关系到长期均衡的情况，从而不能构成短期理论的基础。甚至在长期中，也没有理由认为，这种假设能够成立。但实际的情况是：古典学派的理论并没有想到收入水平的改变所起的作用，也没有意识到收入水平在实际上是投资量的函数这一可能性。

上面的论述可以用下列图形[①]加以说明：

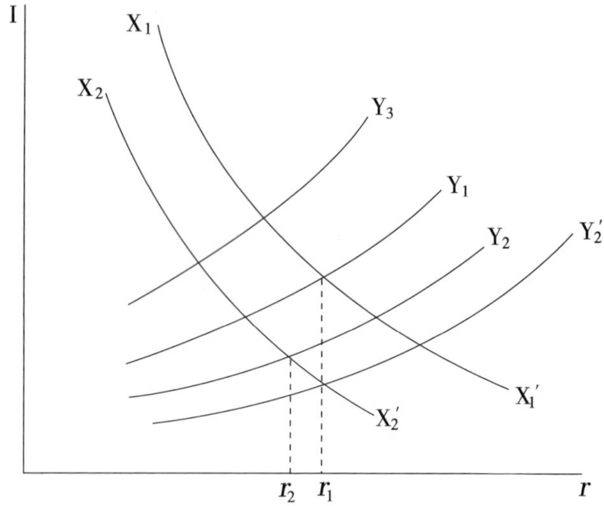

在上图中，纵轴表示投资量（或储蓄）I，横轴表示利息率 r。$X_1X'_1$ 为投资的需求函数的第一次位置，而 $X_2X'_2$ 则为该曲线的第二次的位置。Y_1 曲线表明：当收入为 Y_1 时，在不同利息率下的储蓄量。Y_2、Y_3 曲线等表示当收入为 Y_2、Y_3 时的相应的情况。我们假设：Y_1 曲线是符合于投资需求曲线 $X_1X'_1$ 的 Y 曲线，而二

① 这个图形是由 R. F. 哈罗德先生建议给我的。也可以参阅 D. H. 罗伯森的部分相似的表达方式，载《经济学杂志》，1934 年 12 月号，第 652 页。

者的交点所决定的利息率为 r_1。现在，如果投资需求曲线从 $X_1X'_1$ 移动到 $X_2X'_2$，收入一般也会有所移动。但是，图中所包含的数据并不能告诉我们新的收入的数值为多少，从而，由于我们不知道哪一条曲线是应有的 Y 曲线，所以我们也就不知道新的投资曲线与应有的 Y 曲线在哪一点相交。然而，如果我们引入已知的流动性偏好的状态和货币数量，而二者在一起又可以决定 r_2，那么，整个问题便成为有肯定解的。其原因在于：与 $X_2X'_2$ 相交于 r_2 点上的 Y 曲线即是应有的 Y_2 曲线。由此可见，X 曲线和 Y 曲线并不能告诉我们 r 为多少。它们只能告诉我们收入为多少，如果根据其他数据，我们得以知道利息率的数值的话。假设流动性偏好的状态和货币数量均保持不变，从而，利息率也保持不变，那么，与新投资需求曲线相交于 Y_1 曲线与原有的投资需求曲线交点下方的 Y'_2 曲线就是应有的 Y 曲线，而 Y'_2 就是应有的新收入水平。

由此可见，古典学派所使用的函数，即：对利息率的改变，投资量所作出的反应以及和在既定收入下的储蓄量所作出的反应，不能提供利息率理论所需要的素材；但是，这些函数可以被用来告诉我们：在既定的（从其他的来源得以决定）利息率的条件下，收入的水平是多少。换一种说法即为：如果收入被保持于一个既定的水平（例如，相当于充分就业的水平），那么，利息率应该是多少。

古典学派的错误来源于把利息当做等待本身的报酬，而不把它看成不贮藏货币的报酬；正和牵涉到不同程度风险的贷款或投资所得到的不同收益率不应该被当做等待本身的报酬，而应被看成甘冒风险的报酬一样。实际上,这些收益和所谓“纯粹的”利息率之间并没一条明确的分界线;所有这一切都是甘冒这一种或那一种不肯定性的风险的报酬。只有当货币只被用来满足交易的需要,而不被用来充当贮藏价值的手段时,一个不同的理论才是适用的。①

然而,有两个众所周知之点;这两点也许已经使我们警惕古典学派的某种错误情况的存在。首先,至少从卡赛尔教授发表《利息的性质和必要性》以来,大家都同意:当利息率增加时,对既定收入中的储蓄量是否会增加并不肯定;与此同时,对投资需求曲线上的各点会随着利息率的上升而下降,却没有人表示怀疑。但是,如果那些Y曲线和X曲线都随着利息率的上升而下降,那么,就不能保证一条既定的Y曲线和一条既定的X曲线会有交点。〔1〕这可以提示我们:不能单凭Y曲线和X曲线来对利息率加以决定。

其次,古典学派往往假设:货币数量的增加具有降低利息率的倾向;无论如何,在短期内的最初情况会是如此。然而,对货币数量的改变为什么会影响投资需求曲线和在既定收入中的储蓄量,并没有提出任何理由。这样,古典学派在它论述价值论的第1卷中的利息论非常不同于它论述货币论的第2卷中的利息论。它似乎没有由于这一矛盾而感到不安,并且据我所知,也没有试图对这两种利息论加以调和。这仅就古典学派本身而言。由于新古典学

① 参阅下面第17章。

〔1〕 因为两线可能不相交于第一象限。此时,两线虽然仍可相交,但会出现利息率为负数的违反现实的情况。见克莱因,《凯恩斯的革命》,第85页。——译者

派企图把二者加以调和，它把事态引入到最糟糕的混乱之中。其原因在于新古典学派作出推论，认为必然存在着两种供给的来源来满足投资需求，即：(1) 正常储蓄，也就是古典学派所论述的储蓄再加上(2) 货币数量的增加而带来的储蓄(某种对公众的征课，被称“强迫储蓄”或类似的名词)。[1] 这就导致出存在着“自然的”或“中性的”①或“均衡的”利息率的说法，即：存在着一种利息率，能使投资等于古典学派的正常而不包含任何“强迫储蓄”的储蓄。这最终导致出即使算它是对的也是最浅显而易见的解决之道，即：如果能在一切情况下，都使货币数量保持不变，那么，所有的这些繁难之处就不会出现，因为，被认为是繁难根源的投资大于正常的假设情况便不可能存在。但是，正是在这一点，我们陷入于深渊之中。“野鸭子已经潜入水底——深到它力所能及的地方——并且紧紧咬住荒草、根须和水底的一切杂乱之物不放，从而，需要一只特别敏捷的猎狗潜入水中，把鸭子捞上来”。

由此可见，传统的分析是错误的，因为，它未能把经济制度的自变量正确地分离出来。投资与储蓄是为经济制度所决定的因素，而不是决定经济制度的因素。它们是经济制度中的决定因素所导致的后果；这些决定因素是消费倾向、资本边际效率曲线(或表)和利息率。这三个决定因素本身确实是复杂的，而且每一

[1] 这里主要指瑞典学派的追随者所提出的“可贷资金利息论”。该论认为，利息率使可贷资金的供给等于它的需求。前者包括储蓄和货币增加量；后者包括投资和货币贮藏量。初学者似乎没有加以深究的必要。有兴趣的读者可以参考克莱因，《凯恩斯的革命》第119～121页。——译者

① 现代经济学者的“中性的”利息率不同于庞巴维克的“自然”率，也不同于威克赛尔的“自然”率。

个都会由于其他两个因素的变动而受到影响。但是，在其数值不能相互被推算出来的意义上，三者仍然是自变量。传统的分析觉察到储蓄取决于收入，但它却忽视了收入取决于投资这一事实。收入取决于投资的意义为：当投资改变时，收入必然会以如此的程度作出必要的改变以致能使储蓄的改变等于投资的改变。

那些企图使利息率取决于"资本边际效率"的理论也并未获得较大的成功。在均衡时，利息率当然等于资本边际效率，因为，直到二者相等之时，增加(或减少)现行的投资规模都是有利可图的。但是，要想由此而形成利息理论或由此推演出利息率却会引起循环推理的问题，正如马歇尔沿着这条解释利息率的思路走到半途时所发现的那样。[①] 其原因在于："资本边际效率"部分取决于现行的投资的规模，而在能计算出这个规模以前，我们必须首先知道利息率的数值。这里的重要结论是：新投资的数量会被推进到资本边际效率等于利息率之点，而资本边际效率曲线所告诉我们的并不是利息率为多少，而是在利息率为既定的条件下，新投资的数量会被推进到哪一点。

读者会很容易地理解到：在这里所论述的问题具有最基本的理论上的意义和头等的实践上的重要性。其原因在于：经济学者赖以对实际问题提出建议的经济学原理在实质上一向总是认为：其他条件相等，消费的减少会趋于降低利息率，而投资的增加会把它提高。但是，如果上述二者所决定的不是利息率，而是就业总

① 见本章附录。

量，那么，我们对整个经济制度的运行机构的看法便会有着重大的改变。在其他条件不变的情况下，如果把消费愿望的减退不当做是增加投资的因素，而看成为是减少就业量的因素，那么，这就代表对消费愿望减退的看法有着很重大的差异。

第十四章附录　马歇尔《经济学原理》、李嘉图《赋税原理》以及其他著作中的利息率理论

I

在马歇尔、埃奇沃斯或庇古教授的著作中，都没有关于利息率的连贯性的讨论——不过是一些附带加以论述的文句。除了上面(第181页)已经引用过的以外，马歇尔关于利息率的见解可以在他的《经济学原理》(第6版)，第4编，第534和第593页中找到，其要点可见下列引文：

"利息在任何市场中都是为了使用资本而支付的代价。它趋于到达一个均衡水平；在该水平，市场对资本需求总量等于资本供给总量。[①] 如果我们所考察的是一个小市场——譬如说，小城市或一个行业的市场，那么，在该市场的对资本的需求的增加可以

---

① 应该注意，马歇尔使用的名词是"资本"，而非"货币"；是"供给量"，而非"贷款"。然而，利息却是为了借货币而偿付的东西，从而在这个意义上，"对资本的需求"应该被解释为"为了购买一定量资本品而对货币贷款的需求"。但是，使资本品的供给量和需求量相等的是资本品的价格，而不是利息率。利息率能使之相等的是货币贷款的需求和供给，即债务的需求和供给。

迅速地为来自邻近区域或行业的供给量的增加所满足。但如果我们所考察的是整个世界，或一个大国的整体，那么，以此作为资本市场的范围，我们不能认为：该市场的总供给量会迅速改变，并且在相当大的程度上受到利息率变动的影响。其原因在于：资本资金是劳动和等待的成果；[①]而由于利息率上升的刺激而追加的劳动和等待和原有资本所代表的劳动和等待相比不会很快地形成很大的数量。因此，普遍的对资本需求的大量增加不会在很大程度上为供给的增加所满足，而会由利息率的上升所满足。[②] 利息率的上升可以使资本从它的边际效用最小的用途中部分地撤回。它只能以缓慢和逐渐的方式来增加资本的总量”（第534页）。

“应该不厌其烦地重复指出：对原有的资本投资而言，‘利息

① 这假设，收入不是不变的。但是，利息率的上升以何种方式来导致“追加的劳动”并没有解释清楚。由于上升的利息率可以增加储蓄的吸引力，从而也增加劳动的吸引力，我们是否能把引文中的利息率的上升理解为类似实际工资的增加的事物，从而这一事物可以使生产要素能在较低的货币工资之下从事劳动？我设想：这正是D.H.罗伯森先生对类似情况的想法。当然，这“不会很快地形成很大的数量”，然而，用这一原因来解释投资量的实际波动是最不能令人信服的，甚至是荒谬的。我对这一段文句的后半部分的复述应该是：“如果由于资本边际效率曲线的增加，普遍的对资本的大量需求没有为利息率的上升所抵消，那么，作为资本品生产增加的后果的就业量的增加和收入水平的上升会导致出追加的等待的数量。如果用货币来表示这一追加数量，那么，它会正好等于现行的资本品增加量的价值，从而正好满足后者的要求”。

② 为什么不能由资本品的价格的上升所满足？例如，假设“普遍的对资本的大量需求”是由于利息率的下降。我会建议，该段文句应被改写为：“因此，以对资本品的需求的大量增加不能立即由增加的供给所满足而论，它必须暂时由资本品的供给价格的上涨所抑制。资本品的价格会作出足够的上涨，以便使资本边际效率等于利息率，而不需要投资的规模作出很大的变动。与此同时（正和任何时候一样），适用于生产资本品的生产要素将会被用于生产在新情况下其资本边际效率最高的资本品”。

率'一词的适用性是很有限的。[①] 例如，我们也许可以说：这个国家的工商业已经按约为3%的净利息投资了大致70亿英镑于各种行业。这种说法虽然方便并且在许多场合中都是可以的，但是，却不够精确。应该说的是：把所有这些行业中新的资本投资[即边际投资]的净利息率当做3%，那么，如果把所有这些行业投入的资本所能取得的年收入乘以33(即按照3%的利息率加以资本化)的话，得到的结果大致为70亿英镑。这样说的原因在于：已经投入于改良土地、兴造建筑、建造铁路或机器的资本的价值是它将来净收入[或准地租]的经过贴现计算后的现在值的总量。如果它的取得将来收入的力量有所减退，那么，它的价值也会因之而下降，并且应该等于在下降了的收入中扣除折旧以后的资本化价值"(第593页)。

在他的《福利经济学》(第3版)，第163页中，庇古教授写道："'等待'劳务的性质受到很大的误解。有的时候，它被认为能提供货币(或金钱)；有的时候，它被认为能提供时间。根据这两种说法，人们进行争辩，认为它并不对国民收入作出任何贡献。两种说法都是不正确的。'等待'不过是指被推迟了的人们有能力立即进行的消费，从而，它使立即将被消耗掉的资源能被转化成为生产工具[②]……因此，'等待'的单位是一定量资源的一定时间的使用[③]——例如，劳动或机

① 事实上，我们根本提不到这一点。我们所能提到的仅仅是：为了购买投资的资本品(不管是购买新的还是旧的，或者，为了任何其他目的)而借来的货币的利息率。

② 在这里，用语比较含混，含混之处在于：我们是否能据此而推断，消费的推迟必然会具有这种作用，或者，它仅仅腾挪出一定量的资源，而该资源是否被闲置不用或被用来投资需视具体情况而定。

③ 应该注意：并不是持有收入的人可能用于消费，但却没有用于消费的款项；从而，等待的报酬不是利息，而是准租金。这句话似乎意味着：被腾挪出的资源必然为人们所使用。因为，如果被腾挪出的资源没有被使用的话，那么，等待的报酬是什么？

器的使用……一般说来，我们可以说：等待的单位是年价值单位，或者，用卡赛尔博士的较简单而较不准确的语言来说：是年英镑单位……应该对一个带普遍性的观点指出值得警惕之处，即：任何一年的资本积累量必然等于该年所进行的储蓄量。事实并非如此，甚至即使把储蓄解释为净储蓄，从而消除掉一人借给另一人的被用于消费的款项时，以及略去暂时被存入银行的表示未被使用掉的对劳务支配权的存款时，事实也非如此。因为，由于使用不当而被浪费掉，许多意图变为资本的储蓄并未能达到目的。”①

我认为，庇古教授关于什么决定利息率的唯一重要的论点可以在他的《工业波动》(第 1 版)第 251～253 页中找到。在该书中，他驳斥了一个观点；该观点认为，由于利息率取决于实际资本的供求的一般情况，所以利息率不可能由中央银行或任何其他银行所控制。针对这一观点，他争辩道：“当银行为工商业者创造出更多的信用时，为了银行自己的利益，在第 1 篇第 8 章②作出的解释的

① 如果我们不计使用不当的投资而计入“暂时被存入银行的表示未被使用掉的对劳务支配权的存款”的话，那么，这一段文句并没有告诉我们：净储蓄会等于或不会等于资本的增量。但是，在《工业波动》(第 22 页)中，庇古教授明确指出：这种积累对他的所说的“实际储蓄”没有影响。

② 此处(同前引书第 129～134 页)包含庇古教授的观点，该观点关系到银行在创造出一笔新信用时所增加的可为企业家使用的实际资本的数量。在实际上，他企图“从企业家所得到的来自信用创造的流动信用中”减去“银行不存在时以其他方式也会形成的流动资本”。在相减之后，他的论点是非常晦涩的。在开始时，食利者具有 1500 的收入，其中 500 被他们消费掉，从而储蓄为 1000。信用创造把他们的收入减少到 1300，其中被他们消费掉 500－x，从而储蓄为 800＋x。于是，庇古教授作出结论，认为 x 代表信用创造所增加的能为企业家使用的资本净额。在这里，企业家的收入究竟被认为增加多少？增加额等于他们从银行借来的数量(减去上述企图减去的数量)，还是食利者收入减少的数量，即为 200？在二者的任何之一的情况下，企业家是否被认为是会储蓄掉全部的增加额？增加的投资是否等于信用创造额减去上述企图减去的数量？或者，它等于 x？庇古教授的论证似乎终止于论证应该开始的地方。

意义上，它们实际上是在向公众强制征收实物，增加它们所掌握的资金数量，从而使长期和短期实际利息率一概下降。简言之，虽然银行放款的利息率和长期的实际利息率具有严格而固定的关系，但是，长期放款的实际利息率却并不处于银行所能控制的范围以外”。

我对上面各家的随着引文的行进而作出的评论已在脚注中说明。我发现，马歇尔的观点的混乱基本上是由于他把属于货币经济领域中的“利息”概念引入他的不考虑货币的分析之中。在马歇尔的《经济学原理》中，“利息”一词确实没有出现的理由——它属于经济学的另一个分支。庇古教授（在他的《福利经济学》中）引导我们去推断：等待的单位就是现行投资量的单位，而等待的报酬就是准地租。他在实际上从来没有提到过利息——这当然是应有的结果，因为，这样做符合他的其他的假设条件。然而，这些经济学者所论述的却并不是一个不使用货币的经济制度（如果世界上果真存在着这种制度的话）。他们非常明确地承认：货币是被使用的，而且，还存在着银行体制。此外，在庇古教授的《工业波动》（这个主要对资本边际效率所进行的研究）或在他的《失业论》（这主要是在假设没有非自愿失业的条件下来研究决定就业量变动的因素）中，利息率所起的作用不比在他的《福利经济学》中多出多少。

Ⅱ

李嘉图的《政治经济学和赋税原理》中的下列引文（第 511 页）可以代表他的利息率理论：

“货币的利息并不为银行放款的利息率所规定，不论其放款的利息率为5%、3%或2%，而取决于使用资本时所得到的利润率。这是一个与货币数量以及货币的价值都无关的数值。不论银行贷出100万、1000万或1亿，它们都不会永久地改变市场利息率，而只能改变由此而发行的货币的价值。为了相同的经济活动，一种场合可以比另一种场合需要十倍或二十倍的货币量。这样，向银行请求贷款的数量取决于使用贷款时所能取得的利润率和银行贷款时索取的利息率相比较的结果。如果索取的利息率低于市场利息率，那么，银行可以贷出任何数量的款项；如果索取的利息率高于市场的数值，那么，只有挥霍者和败家子才会去借款”。

这段引文是如此地明确，以致它比其后的经济学者的文句能提供一个较好的讨论的出发点。其后的经济学者虽然并没有真正脱离李嘉图学说的实质内容，但却已具有足够程度的不安心情，从而在含糊其辞中寻求掩护。正和对李嘉图所有的著作一样，上面的引文当然只能被解释为长期的理论，其着重之点为引文中的“永久地”。考虑一下该引文赖以成立的假设条件是有意义的。

所需要的假设条件又是古典学派的通常的假设，即：总是存在着充分就业，从而，如果以产品来表示的劳动的供给曲线没有变动，那么，只存在着一个符合长期均衡的可能的就业水平。在这一假设条件下，再加上通常的其他条件不变的假设，即除了货币数量的改变所导致的后果以外，心理上的倾向与预期保持不变，李嘉图的学说在下列的意义上是正确的，即：在上述假设前提下，只有一个利息率的数值符合长期的充分就业状态。李嘉图及其后继者所忽视的事实是：即使在长期中，就业量并不必然是充分的，而是可以处于变动之中，从而，相应于每一种银行政策，就存在着一个不相同的长期的就业量水平。结果，相应于货币当局的各种不同的利息率政策，就会有长期均衡的各种不同的位置。

如果李嘉图满足于使他的论点只适用于货币当局所造成的一个既定的货币数量的情况，那么，在货币工资具有伸缩性的假设前提下，他的论点仍然正确。就是说，如果李嘉图所争辩的是，不论货币当局把货币数量固定在1000万或1亿的水平，都不会使利息率作出永久性的改变，那么，他的结论可以成立。但如果货币当局的政策系指货币当局增加或减少货币数量时的条件，即：它在通过改变贴现贷款数量或公开市场业务而增加或减少它的资产时所要求的利息率——这也是李嘉图在上面引文中所指明的货币政策，那么，货币政策既不是不起作用，也不意味着只有一种政策才符合长期均衡状态。当然，在极端的情况下，也存在着只有两种可能的长期均衡位置——充分就业的位置以及相当于流动性偏好为无穷大时（即利息率小到不可能再行下降时）的就业量的位置（假设这时的就业量小于充分就业）。处于这种极端的情况，非自愿失业的存在使失业的劳动者之间发生于事无补的剧烈竞争，从而，货币工资被假设为会无限制地下降。此时，假设货币工资具有伸缩性，那么，货币数量会由于流动性偏好的无限的吸纳而不会发生作用，但是，货币当局改变货币数量的条件却成为决定经济活动的一个实际的决定因素。

应该指出，引文的最后的文句表明：李嘉图忽视了资本边际效率可以随着投资量的增减而有所改变。但是，这可以再一次被当做一个例子来说明，李嘉图在理论上比他的后继者具有较大程度的前后一致性。因此，如果就业量和整个社会的心理倾向都被认为是既定的，那么，确实会只存在着一个资本积累率，从而只存在着一个资本边际效率的可能的数值。李嘉图向我们提供了一个卓越的智慧上的成就，而这种成就是那些智慧上的弱者所达不到的。他把一个远离现实的假想世界当做现实世界，却前后一致地置身于假想世界之中。然而，以他的大多数的后继者而论，现实世界的常识不可避免地介入于理论之中——使他们理论的前后一致性受到损害。

Ⅲ

米塞斯提出了一个奇特的利息率理论；该理论为哈耶克教授所采纳。我认为，它也为罗宾斯教授所采纳。它的内容为：利息率的改变也就是消费品价格水平与资本品价格水平的相对变动。[①]这一结论如何得以作出则并不清楚。但是，论证似乎遵循下列方式进行。通过某种异常简单化的做法，新消费品的价格和新投资品价格之间的比例被认为是可以衡量资本边际效率。[②] 然后，把这一比例与利息率等同起来。根据利息率的降低有利于投资这一事实，所以消费品价格和投资品价格之间的比例的降低也有利于

① 参见《货币与信用理论》，第 339 页以及该书的其他部分，特别是第 363 页。

② 如果我们处于长期均衡状态，那么，这可以在特殊的假设条件下得以成立。但是，如果所涉及的价格是萧条状态时的价格，那么，认为企业家在形成他的预期时会假设价格永久不变这一简单化的办法肯定不符合事实。此外，如果他果然如此假设的话，那么，现有的资本品的价格会和消费品的价格作出相同比例的下降。

投资。

通过这种办法，个人储蓄的增加和投资总量的增加之间的关系就被建立起来。其原因在于：人们普遍认为，个人储蓄的增加可以造成消费品价格的下降，而下降的幅度很可能要超过投资品的价格的降低。因此，根据以上的说法，这便意味着利息率的减少，从而会刺激投资。当然，某些资本品的资本边际效率的下降，从而整个资本品的资本边际效率的下降具有和上述论点正好相反的作用。其原因在于：资本边际效率曲线的上升或利息率的下降都能刺激投资。由于把资本边际效率和利息率混淆在一起，米塞斯教授和他的门徒们得到了恰好与正确结果相反的结论。下面阿尔文·汉森的引文为类似的混淆之处提供一个恰当的例证[①]："某些经济学者认为：消费支出减少比消费支出不减少时的净作用是降低消费品价格的水平；作为其后果，对固定资本投资的刺激会因之而降低。然而，这个观点却是不正确的，因为，它把(1)消费品价格的上升和下降对资本形成的影响和(2)利息率的改变对资本形成的影响混淆在一起。诚然，由于支出的减少和储蓄的增加，所以相对于投资品的价格而言，消费品的价格会较低，然而，实质上，这意味着较低的利息率，而较低的利息率会在那些利息率较高时无利可图的行业中引起资本投资的扩大"。

① 参见《经济复兴》，第233页。

第十五章　流动性偏好的心理动机和业务动机

I

现在，我们必须以比较详尽的方式来对在第13章中已经加以初步论述的流动性偏好的动机加以分析。分析的内容在实质上等同于有时在一般著作中的对货币的需求标题下所讨论的内容。分析的内容也与所谓货币的收入流通速度密切有关，因为，货币的收入流通速度纯然表示公众愿把其收入的多大一个比例以现款的形式加以保存，从而，货币流通速度的增加可以被看做流动性偏好的减退的象征。然而，二者并非是相同的事物，因为，个人在流动性和非流动性之间所能进行选择系就他已经积累起的储蓄而言，而不是就他的收入而言。无论如何，"货币的收入流通速度"这一名词具有能导致误解的含义，认为对货币的全部需求量总是与收入保持一定的比例，或与收入保持某种决定性的关系，而事实上，正如我们将要看到的那样，上述的比例和关系仅仅适用于公众所持有的现款的一个部分。这种导致误解的含义使得人们忽视了利息率在其中所起的作用。

在我的《货币论》中，我在区分三个类别之下研究了对货币的需求总量，即：收入存款、业务存款和储蓄存款。在这里，没有必要重述我在该书第3章中作出的分析。然而，个人为了上述三种目的而持有的货币额在实际上却构成一笔笼统的款项；对于这一笔款项，甚至在个人的头脑中未必有严格区分的界线。同一笔款项有时主要代表一种存款，而有时则主要代表另一种存款。由此可见，一个同样好的，也许是更好的研究方式是把在一定情况下的个人对货币的需求总量看成为一次性的决策。当然，决策是许多不同的动机共同造成的后果。

然而，在分析这些动机时，仍然有必要把它们区分为不同的类别。第一种类别大致相当于上述的收入存款和业务存款，而后两种类别则相当于上述的储蓄存款。对于这些类别，我已在第13章中加以概述，并把它们区分为交易动机（这可以进一步被区分为收入动机和业务动机）、谨慎动机和投机动机。

（1）收入动机。持有现款的理由之一是为了在两次收入之间的支付之用。这一动机能导致人们作出持有一定量现款的决策；该动机的强弱程度主要取决于收入的多寡以及两次收入之间的正常期间的长短。在严格的意义上，只有在这一场合，货币的收入流通速度的概念才是适用的。

（2）业务动机。同样，企业也持有现款，以备在得到售货款之前支付业务开支；经营者所持有的在进货和售出之间作支付之用的现款也属于这一种类。这种需求的强弱程度主要取决于现行的产量的价值（从而取决于现行的收入）以及售卖产品时所需要经过的环节。

（3）谨慎动机。为了应付突然需要支付现款的偶然事件以及意外的有利的购买机会。为了持有货币价值不变的资产（即货币）以便偿付将来的货币价值额为固定的债务也是持有现款的另一个动机。

所有上述三种动机的强弱程度均部分地取决于需要现款时以某种暂时借贷的方式取得现款的代价的高低和可靠性，特别是银行透支或类似透支方式的代价和可靠性。因为，如果需要现款时能毫无困难地取得现款，那么，就没有保持闲置不用的现款的必要。上述三种动机的强弱程度也取决于被我们称之为持有现款的相对成本这一名词。如果持有现款的代价是牺牲掉对有利可图的资产的购买，那么，这就会增加成本，从而削弱持有一定量现款的动机。如果存款可以得到利息，或者，持有现款可以免除银行所收取的费用，那么，这便会减少成本，从而加强持有现款的动机。然而，除非持有现款的成本具有很大的变动，这很可能只是一个次要的因素。

(4)还剩下一个**投机动机**。对此，要比对其他动机加以更为仔细的论述，其原因一方面在于一般人对投机动机的理解并不充分，另一方面在于，该动机在导致货币数量的**改变**所造成的后果上，具有特殊的重要性。

在正常情况下，满足交易动机和谨慎动机所需要的货币量主要取决于整个经济制度的一般活动和货币收入的水平。然而，正是由于能利用投机动机的作用，所以对货币数量的控制（或者，在不加控制的情况下，货币数量的自我变动）才能施加对经济制度的影响。因为，由于前两个动机而引起的对货币的需求除了对一般经济活动和收入的实际水平的变动作出反应外，并不受其他因素的影响，而经验表明：为了满足投机动机而引起对货币需求的总量却呈现出随着利息率的不断改变而继续作出改变的状态；就是说：存在着一条具有连续性的曲线，该曲线能显示出满足投机的货币需求量的变动和债券或其他债务证券的价格变动之间的关系。[1]

的确，如果不存在这种关系，那么，"公开市场业务"就会是不现实的。我在上面指出，经验已经表明上述的具有连续性的关系的存在，其理由在于：在正常情况下，整个银行制度在实际上总是能够在市场上通过少量地提高（或降低）债券价格来购买（或出售）债券以便换取现款。银行制度想要通过购买（或出售）债券或债务证券而创造（或消除）的现款数量越多，利息率的下降（或上升）就越大。当然，在公开市场业务的买卖仅限于期限很短的债券的地方（如 1933～1934 年间的美国），它的影响主要限于期限很短的利息率，而对远为重要的长期利息率则具有很小的作用。

在涉及投机动机的事项中，重要之点是区分开在流动性偏好没有改变的条件下由于能满足投机动机的货币供给量的改变而造成的利息率改变和主要由于能影响流动性偏好本身的预期的改变而造成的利息率改变。公开市场业务对这两种情况中的利息率，确实都能产生影响，因为，它不但能改变货币数量，而且还能引起对政府或中央银行的将来政策的预期的改变。由于信息改变所导致的预期变动而作出变动的流动性偏好本身往往具有非连续性，

---

〔1〕 这里所说的"债券或其他债务证券的价格"实际上系指利息率而言。——译者

从而，它所引起的利息率的相应改变也具有非连续性。只有当信息的改变被不同的人作出不同的解释时，或对不同的人的利益造成不同的影响时，才会在债券市场有出现交易活动增加的可能。如果信息的改变对每个人的想法和做法的影响完全相同，那么，利息率（由债务和债务证券的价格所表示的利息率）会立即被调整到与新情况相适应的地步，而不需要任何市场上的交易。

由此可见，在最简单的情况下，当每个人都是相同的并处于相同的地位时，处境或预期状态的改变不会造成任何货币在人手之间的转移。这种最简单的情况会直接把利息率改变到任何必要的程度，以便抵消处境或预期状态的改变在利息率维持原状的情况下，人们会因之而改变他们要持有的货币量的欲望。由于当处境或预期状态改变时，每个人所要求的上述利息率的改变都是相同的，所以不会引起任何货币转手的交易。相应于每一种处境和预期状态，就会存在着一定数值的利息率，而且不会有任何人改变他通常所持有的货币量的问题。

然而，一般说来，处境或预期状态的改变会在人们之间造成货币持有量的某些程度的调整，因为，在现实中，上述的改变会对不同的人产生不同的影响。影响之所以不同，其部分原因在于处境和持有货币的理由有所不同；另一部分原因在于对信息和对新形势的解释有所不同。这样，新的均衡利息率会伴随着货币持有量的再分配同时出现。虽然如此，我们所注意的主要应该是利息率的改变，而不是现款的再分配。后者是来自个人之间的差异的事项，而在上述最简单情况下出现的现象才是实质性的东西。此外，即使在一般情况下，利息率的变动通常是对信息的改变所作出的最主要的反应。正如报纸经常所说的那样，债券价格的变动"与债券交易量相比要远多一些"。这正是应该出现的事实，因为，在对新信息的反应上，人们的相同之处要大于他们之间的差异。[1]

Ⅱ

虽然个人所决定的满足交易动机和谨慎动机的现款数量与他所持有的满足投机动机的现款数量并不完全无关，然而，作为第一近似值的大致说法，我们具有充分理由把这两种现款持有量当做彼此独立无关的事物。因此，在进一步的分析中，我们以上述方式来对我们的问题进行区分。

用 M_1 来表示满足交易动机和谨慎动机所持有的现款数量，M_2 表示满足投机动机所持有的现款数量。相应于这两种类别的现款，我们会有两种流动性偏好函数 L_1 和 L_2。L_1 主要取决于收入水平，而 L_2 则主要取决于现行的利息率和预期状态之间的关系。这样：

$$M=M_1+M_2=L_1(Y)+L_2(r)$$

在这里，L_1 为相当于 Y 收入的流动性偏好函数，该函数中的 Y 决定 M_1，而 L_2 是利息率(r)的流动性偏好函数，该函数中的 r 决定 M_2。由此可见，需要考察的事物有三：(1)M 的改变对 Y 和 r 的关系；(2)什么决定 L_1 的形状；(3)什么决定 L_2 的形状。

---

〔1〕 因为，债券价格的变动反映利息率的变动，而债券交易象征着货币在人们之间的再分配；卖债券的人得到货币，买债券的人失掉货币。这样，债券价格的变动"与债券交易量相比要远多一些"意味着人们的一致之处大于他们的分歧。——译者

(1)M 的改变对 Y 和 r 的关系首先取决于 M 的改变是由何而来。假设 M 为金币所构成，从而 M 的改变只能来自金矿开采的成果的增长，而金矿业又处于我们所考察的经济制度之内。在这一场合，M 的改变首先直接与 Y 的改变有关，因为，新开采出的黄金总会成为某些人的收入。如果 M 的改变系来自政府为了偿付现行开支而增发的纸币，那么，后果与上述相同——在这一场合，新发行的纸币也会成为某些人的收入。虽然如此，新的收入却不会高到 M 的增加量完全变为 M_1 时的水平，因为 M 的增加量的一部分会被用于购买债券或其他资产。这种状况会继续存在，一直到 r 已经降低到如此的水平；处于这一水平，r 的降低在一方面所造成的 M_2 的增长以及 r 的降低在另一方面通过 Y 上升所造成的 M_1 的增长等于 M 的全部增长量时为止。可以看到，这一事例相当接近于下述的另一事例，即：要想发行更多的新货币，必须首先放宽银行制度的信用条件，〔1〕以便诱使某些人向银行出售债券来换取新发行的现款。

因此，我们有足够的理由来把后者当做典型的事例。M 的改变可以被认为是能影响 r 的，而 r 的改变会部分地通过 M_2 的改变和部分地通过 Y 的改变，从而通过 M_1 的改变导致出新的均衡。处于新的均衡位置，新增加的现款（新增加的 M ）在 M_1 和 M_2 之间的分配将取决于投资对利息率的降低所作出的反应，以及收入对投资的增加所作出的反应。① 由于 Y 部分地取决于 r，

〔1〕 在这里，主要指降低利息率（或提高债券价格，因为，降低利息率和提高债券价格在西方金融市场上几乎是相同的事物）。——译者

① 关于什么将决定新均衡状态的特点，我们必须推迟到本书第 5 编讨论。

所以 M 的一定量的改变必然会使 r 具有足够程度的变动，以便使 M_1 和 M_2 所作出的改变的总和等于 M 的上述定量的改变。

(2)货币的收入流通速度究竟应被定义为 Y 与 M 之间的比例，还是应被定义为 Y 与 M_1 之间的比例，人们往往不加以明确的规定。然而，我建议使用后一个定义。用 V 来代表货币的收入流通速度，则：

$$L_1(Y)=\frac{Y}{V}=M_1$$

当然，我们没有理由认为：V 是一个常数。它的数值取决于银行业务和工业组织的特点，取决于社会习惯、取决于不同阶层之间的收入分配，以及取决于持有闲置不用的现款的实际代价。虽然如此，如果我们所考虑的是短期，如果我们有把握来作出假设，认为所有这些因素都没有实质上的改变，那么，我们可以把 V 大致当做为是一个常数。[1]

(3)最后，还有 M_2 与 r 之间的关系问题。我们在第 13 章中已经看到：对于利息率在将来的变化的不肯定性是唯一的合理的解释来说明为什么人们持有代表流动性偏好 L_2 的现款 M_2。因此，一定量数值的 M_2 和一定量数值的 r 之间并没有固定的数量关系——在这里，人们所注意的不是 r 的绝对水平，而是 r 的绝对水平偏离被认为是比较安全的 r 数值的程度，其中的比较安全的 r 的数值系通过概率被计算出来。虽然如此，还存在着两个理由认为：在既定的预期状态下，r 的下降会导致 M_2 的上升。[2] 首先，如果一般人对什么

[1] 这意味着，凯恩斯认为，L_1 的形状基本上不取决于 r(利息率)，而取决于 Y(国民收入)，也就是说：$L_1=L_1(Y)$。——译者

[2] 这就是凯恩斯在(3)中企图说明的主要之点。——译者

构成安全的 r 的看法没有改变，那么，r 的下降会使市场利息率作出相对于"安全的"利息率的减少，从而增加放弃流动性来持有债券的风险加大。第二，r 的下降会减少放弃流动性而持有债券所获得的收益；这种收益可以被看成是一种保险赔偿金，用来抵消由于利息率的变动而造成的债券价值上的亏损；利息率的下降会使这种赔偿金减少，其数值等于新旧利息率的平方之间的差距。例如，如果长期债券的利息率为 4%，那么，除非在权衡得失的概率以后，害怕长期利息率的上升会超过本身的 4%，即每年上升 .16%，否则，就应牺牲流动性来持有债券。[1] 然而，如果利息率已经低到像 2% 的

〔1〕 这里以永久性的长期债券（即每年给予一定量利息直到无穷的期限）为例。假设该债券每年支付的定量利息为 10 元。购买（或持有）该债券的好处有二：其一，每年得到 10 元的利息；其二，如果市场利息率下降（意味着债券市场价格上升），那么，把该债券卖掉可得到价格的差额。但是，购买该债券也有不利之处，即：万一市场利息率上升（意味着债券价格下跌），购买者也会蒙受价格下降带来的亏损。因此，只有当购买者认为，价格下降带来的亏损小于每年的利息时，他才会购买债券。这可以用具体数字加以说明：

在债券的年利息为 10 元的情况下，如果市场利息率为 4%，则债券的市场价格＝$\frac{10}{.04}$＝250 元。

假设利息率上升到（.04＋.04^2＝.04＋.0016）＝.0416，市场价格＝$\frac{10}{.0416}\doteq 240$ 元，

二者的差额＝250－240＝10 元，如果差额大于年利息，人们不会购买该债券。

如果市场利息率为 2%，则债券的价格＝$\frac{10}{.02}$＝500 元。

假设利息率上升到（.02＋.02^2＝.02＋.0004）＝.0204，市场价格＝$\frac{10}{.0204}\doteq 490$ 元，二者的差额＝500－490＝10 元，如果差额大于年利息，人们不会购买该债券。

由此可见，利息率低时（2%）所能容许的利息率波动幅度小于利息率高时（4%）的情况（见狄拉德，《凯恩斯的经济学》，第 179 页）。——译者

地步，那么，每年的利息收入所能抵消的利息率上升的幅度仅为每年.04%。这也许是阻碍利息率下降到很低水平的主要原因。除非人们有理由相信将来的情况会与过去大不相同，那么，已经低到(譬如说)2%的利息率会使他们对利息率在将来上涨的害怕心情大于对其下降的希望，同时，这种低水平的利息率所能提供的利息收入只能补偿很小程度的利息率的上涨。

由此可见，利息率是一个具有高度心理作用的现象。我们将在第5编中看到：它的均衡值不会低于它相应于充分就业时的水平；因为，当它处于低于充分就业的水平时，真正的通货膨胀就会出现，其后果为：M_1 总会吸收掉日益增加的现款。但当利息率高于它的相应于充分就业的水平时，长期市场利息率不仅取决于货币当局的现行政策，而且也取决于市场对货币当局的将来政策的预期。短期利息率易于为货币当局所控制，一方面的原因在于，货币当局不会有困难来使人们相信在很短时期内它的政策不会有很大改变；另一方面的原因是，(除非利息收入接近于零)债券价值的损失和利息收入相比是微小的。但是，一旦长期利息率降低到人们根据过去经验和现在对将来的货币政策的预期而普遍认为的“不安全的”水平时，它便比较难于维持。例如，在一个采用金本位的国家中，如果利息率低于其他金本位国家，那么，这会被认为是由于信心不足而造成的暂时现象。然而，却可以把该国的利息率人为地提高到与金本位国家中最高的利息率(除去风险以后)相等的程度，远远高出与国内的充分就业不相容的地步。[1]

[1] 在这里，凯恩斯所关心的主要是长期利息率，特别是长期利息率太高，以致

这样，被公众认为是试验性的或易于变动的货币政策可以达不到大量减少长期利息率的政策目标，因为，当 r 处于某一既定水平之下时，r 的减少会使 M_2 作出几乎是无限制的增长。另一方面，如果同一种政策被公众认为是合理的、有现实性的、有利于社会的、具有坚强信念的，而且不易改弦易辙的，那么，该政策可以很容易地获得成功。

与其说利息率是一个具有高度心理作用的现象，更加准确的说法也许是，它是一个高度遵循成规的现象。因为，它的数值在很大程度上取决于流行的观点认为它应该是多少。**任何**一个被足够大的信念认为会持久不变的利息率**将会**持久不变。当然，在一个易于变动的社会中，由于种种原因，围绕着这一持久不变的数值，还会有上下的波动；特别是当 M_1 的增长比 M 的增长为快时，利息率会上升；反之，利息率会下降。然而，上下波动所围绕的水平却可以在数十年中长期高于充分就业所应有的利息率数值；特别是，如果流行的观点认为，利息率是会自行调节的，从而，社会成规所决定的利息率水平被当做具有比社会成规远为坚实的客观原因，那么，这样一来，在公众和经济当局的心目中，就业量之所以没有达到最优的数值，与利息率所停留的不合适的水平完全无关。

至此，读者不难看出，要想把有效需求维持在足以保证充分就业的高度，其困难在于，在共同决定有效需求的因素中，长期利息率系由社会成规所决定并且具有相当大的稳定性，而资本边际效

(接上页)影响对机器设备等固定资本项目的投资，从而增加失业。他企图说明，通过货币政策来压低长期利息率是比较困难的(见狄拉德，《凯恩斯的经济学》，第 178～181 页)。——译者

率则易于变动并且还是非常不稳定的。

从乐观方面加以考虑，唯一值得宽慰的希望在于，正是由于社会成规并不根源于确切的知识，所以它对货币当局持续而一贯的有限度的政策措施往往不会过分加以阻挠。社会的共识能相当迅速地适应利息率的温和的下降，从而，在下降后的基础上，社会成规对将来的预期也会作出相应的调整；这样，就为进一步的下降铺设道路——然而，只能在一定的范围内才能如此。英国在脱离金本位后的长期利息率的下降为此提供了一个有意义的例证——利息率的主要变动是通过一系列间断性的下降而得以实现的；随着利息率每一次的下降，公众的流动性偏好函数逐渐与之相适应，从而在心理上作好准备，以便能对再一次下降的信息或当局的政策的刺激作出反应。

Ⅲ

我们可以把上述一切总结成为下面的命题：处于任何既定的预期状态，群众的头脑中存在着某种满足交易动机和谨慎动机以外的持有现款的潜在愿望，而由于这一愿望而持有的现款数量取决于货币当局把货币创造出来时的利息率。流动性偏好函数 L_2 所总结的正是这种潜在愿望。

因此，在其他条件相等的情况下，相应于货币当局所创造出的每一数值的货币量，存在着一个已被决定的利息率，或者，更严格地说，存在着一整套已被决定的不同期限债券的市场利息率。然而，除了货币数量以外，经济制度中任何一个因素的单独变动也会同样使利息率得以决定。由此可见，这里的特殊分析是否有现实意义取决于在现实中货币数量的改变和利息率的改变之间是否存在着特别密切或特别具体的关系。我们认为这种关系确实存在，其原因来自这一事实，即：大致说来，银行制度和货币行政当局都是货币和债券的经营者，而不是资本品或消费品的经营者。

如果货币当局准备按照具体的利息率来买卖一切期限的债券，或者，更确切地说，如果货币当局准备买卖一切不同程度的风险的债券，[1]那么，在一整套利息率和货币数量之间就会存在着直接关系。一整套的利息率不过表示银行制度准备购买或出售债券的条件；而货币数量则构成个人手中所持有的货币——个人对一切有关情况加以考虑之后，宁愿持有具有流动性的现款，而不愿意按照市场利息率所表示的条件，用现款来购买债券。在货币管理的技术上，最重要的可行的改善之处也许是由中央银行按照规定的价格买卖一切期限的优质债券，而不是按照单一的银行利息率买卖短期票据。

然而，在今天的现实中，银行制度能决定债券价格的"有效程度"在不同的体制规定之间存在着差异。有时，对价格的控制在一个方向比在另一个方向要更为有效。就是说，银行制度可以按照某种价格购买债券，但却未必愿意在买价之上加进一小笔转手费来出售债券，从而使买价和卖价尽可能地接近。当然，借助于公开市场业务的使用，没有理由认为，价格控制在两个方向不能都是有

〔1〕 按照具体的利息率来买卖债券就等于说，按照具体的价格来买卖债券。——译者

效的。还存在着一个更为重要的不足之处，即：货币当局总是不愿以相同的经营态度来看待所有的不同期限的债券。在现实中，货币当局往往集中于短期债券，而使短期债券的价格对长期债券价格施加为时已晚和不完整的影响；当然，在这里可以再一次看到，并不存在着当局必须这样做的理由。当这些有限的条件发生作用时，利息率和货币数量之间的直接关系会受到相应的影响。在英国，当局有意控制的范围似乎正在扩大。但在应用这一理论于任何具体的场合时，必须顾及到货币当局在现实中所使用的政策的特点。如果货币当局仅仅经营短期债券，那么，我们必须考虑到短期债券的现在和将来的价格对长期债券所施加的影响。

由此可见，货币当局对不同期限和风险的债券建立一整套利息率的能力具有某些限度。这些限度可以被总结为下列各点：

(1)来自货币当局的限度，因为在现实中，货币当局仅愿经营某一种特殊种类的债券。

(2)由于上面已经论述过的原因，存在着一种可能性，即：当利息率已经降低到某种水平时，流动性偏好几乎变为绝对的，其含义为：几乎每个人都宁可持有现款，而不愿持有债券，因为，债券所能得到的利息率太低。在这一场合，货币当局会失掉它对利息率的有效控制。[1] 虽然这个极端场合在将来可以成为重要的事态，但迄今为止，我还没有看到具体的事例。由于大多数的货币当局不愿意大胆地买卖长期债券，所以没有多少可以实际检验这一事例的机会。此外，如果这一情况当真出现，那么，它意味着，政府本身

〔1〕 这即是西方学者所说的“流动性陷阱”的情况。

可以按照极为低微的利息率向银行制度无限制地借款。

(3)由于流动性偏好曲线变成水平线形状的这一原因[1]，利息率完全失去稳定性的最显著的事例曾经在很不正常的情况中出现。在第一次世界大战以后的俄国和中欧；它们都经历过通货危机或逃避通货的现象。那时，不论以任何条件，都无法诱使人们保持纸币或债券，而处于对货币价值日益下降的预期状态，甚至很高或上升的利息率也不能赶上资本(特别是囤积商品)的边际效率的增长。在1932年的某些时期存在着相反的情况——金融危机或流动性的危机；那时，几乎没有人会受到合理的利息率的引诱而与他所持有的货币相分离。

(4)最后，还存在着在第11章第4节所论述的把有效的利息率降低到一定数值之下的困难，而这种困难在利息率数值低微的时期可以是举足轻重的。困难包括把借款者和放款者拉拢到一起的费用，以及放款者所要求的在纯粹的利息率之上还要添增补偿风险的费用，特别是有关赖债等涉及商业道德的风险的费用。当纯粹的利息率下降时，这并不表明上述的费用和风险会随之下降。由此可见，典型的借款者所必须支付的借款利息率可以比纯粹利息率下降得更慢，从而，使现有的银行和金融机构无法把借款利息率压低到某种最低水平之下。如果对商业道德风险的估计占有相当比重，那么，这一点就变为特别重要；其原因在于，当风险来源于放款者怀疑借款者是否诚实可靠时，即使在意图上是诚实可靠的借款者也无法减少取得借款的高额费用。这一点在短期借款(例

[1] 这里所指的是在利息率很高时，与上面(2)所论述的相反情况。——译者

如，向银行借款）的场合也很重要。在这一场合，借款费用是沉重的——即使放款者的纯粹利息率接近于零，银行还会向它的顾客索取 1.5%到 2%的费用。

Ⅳ

虽然是应该属于以后第 21 章要论述的主题；在这里，有必要概略地说明上述种种与货币数量论之间的比较。

在一个静态的社会，或者，在一个社会中，没有人由于任何理由而对将来的利息率的数值感到不能肯定，那么，流动性偏好函数 L_2 或贮藏货币的倾向（我们也可以使用这一名词）会在均衡状态时等于零。因此，在均衡状态时，$M_2=0$，而 $M=M_1$，从而，任何 M 的改变会使利息率发生波动，一直到收入达到一个水平，而在该水平，M_1 的变动等于 M 的改变量。此时，$M_1V=Y$；在这里，V 是过去已经加以定义的货币的收入流通速度，Y 则为总收入。这样，如果在现实中有可能衡量现行的产量 O 和价格 P，那么，我们会得到 $Y=OP$，从而 $MV=OP$。这和传统形式的货币数量论是大体相同的。[①]

以解释现实世界的目的而论，货币数量论的最大毛病在于未能区别由于产量改变而引起的价格变动和由于工资单位的改变而

① 如果我们不把 V 定义为 $\frac{Y}{M_1}$，而把它定义为 $\frac{Y}{M}$，那么，货币数量论当然就是一个自我等同的真理。它在一切情况下均能成立，但却没有现实意义。

引起的价格的变动。[1] 这一忽略之处也许来源于货币数量论的假设条件:它假设没有贮藏货币的倾向,也假设充分就业的永远存在。可以看到,在这种假设条件下,O 成为常数,M_2 等于零。根据这些,如果我们也把 V 当做常数,那么,工资单位和价格水平都会与货币数量保持直接的比例关系。

① 这一点将在以后的第 21 章中加以进一步论述。

第十六章　关于资本性质的几点考察

I

个人进行储蓄的行为——可以被说成是——今天不吃盛餐的决策。但这一决策并不必然导致一星期以后吃盛餐或买双皮靴的决策，也不导致在任何具体日期消费任何东西的决策。这样，它抑制供应今天的盛餐的工商业，而没有在同时助长供应将来的消费的工商业。它并不是用将来的消费需求来代替今天的消费需求——而是单纯减少今天的需求。此外，对将来的消费的渴望在如此之大的程度上取决于现在的消费的经验，以致后者的减少很可能还要压低前者；其后果为：储蓄的行为不仅会压低消费品的价格，而与此同时又使资本边际效率的数值保持不变，反而在压低消费品价格的同时，还要使资本边际效率的数值降低。这样，储蓄的行为，除了会减少目前对消费品的需求以外，还会减少目前对投资品的需求。

如果储蓄不单纯代表节制目前的消费，而且还同时代表对将来的消费的定货单，那么，它的影响确实可以是很不同的。因为，在这一场合，从投资上所能得到的某些将来的预期收益会得以改善，从而，从供应今天的消费的用途中解放出来的资源可以被转移到供应将来的消费上去。即使在这一场合，转移到供应将来消费上的资源在规模上未必会等于从供应现在的消费中所解放的资源，因为，消费被推迟期间所要求生产过程可以“迂回延长”到如此不合适的程度，以致使为将来消费而生产的资本边际效率远低于现行的利息率水平；其后果为，由于增加将来的消费而造成的对就业量的有利影响并不能立即实现，而是在以后的某个时间才能实现，从而，储蓄仍然可以对就业量具有暂时不利的作用。无论如何，在现实中，个人进行储蓄的决策并不必然导致对将来消费的定货单，而仅仅代表对现在消费的定货单的取消。由此可见，由于满足消费是使就业存在的唯一理由，所以不难理解为什么消费倾向的减少在其他条件不变的情况下会对就业量具有不利作用。

这样，经济问题便会出现。因为，储蓄的行为所意味着的不是用某种具体的消费的增加来代替现在的消费，而这种具体的消费的增加所要求的现在的经济活动量又能等同于由于储蓄而减少的现在消费所要求的经济活动量。储蓄仅仅代表得到“财富”的欲望，即想要得到一种能在任何时间消费任何物品的能力。一种几乎普遍存在的错误说法认为：对有效需求的影响而论，个人储蓄的行为和个人消费行为会造成同样的后果。错误的说法来源于一个看来似乎有道理的谬论，即：由于持有财富欲望的增加和增加对投资的需求大致是同一回事，所以，通过对投资的需求的增加，前者可以刺激投资品的生产，从而，个人储蓄推动现行的投资的程度等于现行消费的减少量在减少前所应推动的投资的程度。

这一谬论却很难加以纠正。它来自一种信念，认为财富所有者想要拥有的是资本资产本身,而他真正想拥有的却是资本资产的未来收益。未来收益则完全取决于对有效需求和供给之间的将来关系的预期。因此,如果储蓄行为不能改善预期收益,那么,它就不能刺激投资。为了使储蓄者能达到他持有财富的目的,并不需要制造出新的资本资产来满足他的意图。正如上面已经说过的那样,储蓄的行为是两方面的,因此,一人的储蓄行为会迫使另一些人把新或旧的代表财富的物品转移到这个储蓄者的手中;当然,这个储蓄者也会由于其他人的储蓄而同样地把财富转到其他人之手。这些财富的转移并不需要创造出新的财富——甚至正如我们已经看到的那样,它们反而可以不利于新财富的创造。新财富的创造完全取决于新财富的预期收益能否达到现行利息率所规定的水平。边际新投资的预期收益并不由于某人意图增加其财富而得以增加,因为,边际新投资的预期收益取决于对某一具体物品在某一具体日期的需求的预期。

上述结论是无法规避的。如果有人进行争辩,认为财富所有者意图得到的并不是固定量的预期收益,而是可能有的最好的预期收益,因此,虽然代表拥有财富欲望的储蓄的增加能减少新投资的预期收益,储蓄者却会满足于得到减少后的这种收益,从而新投资的数量不会受到影响。即使如此,上述结论仍然无法加以规避。因为,进行争辩的论点忽视了这一事实:除了拥有实际的资本资产以外,总是存在着持有财富的另一些办法,即:拥有货币或债券,从而,使新投资品的生产者能进行生产的预期收益不能低于现行利息率所规定的标准。正如我们已经看到的那样,现行利息率并不取决于拥有财富欲望的强弱,而取决于持有流动性资产的财富和持有非流动性资产的财富的欲望的强弱以及这两种财富形式之间的相对供给量。如果读者到现在还有点困惑不解，读者可以问自己：为什么当货币数量没有改变时，新出现的储蓄行为会在现行利息率不变的情况下减少人们愿意以流动性的形式来持有的财富数量。[1]

当我们试图对问题作进一步深究时，更深层次的令人困惑之处还会出现。这些将在下一章中加以研究。

Ⅱ

与其说一件资本品是生产性的，还不如说，在该资本品的寿命期间，它的收益超过它的原有的成本。这里的原因在于，一件资本品由于它在寿命期间能提供服务而得到的收益总和之所以大于它的原有的供给价格，其唯一的原因是它具有稀缺性，并且由于制造资本品所需要的款项要求取得利息这一事实而继续保持其稀缺性。如果资本变为具有较少的稀缺性，那么，收益大于原有的成本的数量就会减少，而与此同时，它的生产性并未减少——至少在物质的意义上是如此。

因此，我欣赏古典学派以前的理论；该理论认为，每一件物品都由劳动生产出来，而协助劳动进行生产的是：(1)过去被称为工

〔1〕 在这里，凯恩斯希望从读者那里得到的答案似乎应该是：在利息率不变的情况下，新出现的储蓄行为会使储蓄大于投资，从而会降低国民收入。国民收入的降低至少使得 L_1(Y)下降。因此，人们愿意以流动性形式来持有的财富数量会减少（参见汉森，《凯恩斯导读》第 155 页）。——译者

艺而现在被称为技术的事物，(2)自由取用的或根据其稀缺或丰富程度而支付代价的自然资源，以及(3)体现在资产中的并且根据其稀缺或丰富程度而具有价格的过去的劳动。因此，应该把包括企业家和他的助手的劳务包括在内的劳动当做唯一的生产要素，而该生产要素则在既定的技术水平、自然资源、资本设备和有效需求之下发生作用。这可以部分地解释，在货币单位和时间单位以外，为什么我们可以只把劳动当做经济制度的唯一物质单位。

确实，某些长期的或迂回的生产过程在物质上是有效率的。但是，某些短期的生产过程也是如此。长期的过程并不因为时间长才具有效率。某些长期过程，甚至大多数长期过程在物质上却非常缺乏效率，因为，时间会造成损坏和浪费。[1] 在劳动大军的数量为既定的情况下，有利地体现于迂回生产过程中的劳动量应该具有一定的限度。除了其他考虑之外，在被安排到制造机器和被安排到使用机器的劳动力之间，必须保持一个应有的比例。随着迂回化越来越大的生产过程的采用，即使劳动的物质效率仍在增加之中，相对于所使用的劳动量而言，产品的最终的**价值量**不会无限制地增长。只有当推迟消费的欲望强大到足够的程度，以致能造成一种情况；在该情况下，充分就业所要求的投资量大到使资本边际效率具有负值时，一种生产过程才会仅仅由于它的时间长而成为有利的。在这种情况下，只要在物质上**缺乏效率**的生产过程具有足够的时间长度，以致能使推迟消费所带来的利益大于生产过程的缺乏效率，那么，我们才应该采用这一过程。实际上，我们

① 参阅马歇尔对庞巴维克所作的脚注，载《原理》，第583页。

会处于这样一种状态；在其中，时间短的生产过程应该被保持在足够稀缺的程度，以便使它们在物质上的效率超过由于生产能在短时期内完成而带来的不利之处。[1] 因此，正确的理论必须能在正反两个方面发生作用，以便能照顾到资本边际效率相当于正或负数值的利息率的情况，而我认为，只有在上面加以概述的稀缺理论才能做到这一点。

此外，还存在着很多方面的理由来说明为什么相对于体现在其中的劳动量而言，某些劳务和设备会成为稀缺的，从而使它们更加昂贵。例如，气味难闻的生产过程必须支付较高的报酬，否则，人们不会从事这一过程的工作。有风险的生产过程也是如此。但是，我们并不据此而形成一个气味难闻或有风险的过程的生产率的理论。总之，并不是所有的劳动都在同样令人满意的境况下得以实现，而均衡的条件则要求在较难令人满意的境况（以气味难闻、有风险或时间的消逝）下被制造出来的物品应该被保持在足够稀缺的程度，以便使这些物品能取得较高的价格。然而，如果时间的消逝成为一个令人满意的劳动境况——这是一个很可能有的情况，并且对许多人而言都是适用的，那么，正如我在上面所说的那样，应该被保持在足够稀缺的程度上的是短期过程。

当生产过程的最优的迂回性的比例为既定时，我们当然要选择尽可能有效率的生产过程，直到达成我们要求的比例时为止。这里所说的最优的迂回比例系指在应有的日期能供应已被消费者

〔1〕 凯恩斯的意思可能是，短时间完成的产品进入市场后，由于推迟消费而造成的购买力的不足会引起这些产品的滞销，从而造成失业问题。——译者

推延了的需求。就是说，处于最优的状态，生产应该以如此的方式加以组织，以便能以最有效率的方式进行生产，而与此同时，又能在消费者的需求变为有效需求时，提供出需求的物品。即使物质的产量可以由于改变交货日期而得以增加，不能按期交货的生产是无济于事的——除了譬如说，像一顿更加丰盛的饭食可以诱使消费者愿意提前或推迟开饭的时间这样的事例以外。如果消费者在得知不同开饭时间的饭食的全部内容以后，决定在八点钟吃饭，那么，厨师的职责就是为该时开饭做出最好的饭食，尽管厨师认为要想做出一顿绝对最好的饭食，不应考虑开饭的时间，从而，开饭时间可以在七点三十分，八点或八点三十分。在社会生活中的某些方面，如果我们推迟开饭的时间，那么，我们可能得到在物质上较好的饭食；但在其他的方面，我们也可能由于提早开饭而得到较好的饭食。正如我在上面已经说过的那样，我们的理论必须能照顾到这两种可能性。

如果利息率为零，那么，对于任何一件物品而言，在平均的生产要素的投入于生产该物品的日期和平均的消费日期之间，都会存在着一个最优的间隔时期，而依据这一间隔日期，劳动具有最小的成本——短于最优间隔的生产过程固然可以由于技术的原因而具有较低的效率，然而，长于最优间隔的生产过程也可以由于储藏费用和物质陈腐具有较低的效率。如果利息率大于零，那么，就会出现一个新的成本项目。由于这一成本项目会随着生产过程的长度而增加，所以最优的生产期间会被缩短，同时，为了将来对该物品的交货而投入的生产要素会被减少，一直到该物品的未来的价格提高到足够的程度来补偿成本的增加时为止——成本的增加一方面来自利息费用，另一方面来自由于缩短生产过程而带来的效率的减少。如果利息率下降到小于零的程度（假设这在技术上是可能的话），那么，后果相反。当消费者未来的需求为既定时，今天把生产要素投入于生产可以说和另一可供选择的办法，即在较后的时期开始生产，相竞争。结果，只有当较后时期开始生产的办法，由于较高的技术效率或未来价格的改变而得到利益不足以补偿从负利息率中而得到微小的收益时，那么，现在开始生产才是值得的。对绝大多数的物品而言，如果想要在比未来消费日期以前的适当期间还要长的时间来开始生产，那么，这会引起较大的技术上的缺乏效率。这样，即使利息率等于零，要想在事先为未来的消费需求进行有利的生产，提前生产的比例具有一个严格的限度。当利息率上升时，今天为未来的消费需求进行有利的生产比例会随之而缩小。

Ⅲ

我们已经看到：资本必须在长期中被保持于足够稀缺的程度，以便能使其边际效率在资本的寿命期间至少等于利息率的水平，而利息率则由心理状态以及社会的组织与结构所决定。这种情况能对某一社会引起何种问题？假设该社会的资本设备已经如此充沛，以致它的资本边际效率等于零，而且随着投资的增长，还会变为负数。与此同时，该社会的货币制度能使货币被“保存起来”的储放费用几乎为零而且又安全可靠，以致在现实中，利息率不能具有负数值。此外，在充分就业的条件下，该社会趋于进行相当大数量的储蓄。

在上述情况下，假设我们从充分就业的境况开始。如果企业家继续能以利用全部既存的资本量的规模来提供充分就业，那么，他们必然要蒙受亏损。因此，既存的资本量必须减少，一直到社会贫穷到使总储蓄量等于零时为止。这时，社会中的某些个人或集体的正数值的储蓄为另一部分人的负数值所抵消。由此可见，对于我们所假设的社会而言，在自由放任国家不加干预的情况下，它的均衡会处于足够低的就业量的位置，而它的生活水平会处于足够困难的状态，以致能使它的储蓄为零。更加可能的情况会是围绕着这一均衡位置作出周期性波动；其原因在于，如果社会中仍然存在着由于对将来的不肯定性而造成的经济活动伸缩的余地，那么，资本边际效率会偶然地大于零，从而导致"繁荣状态"。在随之而来的"萧条状态"，资本的存量在一段时期中可以下降得很低，低于资本边际效率在长期中等于零的水平。假设对将来情况的预期是准确的，那么，能使资本边际效率正好为零的均衡状态的资本存量当然要小于能使现有的劳动大军充分就业的资本存量，因为，正是由于二者的差距，所以能保证储蓄也为零的失业状态才能出现。

唯一的另一种均衡位置将代表这样一种情况：在该情况下，大到足以使资本边际效率为零的资本存量也代表足够大的财富数量，大到等于整个社会在充分就业和利息率为零时所愿意为将来而进行储备的数量。然而，这却是一个不大可能的巧合事件，因为，充分就业时的储蓄倾向未必恰好会在相应于资本边际效率为零的资本存量之点得到满足。由于这一原因，如果这一比较有利的可能性果真能发生补救作用的话，那么，它的作用可能发生之处，并不在利息率等于零之点，而在利息率为零以前的逐渐下降之点。

迄今为止，我们假设，社会体制和组织的因素使持有货币的费用微不足道，从而，使利息率不能具有负数值。不仅如此，在事实上，社会体制和组织的因素以及心理因素在一起发生作用来使利息率只能降低到的远在零以上的限度；特别是我们在上面已经考察过的把借款者和放款者拉拢到一起的费用以及对将来的利息率的不肯定性。这些因素规定一个利息率下限；在目前的情况下，长期债务利息率的下限也许高达2％或2.5％。如果这种说法是正确的话，那么，处于自由放任之中，在利息率不能再下降的条件下，社会难于使财富继续增长这一困难的局面很快会在现实中出现。此外，在现实中，如果利息率下降时可能达到的最低数值高于零很多，那么，在利息率下降到最低水平以前，要使整个社会积累财富的愿望得到满足就会更加困难。

战后的英国和美国的经验向我们提供了现实的例证。例证表明，被积累起来的财富已经达到如此之大的地步，以致它们的资本边际效率的下降要快于利息率在现有的社会制度和心理因素影响下所可能有的降低程度。这一情况在以自由放任为主的社会条件下，妨碍着生产的技术方面本来就可以提供的合理的就业水平和生活水平。

由此可见，假设存在着两个具有相同的生产技术和不同的资本存量的社会，那么，具有较小数量的资本存量的社会却可以暂时比资本存量较多的社会享有较高的生活水平。当然，当资金较贫乏的社会已经赶上资金较富裕的社会之后——可以设想，最终能做到这一点——那么，两个社会都要面临希腊神话故事中的那位点物成金的米达斯国王的命运。显然，这一令人深感不安的结果根源于消费倾向和投资数量都没有按照社会的利益加以人为的控制，而主要是让它们听任自由放任的支配。

当充分就业存在时，投资的数量等于整个社会所愿意进行的储蓄，而利息率则等于资本边际效率。此时，如果——不论由于何种原因——利息率的下降速度不能像资本边际效率的降低那样迅速，那么，即使把积累财富的欲望转向于拥有不能增殖任何财富的资产，也会增加社会的经济福利。以亿万富翁们建造巍然峙立的巨厦来容纳他们活着时的肉体和建造金字塔来保卫他们死后的遗躯而论，或者，为了忏悔他们的罪恶，以他们兴建教堂、捐赠教会或国外布道使团而论，资本充沛损害产品充沛之日会得以推迟。用储蓄款项来偿付“在地上挖窟窿”的费用不仅会增加就业量，而且还会增加由有用的物品和劳务构成的国民收入。然而，当我们一旦理解了这些偶然的、而且往往是浪费性的缓解之法对有效需求的作用之后，明智的社会继续使用它们就会成为不合理的事情。

Ⅳ

我们假设，人们已经采取步骤来保证利息率能符合充分就业情况下的投资量的要求。我们进一步假设，国家的行动已被用作控制的手段来使资本设备的增长逐渐到达饱和点，而与此同时，又使到达饱和点的速度不致对现存的一代人的生活水平构成过分的负担。

在上述的假设条件下，我推测，一个管理良好、具有现代技术所需要的资源而人口增加并不迅速的社会可以在一代人的期间把充分就业均衡时的资本边际效率降低到大致为零的地步；从而，我们的社会应该可以到达一个接近于静止不变的状态；在该状态下，变动和进步纯然来自技术、偏好、人口和体制的改变，同时，资本品和在生产上需要资本量很少的消费品都按照相同的原则来决定价格，即价格与体现在产品中的劳动等形成比例。

我的推测是，要想使资本品充沛到资本边际效率为零的地步是比较易于做到的。如果我的推测是正确的话，那么，这也许是最有意义的方式来逐渐消除资本主义的许多不良的特点。稍加思索就可以感觉到：被积累起来的财富逐渐丧失它的增殖力代表多大的社会变革！人们仍然有自由来把他们取得的收入积累起来以备日后之用。但是，他们被积累起来的财富却不会增殖。他们会像博普之父那样，从商业经营中退休下来并且随身携带一箱金币到他的乡间别墅，并以此来支付他的日常开支。

虽然食利者将会消失，但仍然会存在着企业精神和经营才能发挥作用的余地来对预期收益作出意见可以大不相同的估计。因为，上面所说的主要是就没有把风险或类似的东西考虑在内的纯粹利息率而言，而不是指已经把风险方面的报酬包括在内的资本资产的毛收益。这样，除非纯粹利息率被保持在一个负数值，预期收益带有风险的投资仍然会得到数值为正的报酬。如果规避风险的态度普遍存在，那么，带有风险和不带有风险的资产加在一起也会在一段时间后会取得数值为正的收益。然而，在这种情况下，由于人们过分热衷于从有风险的投资中取得收益，所以这种投资的净收益的总和也有可能成为*负*数。

第十七章 利息和货币的主要性质

I

从以上的论述中来看，货币的利息率在限制就业量的水平上似乎起着特殊的作用，因为，它为有可能被生产出来的资本资产的资本边际效率建立了一个必须达到的标准。骤然看来，这一说法是很令人感到困惑的。于是，我们自然要去探求：(1)货币与其他资产相区别的特点是什么，(2)具有利息率的是否只有货币，以及(3)在非货币经济制度中，会存在着何种情况。在回答这些问题以前，我们学说的重要性不会全部得到了解。[1]

货币利息率——我向读者提醒一下——不过是一笔为契约合同所规定的将来支付的款项超过其现值的百分比。例如，如果是一年以后支付的话，即为一年以后支付时的数量超过该数量的“现期支付的”或该数量的现金价格的百分比。因此，应该可以说，对

---

〔1〕 在本节和下一节中，凯恩斯企图用另一种办法(即用各种商品均具有自己的利息率的说法)来说明，为什么货币利息率往往会高于资本边际效率，而这一事实又给投资量、并因之而给充分就业造成困难，以便为第3节铺设道路。在第3节中，凯恩斯企图论证，货币本身所固有的特点使得货币利息率发生高于资本边际效率的作用。——译者

于每一种资本资产，必然存在着类似货币利息率的东西。其原因在于，相当于"现期交货"的100夸特的（例如）小麦的交换价值，必然存在着一年以后交货的小麦数量。如果这一数量为105夸特，那么，我们便可以说，小麦的利息率为每年5%。如果该数量为95夸特，即为每年负5%。由此可见，对每一种耐久性的商品，我们便有一个用该商品量计算的利息率——小麦利息率、铜利息率、住房利息率，甚至炼钢厂利息率。

对于像小麦那样的商品，市场上的"期货"和"现货"合同的价格的差别和小麦利息率保持一定的关系。然而，由于期货合同上所规定的到期交货的价格是货币单位，而不用现期交货的小麦单位，所以，这里也牵涉到货币利息率。其中的精确关系可以述之如下：

我们假设：小麦的现货价格为每100夸特100镑；而一年以后交货的"期货"价格为每100夸特107镑；又假设货币利息率为5%。这样，小麦利息率是多少？既然现货的100镑能购买到期货的105镑，那么，期货的105镑就能买到$\frac{105}{107}\cdot 100(=98)$夸特的期货。换言之，现货的100镑能买到现在交货的100夸特的小麦，那么，100夸特的现在交货的小麦就能买到98夸特的期货。由此可得到：小麦利息率为每年负2%。[①]

根据以上论述，没有理由认为：不同的商品会具有相同的利息率——即没有理由认为，小麦的利息率应该等于铜的利息率。因为，从市场上的行情来看，不同商品之间的"现货"和"期货"价格的

---

① 这一关系首先为斯拉法先生所指出，见《经济学杂志》，1932年3月号，第50页。

差别显然很不相同。我们将发现，这给我们寻求的东西提供了线索。线索在于，在各种商品的自己的利息率（我们以此方式来称呼各种商品的利息率）中，真正起作用的很可能是其中最高数值的利息率（因为，如果新资本品要想被制造出来，它的资本边际效率必须到达这个最高数值的利息率）；而又具有理由认为，货币的利息率往往是其中的最高数值的利息率（因为，我们将会看到，某些能减少其他商品自己的利息率的力量对于货币的利息率不发生作用）。

我们还可以作一些补充说明：正和任何时候都存在着不同商品的利息率一样，货币经营者都知道，即使是两种不同的货币的利息率也并不相同，例如，英镑和美元的利息率就不相同。因为，在这里，用英镑表示的外国货币的“现货”价格和“期货”价格的差额对不同国家的货币来说，一般是不相同的。

上述任何一种商品都可以被用作像货币那样的衡量标准来衡量资本边际效率。这里，我们可以选择任何商品，例如小麦；计算出任何资本资产的用小麦表示的预期收益；以及能使这一系列预期收益等于用小麦表示的资本资产的现行价格的贴现率。这个贴现率就是该资本资产的用小麦表示的资本边际效率。如果作为衡量标准的两种商品的相对价值在将来没有改变，那么，不论用二者之中的哪一种作为衡量标准，资本资产的资本边际效率是相同的；因为，两种标准的计算资本边际效率的公式的左方和右方的比例仍然相同。然而，如果两种标准的商品的相对价值在将来有所改变，那么，资本资产的资本边际效率会以相同的比例改变，取决于以哪一种商品被用作衡量标准。我们用一个最简单的事例来说明这一点。在该事例中，被用作衡量标准之一的小麦，其货币价值将以稳定的每年 $a\%$ 的比例上升；那么，任何一个资产的以货币表示的其数值为 x 的资本边际效率会变为以小麦表示的 $(x-a)\%$ 的资本边际效率。由于一切资产的资本边际效率会以相同的比例来改变，所以不论何种商品被用作衡量标准，各资本边际效率之间的差别大小仍然相同。

如果存在着某种复合商品，而该复合商品又可以在严格的意义上具有代表性，那么，我们可以把它的利息率和以它为标准计算出的资本边际效率在一定的意义上当做唯一的利息率和资本边际效率。但是，这样做所面临的困难当然会和建立一个唯一的价值标准所面临的困难一样。

可以看到：到目前为止，货币利息率并不比其他利息率更具有代表性，而是处于和其他利息率相同的地位。既然如此，那么，过去各章对货币利息率所赋予的在现实中的重大意义究竟来自它的哪一些特殊之处？为什么产出量和就业量更加密切地与货币利息率有关，而不是和小麦利息率或房屋利息率有关？

Ⅱ

现在我们考虑一下不同类型的资产在一段时间（譬如说，一年）中的商品利息率的可能有的情况。由于每一种商品依次被当做衡量标准，所以每种商品的收益都由它本身的数量所衡量。

不同的资本资产在不同的程度上具有下列三个特点，即：

(1)通过其在生产过程中的作用，或其给消费者提供的服务，某些资产可以生产出一个收益或产品，q。

(2)除了货币以外，不论是否被用于实际的生产之中，大多数资产会仅仅由于时间的进展而遭受耗损或引起某种费用(除了资产之间的相对价值的改变以外)。就是说，它们会引起一种以它自己的单位来衡量的保管费 c。以我们现在的目的而论，究竟怎样区别在计算 q 时应减去的费用，还是在计算 c 时应加上去的费用都是无所谓的事情，因为，我们在以后所要关心的纯然是 $q-c$。

(3)最后，资产在一段时期中能被换成现款的能力代表该资产的潜在的方便之处或安全之处。尽管各种资产可以具有相同的最初的价值，但是，这种方便或安全之处可以不同。它们可以说是不能由期终时的产量所表现出来的，但是，为了它们，人们却愿意支付一定的代价。人们愿意为了这种换成现款的能力所具有的潜在的方便或安全之处而支付的(除了资产的收益或保管费以外)代价被我们称之为资产的流动性升值，l。

由此可见，在一段时期中拥有一件资产的收益应该等于该资产的收益减去它的保管费再加上它的流动性升值，即为：$q-c+l$。就是说：$q-c+l$ 是任何商品自己的利息率；在这里，q、c 和 l 都以该商品自己作为衡量单位。

正在使用中的资本(如一架机器)和消费资本(如一座住宅)的特点是它的收益(q)在正常情况下应该大于它的保管费(c)，而它的流动升值(l)很可能为可以忽视不计。对于一定量具有流动性的商品或对于多余而闲置不用的生产或消费资本而言，它们的特点是承担保管费而又没有任何收益与之相抵消；与此同时，只要它们的既存数量超过有限的水平，除了特殊情况以外，它们的流动性升值通常也可以忽视不计。对于货币而言，它的收益为零，它的保管费可以忽视不计，然而，它的流动性升值却相当大。诚然，不同的商品之间可以具有不同程度的流动性升值，而货币也会具有某种程度的保管费，如安全保管费用。但货币和其他一切(或大多数)资产之间的实质性差别在于：货币的流动性升值大大超过其保管费，而其他商品的保管费则大大超过它们的流动性升值。为了说明这一问题，我们假设住宅的收益为 q_1，其保管费和流动性升值均可以忽略不计。小麦的保管费为 c_2，其收益和流动性升值均可以忽略不计。货币的流动性升值为 l_3，其收益和保管费均可忽略不计。就是说：q_1 是住宅利息率，$-c_2$ 是小麦利息率，而 l_3 则是货币利息率。

为了决定不同种类的资产在均衡状态下的预期收益之间的关系，我们还必须知道各资产的相对价值在一年中估计会有的变化。用货币(这里所需要的只是作为记账单位的货币；我们也同样可以使用小麦)作为我们的衡量标准，假设住宅的升值(或降值)比例预期为 $a_1\%$，小麦的升值比例预期为 $a_2\%$。我们已经把 q_1、$-c_2$ 和 l_3 称为住宅、小麦和货币的自己的利息率；就是说：q_1 是以住宅来衡量的住宅利息率，$-c_2$ 是以小麦来衡量的小麦利息率，而 l_3 是以货币来衡量的货币利息率。用货币作为衡量标准，a_1+q_1、a_2-c_2 和 l_3 也可以顺次被称为住宅折算成货币后的利息率、小麦折算成货币后的利息率以及货币折算成货币后的利息率。使用这种符号，可以很容易看到：愿意持有财富的人是否需要持有住宅、小麦或货币取决于 a_1+q_1，a_2-c_2 和 l_3 之中何者最大。由此可见，在均衡时，以货币衡量的住宅和小麦的需求价格会处于如此的状态；在这种状态下，各种选择的利益不会具有差别——即：a_1+q_1，a_2-c_2 和 l_3 要**相等**。对于这一结果，衡量标准的商品的选择不会造成影响，因为，从一种标准转变成另一种会对全部三项作出相同的改变，即等于新标准对旧标准所造成的应有的增值（或减值）量。

那些其正常的供给价格小于其需求价格的资产会被生产出来；而这些被生产出来的又是那些其资本边际效率（根据正常的供给价格被计算出来）大于其利息率（资本边际效率和利息均用相同的价值标准来衡量，不论衡量的标准为何）的资产。对在开始时，其资本边际效率至少等于利息率的资产而言，当它的数量增加后，它的资本边际效率显然要趋于下降（其原因非常明显，已在过去加以论述）。因此，**除非利息率同步下降**，那么，就会到达生产这些资产不再有利可图之点。当没有任何一种资产的资本边际效率大到足够等于利息率时，资本资产的进一步生产将会停止。

我们假设（仅仅作为我们论证的目前阶段的一个假说），存在着某种其利息率不变（或当其产量增加时，它的利息率比其他商品的利息率作出比较缓慢的下降）的资产（如货币）。在此种资产存在的条件下，情况将如何进行调整？由于 a_1+q_1、a_2-c_2 和 l_3 必然相等，而且，根据假设条件，l_3 不是固定不变，便是作出比 q_1 或 $-c_2$ 较为缓慢的下降，所以 a_1 和 a_2 必然上升。换句话说：相对于它们的将来价格而言，除了货币以外的其他商品的现在价格趋于下降。因此，如果 q_1 和 $-c_2$ 继续下降，除非被估计为上升的将来的生产成本大于现在成本的差额足以补偿产品在现在和将来之间的保管和其他费用，那么，生产任何商品均无利可图之点就会到来。

现在显然可以看到，我们过去的货币利息率对产量施加限制的说法并不是完全正确的。我们应该说的是：当资产数量普遍增加时，货币资产的利息率下降最慢，而这一事实最终会使其他资产的生产无利可图——除非在上面刚刚说过的那种偶然情况下，在现在和将来的生产成本之间存在着特殊关系。因为，当产量增加时，其他各资产的自己的利息率会一个又一个地以比较快的速度下降到有利可图的生产所要求的水平以下——一直最终达到一种或更多种资产自己的利息率处于超过任何资产的资本边际效率的地步。

如果货币仅被用作价值标准，那么，可以明白地看到：货币利息率并不必然是造成上述困难的原因。然而，我们不可能使用法令，把小麦或住宅，而不把黄金或英镑当做价值标准，并仅仅以这种办法来把困难解决掉。其原因在于，现在的事态似乎是，只要存在着任何其自己的利息率随着产量的增加而难于下降的资产，同样的困难仍然存在。例如，黄金会继续在一国中充当这种利息率下降相对缓慢的资产，即使该国已经变成行使不兑现纸币的国家。

Ⅲ

因此，在赋予货币利息率以特殊的重要性时，我们已经暗中作出了假设条件：我们通常所使用的货币具有某些与众不同的特点；而当其产量增加时，这些特点又使货币以自己作为衡量标准的利息率比任何其他资产的以自己作为衡量标准的利息率难于下降。

这一假设条件是否合理？经过思考，我认为，为我们所熟知的货币的一般特点可以证实上述假设条件的合理性质。由于已经被认为是价值标准的货币具有这些特点，所以货币利息率是唯一重要的利息率这一结论能够成立。

(1)导致上述结论的第一个特点是：不论在长期还是在短期中，如果不管货币当局的行动，而仅就私有企业的能力而论，货币具有零值的或最多也是很小的生产弹性。在这里，生产弹性①的意思是：用于生产货币的劳动量的比例的改变除以单位货币所能购买到的劳动量的比例的改变。就是说，货币不能很容易地被生产出来——当以工资单位来衡量的货币价格上升时，企业家不能随意增雇劳力来用于增产货币，而对其他商品的生产，企业家则能这样做。在一个使用不兑现纸币的管理通货的国家中，这一情况完全符合事实。然而在金本位国家中，情况也大致如此，其原因为：除非该国的采金业属于主要的行业，否则，能被用于采金的添增劳动量的最大比例仍然微小。

对那些有生产弹性的资产而言，我们之所以假设它们自己的利息率下降的理由在于：我们认为，随着产量的提高，它们的存量便要增加。然而，对于货币而论——暂时不去考虑工资单位减少的影响以及货币当局有意识地增加货币供给的影响——它的数量却是固定的。因此，货币很难通过劳动的使用而很快地被制造出来的这一特点可以向我们提供初步理由来表明：相对说来，货币自己的利息率很难下降。另一方面，如果货币像谷物那样能够生长

① 参见第20章。

出来，或像汽车那样能被制造出来，经济萧条将会得以避免或得以缓和，因为，如果以货币表示的其他资产的价格下降，那么，更多的劳动量被转移到生产货币——正像在有采金业的国家的情况那样，虽然就整个世界而言，这种方式的最大转移量几乎是可以忽略不计的。

(2)然而，上述特点不仅为货币所特有，而且也为一切收取纯租金[1]的生产要素或商品所共有，因为，制造这些生产要素或商品是完全没有弹性的。因此，必须提供第二个特点，以便把货币和那些纯租金的生产要素或商品加以区别。

货币的第二个能加以区别的特点在于：它的替代弹性等于、或几乎等于零；其意义为：当货币的相对价值上升时，并不存在用其他要素或商品来代替它的倾向——除非在微不足道的程度上，用于制造货币的商品也被用于制造业或工艺品这一情况。第二个区别特点来源于货币的独特之处，即：货币的效用纯然取决于它的交换价值，从而，货币和其他商品的交换价值会作出同比例的上升或下降，其结果为，当货币的交换价值上升时，并不存在着用其他要素来代替它的动机或倾向，不像在纯租金的生产要素或商品的情况下所要做的那样。

由此可见，当货币的以劳动表示的价格上升时，不仅不可能使用更多的劳动来把它生产出来；而且，当对货币的需求增加时，由于货币价格的上涨不像在纯租金的生产要素或商品的情况下那样

---

[1] 当生产要素或商品的数量大致不变时，它们所取得的报酬或代价被西方学者称为纯租金，如地租。——译者

能把需求转移到其他价格没有上涨的物品，所以货币还是吸收购买力的无底洞。

对这一点的唯一限制条件为，当货币价值的上升使人们对能否在将来维持住这一上升的价值产生怀疑时，a_1 和 a_2 便会增加。这就等于增加商品的货币利息率，从而会刺激其他资产的产量。

(3)即使货币数量不能通过转移劳动力于货币生产而得以增加，然而，它的有效的供给量全然不变这一假设条件还是有不精确之处。特别是，当工资单位的减少会使货币从其他的用途中解脱出来[1]，以便满足流动性偏好的动机；与此同时，当以货币表示的价格下降时，货币存量会占有社会总财富的一个较大的比例。我们应该考虑到这一事实是否会改变我们的各种结论。

按照纯理论的分析，我们不可能否定上述反应是可以使货币利息率作出适度下降的。然而，却存在着几个理由；这些理由在一起可以形成有力的论据来证实为什么在我们身处其境的经济类型中，货币利息率往往很可能难于作出适度的下降：

(a)首先，我们必须顾及到工资单位的下降也会使以货币衡量的其他资产的资本边际效率作出反应——因为，我们所关心的是由此而引起的资本边际效率与利息率之间的差额。如果工资单位下降的影响是造成它以后还会再度回升的期望，那么，结果会是完全有利于我们的论点。如果影响的方向相反，即造成进一步下降的期望，那么，资本边际效率对此作出的反应可以抵消利息率

〔1〕 工资单位的减少意味着货币的购买力增加，因此，所需要的流通中的货币量降低。——译者

的下降。[①]

(b)以货币衡量的工资趋于粘着不变,即货币工资比实际工资较为稳定这一事实会对以货币衡量的工资单位的下降施加限制。此外,如果事实不是如此,那么,处境会变为更坏,而不是更好;因为,如果货币工资易于下降的话,这可能造成工资会进一步下降的预期,其影响会不利于资本边际效率。还有,如果工资被固定在某种商品(如小麦)之上,那么,工资就不大可能继续粘着不变。正是由于货币的其他特点——特别是使它具有流动性的特点——所以被固定于货币之上的工资才具有粘着不变的性质[②]。

(c)第三,我们到达了这里论述的最基本的考虑之点,即货币能满足流动性偏好的特点。这一特点在这里之所以成为最基本的考虑之点,原因在于:在某种经常面临的境况中,这一特点会使利息率不对货币数量相对于其他形式的财富的甚至大量增加作出反应;特别是当利息率处于某一低数值之下时,更是如此[③]。换句话说:超过一定低数值之时,货币由于流动性而得到的利息率很难随着自己数量的增加而作出下降的反应;即使有所反应,它也微弱到远远赶不上其他种类资产对自己的相似的增加所作出的反应。

在上述情况下,货币的保管费的低微(或可忽略不计)能起着关键性的作用。因为,如果保管费为数甚大,那么,它会抵消持有货币在将来所能得到的好处。公众之所以对流动性所带来的比较

---

① 这个问题将在下面第 19 章中进一步加以考察。

② 如果工资(或契约)被固定于小麦之上,那么,小麦也可能由此而获得货币的某些流动性升值——在下面第(Ⅳ)部分,我们将回到这一问题。

③ 见前面第 177～178 页。

微小的有利之处(不论是真实的还是被设想的),很容易作出增加他们的货币持有量的反应,原因就在于:货币的低微的保管费可以使他们不考虑随着时间的推移而带来的大量保管费的抵消作用。然而,在除了货币以外的其他商品的场合,为数不多的商品储存数量固然可以向商品使用者提供某些方便之处。但是,在面临储存较大数量的商品的问题时,即使它代表一笔价值稳定的财富而值得去做,这种有利之处也会为商品的储存费、耗损等费用所抵消。因此,在某一数量以后,持有较大的储存数量必然会蒙受亏损。

然而,在货币的场合,正如我们已经看到的那样,情况并不如此——而且,不如此的情况是由于一系列的原因,即那些使人们认为货币是最"具有流动性"的原因。因此,对此寻求补救之道的改革家们企图为货币制造出人为的保管费,即要求货币必须按期缴纳一定费用来在其上加盖印记或类似的标志,才能继续保持其货币的资格。这些人的思路是正确的,而且,他们的建议的实用性不容忽视。

因此,货币利息率的重要性质来自货币的三个特点的共同作用,即:第一,通过流动性偏好动机的作用,货币利息率可以在相当的程度上不对货币数量在以货币衡量的一切形式财富中所占有的比例的改变作出反应;以及第二和第三,货币具有(或可以具有)零值的(或可以忽略不计的)生产弹性和替代弹性。这里的第一个条件意味着,对财富的需求可以主要集中于对货币的需求;[1]第二

[1] 意思是说:当对其他代表财富的资产的需求(如对住宅的需求)增加时,供给的增加会减少住宅资产的资本边际效率,从而能减少对该资产的需求量;然而,由于利息率的下降程度轻微,甚至不变,所以即使货币的供给量随着需求量的扩大而上升,利息率很难起着抑制需求的作用。——译者

个条件意味着，当这种情况发生时，劳动不能被使用于制造出更多的货币；而第三个条件意味着，虽然某些其他的商品，其价格低廉到足以能代替货币的职能，但它们也无法减少对货币的需求。唯一的缓解之法——除了改变资本的边际效率以外——可以来自（假使对流动性的偏好不变的话）货币数量的增加，或来自——在理论上是一回事——货币价值的增加，从而能使相同数量的货币提供更多的货币方面的服务。

由此可见，当货币利息率提高时，在对利息率具有弹性的一般商品的生产会受到抑制，而与此同时，货币的生产却不能得以提高（根据假设条件，货币的生产完全缺乏弹性）。通过其决定其他的商品利息率的作用，货币利息率在妨碍对其他商品生产的投资的同时，又不能刺激对货币生产的投资，因为，根据假设，货币是不能被生产出来的。此外，由于来自投机动机的对货币的需求相对于利息率而言富有弹性，所以对这种需求的少量改变不会对货币利息率产生很大影响；与此同时，由于货币生产缺乏弹性（除了官方采取行动以外），所以要想通过对货币供给量的自然调节作用来降低利息率是不现实的。在普通商品的场合，情况则不是如此。由于把这种商品作为流动性资产而持有的数量缺乏弹性，所以需求方面的轻微变动便会使它自己的利息率急剧上升或下降，而与此同时，供给的较大的弹性又使得它的现货价格不致过多地高于期货价格。因此，如果听任普通商品放任自流，那么，“自然力量”，即市场的一般作用，会降低它的利息率一直到充分就业出现时为止。在此以后，普通商品的供给也会缺乏弹性，正如我们所假设的货币在正常状态时缺乏弹性的特点那样。由此可见，在没有货币以及没有——我们只能假设如此——任何具有货币特点的商品的情况下，各种利息率只有在充分就业时才能达到均衡状态。

就是说，失业之所以出现，原因在于，人们意图得到像月亮那样得不到的东西——当人们意图得到的对象（即货币）是不能被生产出来的东西，而这种意图又不能轻易加以抑制时，人们便不可能受到雇用。唯一的解决之道是说服公众，使他们理解，纸币也是货币；然后，建立一个由国家控制产量的纸币工厂（即中央银行）。

值得注意的一个有意思之处是：在传统上被认为是使黄金特别适合于充当价值标准的特点，即它的供给缺乏弹性，最终恰恰成为造成问题的根源的特点。

我们的结论可以用最一般的形式（假设消费倾向不变）表达如下。当一切现有资产自己的利息率中的最大者等于一切资产的资本边际效率（用自己的利息率最大的资产作为衡量单位）的最大者时，投资量即不可能再行增加。

在充分就业状态，上述条件必然会得到满足。但如果存在着某种资产，它具有零值的（或相对小的）生产弹性和替代弹性，①而在产量增加时，它自己的利息率又比以它本身衡量的各种资产的资本边际效率下降较慢，那么，在充分就业到达以前，上述条件也会得到满足。

Ⅳ

我们在上面已经说明，一种商品被用作价值标准并不构成该

① **零值的**弹性比所需要的必要条件要更为严格。

商品的利息率成为唯一重要的利息率的充分条件。虽然如此，我们仍然有兴趣来考察一下：我们所知道的那些使货币利息率成为唯一重要利息率的特征在何种程度上来源于货币被用作债务与工资的衡量标准这一事实。对这个问题，需要在两个方面加以考虑。

首先，契约系用货币标准加以规定，而货币工资又通常比较稳定；这一事实毫无疑问使货币具有很高的流动性升值。如果持有一种资产，其单位和将来要偿付的债务的单位相同，而且能以相对稳定的方式来支付将来的生活费用，那么，持有这种资产的方便之处是显而易见的。与此同时，如果使用一种在产量上具有高度伸缩性的商品作为价值标准，那么，人们会怀疑生产这种商品的货币成本在将来是否还能保持相对的稳定。此外，货币的低微的保管费在使货币利息率成为唯一重要利息率上所起的作用并不亚于货币的流动性升值。在这里，关键性的事实是流动性升值和保管费之间的差额。除了金、银和银行券以外，大多数商品的保管费至少要等于作为契约和工资的价值标准的商品通常所具有的流动性升值，从而，即使把目前（例如）英镑所具有的流动性升值转移到（例如）小麦之上，那么，小麦的利息率仍然很难超过零值以上。由此可见，虽然契约和工资按照货币作为价值标准来加以规定这一事实在相当大的程度上提高了货币利息率的重要性，然而，这一事实本身很可能不足以造成已知的货币利息率的特征。

需要考虑的第二点是比较微妙的。在正常情况下，人们会预期以货币为衡量标准的产品价值要比以任何其他商品来衡量的产品价值更加稳定。这一事实当然并不取决于工资系以货币为单位加以规定，而取决于以货币单位规定的工资具有粘性。既然如此，如果以货币之外的一种或多种商品为衡量单位的工资被预期为比以货币为衡量单位的工资更加具有粘性(即更加稳定),那么,情况将会如何?这种预期情况的出现不但要求所涉及的商品的以工资单位来衡量的成本相对不变——不论生产规模是大还是小,不论时期是长还是短,都要如此——而且还要求按成本出售后的多余产品能被存放起来而又没有额外的费用,也就是说,该商品的流动性升值超过它的保管费(否则,由于没有希望从较高的价格中取得利润,把该商品存放起来必然会造成亏损)。如果能找出满足这些条件的商品,那么,该商品肯定可以被用做货币的代替品。由此可见,从逻辑推理上看,并不是不可能找出一种商品,而用该商品为单位衡量的产量的价值比以货币为单位来衡量的产量的价值更加具有稳定性。但从事实上看,这种商品的存在似乎不大可能。

因此,我作出结论,被预期为能使工资最有粘性的作为衡量单位的商品不可能不是具有最小数值的生产弹性的商品,也不可能不是其保管费超过流动性升值的数额最小的商品。换句话说,人们之所以预期以货币为衡量单位的工资具有相对大的粘性,其原因在于,货币比任何其他资产都具有较大的流动性升值超过保管费的部分。

根据以上的论述,可以看到,联合在一起使得货币利息率成为唯一重要利息率的各个特点又在相互之间加强各自的作用。货币具有低数值的生产弹性、替代弹性和管理费这一事实会提高人们的预期,认为货币工资会是相对稳定的;而这一预期又会增加货币的流动性升值并且使货币利息率和其他资产的边际效率之间不能形成共同升降的密切关系。如果存在着这种关系,那么,货币利息率便会失去它的重大作用。

庇古教授(还有其他人)总是作出假设,认为实际工资要比货币工资来得稳定。这种假设只有在假设就业量也比较稳定时,才能成立;此外,还有另一个困难之处,即,工资品具有高额的保管费。如果人们试图把工资固定于工资品之上,并以此稳定实际工资,那么,其后果是只能使以货币计算的价格作出剧烈波动。其原因在于,消费倾向和投资诱导的每次微小的改变会使价格在零和无穷大之间剧烈波动。[1] 货币工资比较实际工资来得稳定是经济制度保持固有的稳定性的条件之一。

由此可见,认为实际工资相对稳定的见解不仅不符合于事实和经验,它也犯了逻辑上的错误。如果我们认为,我们所考察的经济制度是稳定的,即消费倾向和投资诱导的微小改变不会造成价格的剧烈波动,那么,实际工资相对稳定的见解是与此相矛盾的。

V

作为对上面论述的一个进一步的补充,值得强调的是,上面已论述过的"流动性"和"保管费"都是相对大小的问题。"货币"的特点不过在于它的前者相对说来高于后者。

例如,考察一个经济制度;在其中,不存在流动性升值总是大

〔1〕 例如,如果想要稳定实际工资,那么,货币工资必然要随着物价指数的升降而作出相应的改变。这样,由于消费倾向和投资诱导的改变而导致的物价升降会引起货币工资相应的升降。后者的升降反过来又会加强前者的幅度。二者的相互作用最终会使物价在零和无穷大之间剧烈波动。——译者

于保管费的资产。这种情况是我能给所谓“非货币”经济制度作出的最精确的定义。换言之，在该制度中，只存在着具体的消费品和具体的资本设备。资本设备大致按它们所能制造的或有助于制造的消费品类别，以及制造所需要的时间长短加以区分。所有这些物品都不像货币那样，它们在储存时会遭受耗损或引起开支，其总和大于它们所具有的流动性升值。

在这种经济制度中，资本设备会在三个方面有所区别：(a)它们所生产的消费品不同；(b)它们产品价值的稳定性不同(其意义为，随着时间的进程，面包比时髦的物品要具有较稳定的价值)；以及(c)它们所体现的财富能够被“流动化”的迅速程度，其意义为，如果需要的话，售卖它们的产品的所得能被重新体现于形式相当不同的物品之中。

于是，财富所有者便一方面考虑各种资本设备的上述意义上的“流动化”的能力，另一方面作出对它们(减去风险以后的)预期收益的最优估计，并且对二者加以权衡，以便决定持有何种财富。可以看到，流动性升值和风险费具有相同的地方，也具有差别之处——差别之处相当于我们能估计出的最优概率和在进行估计时我们所具有的信心之间的差别。[①] 在过去几章中，当我们论述对预期收益的估计时，我们并没有进一步论述估计数字是如何得到的，而且为了简单化起见，我们也没有分开来自流动性的差别和来自风险本身的差别。然而，在计算商品自己的利息率时，二者当然都必须加以考虑。

① 参见上面第152页脚注。

显然，"流动性"并没有一个绝对的标准，却只存在着一个流动性程度的大小序列——即在估计持有不同财富形式的各种有利之处时，除了使用财富所带来的收益和持有财富的保管费以外，还必须考虑一系列的升值。"流动性"的内涵是一个意义有点含糊不清的概念；它随着时间的差异而有所不同，并且取决于社会成规和制度。然而，关于流动性，在任何既定时间存在于财富所有者头脑中并且被显示出来的偏好程度是固定的，而且足以构成我们为了分析经济制度所需要的一切。

在某些历史条件下，持有土地在财富所有者的头脑中曾经被认为是具有高额的流动性升值。由于土地的低数值的生产弹性和替代弹性类似于货币，[①]所以能够设想，在历史的片断中，持有土地的欲望和现代的持有货币的欲望一样，把利息率维持在过高的水平。要想把这一作用加以数量化是困难的，因为，我们缺乏土地的能与货币债务的利息率严格相比的期货价格（以土地自己的单位衡量）。虽然如此，我们有时却可以找出非常类似的东西，即抵押土地时的高额利息率。[②] 抵押土地时的高额的利息率往往高于种植土地所可能得到的净收益，这是许多农村经济社会中的常见

① "流动性"的属性绝对不独立于这两个特点的存在之外。因为，在财富持有者的头脑中，如果一种资产的供给量可以轻易地增加或者对这种资产的需求可以通过相对价格的改变而轻易地被转移到其他资产上去，那么，在财富持有者的头脑中，这种资产不大可能被认为是具有"流动性"的属性。

② 抵押借款及其利息确实是用货币加以规定的。但抵押者有权选择用被抵押土地本身来清偿借款——如果他到期无钱偿付的话，他也必须用土地来偿债——这一事实在一定程度上使抵押制度近似于一个用土地的期货来偿付土地的现货的契约。也有地主根据抵押制度把土地出售给佃户的事实。这非常接近于期货和现货的交易。

事实。禁止高利贷法律主要在于反对这种借款，而且，这样做是对的。因为在较早期的社会组织中，现代意义上的长期债券是不存在的。如果抵押放款的利息率太高，那么，它会妨碍目前对新的资本资产的投资，从而，会对财富的增长具有阻挠作用，正和在现代时期中的长期债券的高额利息率所起的作用一样。

经历了数千年持续不断的个人储蓄以后，世界在资本资产的积累上还是如此贫乏；其原因，按照我的意见，并不在于人类节俭欲望的不足，甚至也不在于战争的破坏，而在于过去对土地、现在对货币所赋予的高额的流动性升值。在这一点上，我不同意较老式的观点；这种观点被马歇尔以异常肯定的方式在他的《经济学原理》第581页中表达出来：

> “每个人都知道，财富的积累之所以受到抑制，利息率之所以能维持住，其原因在于，人群中的大多数都偏爱现在的欲望的满足，而不是留待未来的对欲望的满足；即在于他们不愿意进行‘等待’”。

Ⅵ

在我的《货币论》中，我把我意图中的唯一利息率称为利息的**自然率**，并且对它下了定义——用我在《货币论》中使用的名词来说，即能使储蓄量（按照我在该书中的定义）和投资量相等的利息率。我当时相信，我的定义是威克赛尔的“自然利息率”的发展和明确化。按照他的说法，自然利息率是能保持某种没有被他很明确地加以规定的价格水平稳定性的利息率。

然而，我在当时所忽视的事实是，根据这个定义，任何社会在每一就业水平都会有一个不同的自然利息率。同样，相当于每一个数值的利息率，都存在一个使该利息率成为“自然率”的就业水平；其意义为，在该自然率和就业水平，经济制度会处于均衡状态。由此可见，涉及唯一的自然利息率的说法以及不论就业水平为何而根据上面定义均可得到唯一数值的利息率的说法都是错误的。在当时，我还没有懂得，在一定情况下，经济制度可以处于小于充分就业的水平。

我现在认为，过去被我当做在学术发展上似乎是有前途的“自然”利息率的说法对我们现在的分析不会有多大用处和重要性。它不过是维持现状的利息率，而一般说来，我们对维持现状本身并没有很大兴趣。

如果存在着这种能被称为唯一和重要的利息率，那么，它似乎应该被我们称之为中性利息率[①]；即在既定条件下，在上述意义的一系列自然利息率中符合充分就业的那个数值的利息率。对那个数值的利息率，也许称它为最优利息率较为恰当。

可以把中性利息率较为严格地定义为：一种特殊状态下的利息率；在这种状态下，产量和就业量所达到的水平使整个经济制度的就业弹性为零。[②]

上面的论述再度解答了一个问题，即，要想使古典学派的利息

① 这一定义并不符合近来的学者对中性的货币所下的许多定义；虽然我的定义也许与这些学者头脑中所设想的内容有关。

② 参阅下面第 20 章。

理论具有意义，应该具备的假设条件是什么。古典学派的利息理论可以假设实际利息率总是等于我们刚才为之下定义的中性利息率；也可以假设，实际利息率总是等于能把就业量维持在某一不变水平的利息率。如果按照这种方式对传统的古典理论加以解释，那么，我们对它的结论很少会提出异议，或根本没有异议。古典理论假设：货币当局或市场的自然力量能使市场利息率满足上述两个条件之一，而它所考察的是，在这一假设条件下，什么规律支配社会资源的应用与报酬。受到这一假设条件的限制，产量的大小纯然取决于已经被假设为不变的就业水平以及当时的设备和技术。这样，我们就安全地置身于李嘉图的世界之内。

第十八章　对就业通论的复述

I

现在，我们已经达到能把我们论证的各个论点加以综合之处。首先，我们分辨清楚在经济制度中，哪一些是通常被我们当做既定的因素，哪一些是我们经济制度中的自变量，以及哪一些是因变量。

被我们当做既定的是，现有的技能和劳动量、现有设备的质量和数量、现有的技术水平、竞争强烈的程度、消费者偏好和习惯、不同强度劳动的负效用、监督与组织活动的负效用以及社会结构。社会结构包括下面所列举的各个变量以外的决定国民收入分配的各种力量。这并不意味着，我们假设这些因素固定不变，而仅仅是说，在我们所涉及的范围内，我们不考虑、也不探求它们的变动所造成的影响和后果。

我们的自变量为：消费倾向、资本边际效率曲线（或表）以及利息率。正如我们已经看到的那样，这些变量还可以加以进一步分析。

我们的因变量为：以工资单位来衡量的就业量和国民收入（或国民所得）。

被我们当做既定的因素会影响我们的自变量，但并不决定它们。例如，资本边际效率曲线部分取决于既存的设备数量，而后者是既定的因素之一；资本边际效率曲线也部分取决于长期预期状态，而后者又不能根据既定的因素得以测定。但还有另一些因素，这些因素完全由既定因素所决定，以致我们也可以把这些被决定的因素看成是既定的。例如，既定的因素使我们能推断出来相当于既定水平的就业量，以工资单位来衡量的国民收入为多少，从而，在被我们当做既定的经济制度的框架内，我们可以说，国民收入取决于就业量，即取决于现行的用之于生产的劳动量；其含义为，在二者之间存在着具体的统计学上的相关关系。[①] 此外，既定的因素还使我们可以推断出总量供给曲线的形状；该曲线体现了各种不同物品的供给的物质条件——即对应于每一有效需求（以工资单位来衡量）水平的用于生产的就业量。最后，既定的因素可以向我们提供劳动（或努力）的供给函数，从而，可以使我们知道，特别是在哪一点之后，整个劳动的就业函数[②]不再具有弹性。

然而，资本边际效率却部分地取决于既定的因素，又部分地取决于不同种类资本资产的预期收益。与此同时，利息率则部分取决于流动性偏好的状态（即取决于流动性偏好函数），又部分取决于以工资单位来衡量的货币数量。由此可见，我们有时可以认为，我们的最终的自变量包括：(1)三个基本的心理因素，即心理上的消费倾向、心理上的对流动性的态度以及心理上的对资本资产的

① 在有关的就业量的范围内，不同物品的就业函数可以具有不同的曲度。在现阶段的论述中，我们略去来自这一点的某些复杂之处。

② 在下面20章中给出了定义。

预期收益的估计,(2)雇主和被雇者之间讨价还价所决定的工资单位,以及(3)中央银行的行动所决定的货币数量;因此,当上述因素(或变量)具有既定值时,这些变量决定国民收入(或国民所得)和就业量。当然,这些变量可以加以进一步的分析;它们并不是各自独立的最终因素。

把决定经济制度的事物区分为既定的因素和自变量这两组类别,从任何绝对的观点来看,当然带有很大的随意性。区分的标准只能完全凭借经验,以便把变动非常缓慢或对我们研究的问题关系很小以致短期内施加微不足道的影响的因素区分为既定因素的类别,而把那些在变动时对我们的问题施加决定性的实际影响的因素归入自变量的类别。我们现在的目标是,寻找在任何时期中,什么因素决定一个既定的经济制度的国民收入以及(几乎为相同的事物)就业量。在对像经济学那样复杂的研究中,我们不可能作出完全精确的具有一般性的结论,而只想找出那些其变动能对我们的问题具有主要作用的因素。我们的最终任务在于:在我们置身于其中的经济制度中,选择出那些政府经济当局能按照意图加以控制或管理的变量。

Ⅱ

现在,我们试图把过去各章的论点综合在一起。在进行综合时,各因素出现的顺序与它们在书中出现的顺序相反。

市场上存在的投资的诱导可以诱使新投资达到某一数量;当新投资达到这一数量时,每种资本资产的价格和它的预期收益在一起可以使总的资本边际效率大致等于利息率。就是说，资本品行业中的物质的供给条件、对预期收益所具有的信心状态、对流动性偏好的心理上的态度以及货币数量（最好以工资单位来衡量）在一起决定新投资量。

但投资量的增加或减少会带来消费量的增加（或减少），因为，公众行为的特点是，只有在人们的收入增加（或减少）时，他们才愿意扩大（或缩小）他们的收入和他们的消费量之间的差额。就是说，消费量的改变和收入的改变大体保持相同的方向（虽然前者的数量较小）。一定的储蓄的增加量和必然与它相伴随的消费增加量这二者的关系可以由边际消费倾向加以表明。根据边际消费倾向而得到的投资增加量和与它相对应的国民收入的增加量（二者皆以工资单位来衡量）之间的比例可以由投资乘数加以表明。

最后，如果我们假设（作为初步的逼近值）就业乘数等于投资乘数，那么，我们可以用投资乘数去乘由上面已经说过的各因素所决定的投资的增加量（或减少量），以便推知就业的增加量。

然而，就业量的增加（或减少）会提高（或减少）流动性偏好曲线（或表）。这样，就业量的增加会增加对货币的需求量，其原因有三：第一，当就业量增加时，即使工资单位和价格（用工资单位来衡量）保持不变，产量的价值会得以增加；第二，当就业量增加时，工资单位本身会趋于增加；以及第三，由于短期中成本的增加，所以产量的增加会引起价格（以工资单位来衡量）的上升。

由此可见，上述各种关系的反应可以影响均衡的位置，同时还会有其他的关系的反应。此外，在上述各种自变量中，没有一个不是可以随时改变而又不显示出多少改变的预兆；同时，有时改变的程度还很大。由此可见，现实事件的运行是极端复杂的。尽管如此，把这些自变量孤立出来似乎还是有用和方便的。如果我们按照上面论述的理论框架来考察现实问题，那么，就可以使问题比较易于掌握，而与此同时，我们对现实的直觉和预感（它们所考虑的事实比一般的理论所能处理的要更为复杂和具体）赖以发生作用的不可捉摸的各个方面和角度会得以减少。

Ⅲ

上面就是对《通论》的总结。但是，经济制度中的实际现象也由于消费倾向、资本边际效率和利息率的特征而呈现出不同的特点。关于这些特点，我们可以根据经验事实把它们如实总结出来，然而，它们没有逻辑上的必然性。

具体说，我们生活于其中的经济制度的一个显著特点为，虽然它在产量和就业量上具有大幅度的波动，但是，它并不是非常不稳定的。确实，它似乎可以在相当长的时期中停留于在正常状态以下的经济活动水平，而又不显示出任何趋于复苏或趋于完全崩溃的倾向。此外，实际例证表明，充分或甚至大致充分的就业量是少有的和短时存在的现象。波动能够以相当明确的姿态开始，但在它已经达到很极端的幅度以前，似乎逐渐地把它自己消耗净尽。既非绝望，又非满意的中庸情况是我们的正常状态。正是由于波动在到达极端以前把自己消耗净尽，而最终又使自己回过头来，所以才能建立起我们的经济周期理论的有规律性的阶段。同样的事实也存在于价格。在价格对出现的干扰作出反应之后，似乎总是可以暂时停留于一个相当稳定的水平。

由于这些经验中的事实并没有逻辑必然性，我们必须设想，现代世界的境况和心理倾向必定具有如此的特点，以致能制造出这种结果。因此，有必要考虑，什么样的心理倾向会导致出稳定的经济制度；然后，再考虑，根据已知的现代人类的本性，这样的心理倾向是否会存在于我们生活的世界之中。

根据上述分析要想解释对现实世界的观察结果，需要下列稳定条件：

（1）边际消费倾向必须处于如此的状态，以致当社会的产量由于对它的既有的资本设备使用较多（或较少）的就业量而增加（或减少）时，表明产量和就业量二者之间比例的乘数的数值大于1，但数值并不很大。

（2）资本边际效率曲线必须处于如此的状态，以致当资本的预期收益或利息率有所变动时，新投资数量的改变不会与前两个因素的变动过于不成比例；就是说，资本的预期收益或利息率的温和的变动不会造成非常巨大的投资量的改变。

（3）当就业量改变时，货币工资趋于作出同方向的改变，但货币工资的改变不会和就业量的改变过分不成比例；就是说，就业量的温和的改变不会造成非常巨大的货币工资的改变。这实际上是有关价格稳定的条件，而不是有关就业的稳定条件。

（4）第四点与其说是为经济制度的稳定性提供条件，还不如说是为波动在朝着一个方向变动到适当程度后自行扭转方向提供条件。就是说，如果在一段时期中，投资量持续大于（或小于）过去，那么，它就会有助于减少（或增加）资本边际效率，而且，在以年为衡量单位的时期中，减少或增加都不会具有很大的数值。

(1)我们的第一个稳定性条件——即乘数的数值大于1，但又不会很大——是一非常可能的人性的心理特征。当实际收入增加时，对目前的需要的压力会减退，而超过已经形成的生活水平的限度则会增加；当收入减少时，相反的后果会出现。由此可见，当就业量增加时，现行的消费量会得以扩大，但扩大的程度要少于由于就业量的增加而引起的收入的全部增加量；这是一件自然而然的事——无论如何，对整个社会平均来说是如此。此外，就个人平均来说是对的东西，就政府来说也很可能是对的；特别是处于这样一个时代，日益为甚的失业的增长往往迫使国家从借来的款项中提供救济，情况更是如此。

不论这一条心理上的规律是否能被读者根据先验的理由认为是可信的，我们肯定，如果该规律不能成立，那么，经验提供的现实情况就会大不相同。因为，在该规律不能成立的情况下，不论多么微小的投资量的增加会引起一系列自我扩大的有效需求的增加，一直到达到充分就业之点时为止；与此同时，投资量的减少会引起一系列自我扩大的有效需求的减少，一直到所有的人都失业时为止。然而，经验表明，我们却一般处于中间性的地位。这并不是说，不可能存在着一个范围，在该范围内，不稳定性确实起着主要作用。但如果是这样的话，该范围很可能是狭隘的，而在范围之外的上下两方，我们的心理规律无可置疑地会发生作用。还有，显然也可以看到，乘数的数值虽然大于1，但在正常的情况下，它并不非常之大。因为，如果它是非常之大的话，那么，一定量的投资的改变会引起消费量的巨大改变(只受到充分和零值就业量的限制)。

(2)我们的第一个条件可以保证,温和的投资量的改变不会引起对消费品需求的无限制的巨大改变。与此同时,我们的第二个条件则可以保证,资本资产的预期收益的温和改变或利息率的温和改变不会引起投资量的无限制的巨大改变。由于使用现有数量的设备而大幅度地扩大产量会引起成本递增,现实的情况很可能如此。确实,如果我们在开始时具有大量多余的可用于生产资本资产的资源,那么,在一定的范围内,可能存在着相当程度的不稳定性。但是,当资源的大部分已被使用净尽后,这种情况就不复存在。此外,这一事实也为预期收益的迅速变动所引起的不稳定性规定了限制范围;预期收益的迅速变动系来自商业心理的急剧波动或来自划时代的新发明——当然,限制范围更多地趋于防止向上,而不是防止向下的方面。

(3)我们第三个条件符合我们对人类本性所具有的经验。其原因在于,正如我们在过去已经指出的那样,维持货币工资的斗争基本上是维持高额的相对工资的斗争。当就业增加时,这种斗争很可能会在实际事例中得以加强;其原因一方面在于劳动者的讨价还价的地位会有所改善,另一方面也在于,他工资的递减的边际效用和他已经改善了的经济上的宽松程度使他易于承担风险。尽管如此,这些动机只在一定限度内发生作用;劳动者不会由于就业量增加而企求过多的货币工资的增加,也不会由于避免失业而容忍货币工资的大量削减。

在这里,我们再度面临与上述相类似的情况:不论这一结论是否能根据先验的理由而被认为是可信的,经验表明,这种心理规律必须在实际上发生作用。否则，如果失业工人之间的竞争总是会造成货币工资的大量削减，从而会出现价格水平的巨大的不稳定性。此外，还可能出现除了充分就业以外不会具有稳定均衡的事例；其原因在于，工资单位可以无限制地下降，一直达到如此的水平；在该水平，以工资单位衡量的货币数量的巨大改变在压低利息率上的作用足以恢复充分就业。这样，除了充分就业以外，稳定不变的位置不可能存在。[①]

(4)我们的第四个条件与其说是关于稳定性，还不如说是关于萧条和复苏阶段的交替存在。该条件所假设的情况不过是，资本资产具有不同的使用寿命；它们会随着时间的推移而受到耗损并且不都具有很长的使用年限。据此，如果投资量降到某一最低水平之下，那么，只要其他因素没有很大的波动，资本边际效率会上升到足够的程度来使投资量恢复到这个最低水平之上；在这里，资本边际效率的上升仅仅是时间问题。同样，如果投资量处于一期比前一期为高的状态，那么，除非其他因素作出补偿性的变动，资本边际效率会下降到足够的程度来导致一次萧条状态的出现；在这里，资本边际效率的下降也不过是时间问题。

由于我们的第四个条件，复苏与萧条能够在前三个条件所规定的限度内发生。如果这些有限度的复苏与萧条持续足够长的时间而又不受到其他因素的干扰，那么，即使这些有限度复苏与萧条也会造成方向相反的逆转运动，一直到同样的力量再度逆转运动的方向时为止。

① 工资单位改变的作用将在第 19 章中加以详细论述。

由此可见，我们的四个条件在一起足以解释我们经验中的突出特点——即我们的制度会上下波动，但又在上下两个方面避免就业和价格处于严重的极端状态，而只是围绕着一个中间性位置来行进。这一中间性位置在相当大的程度上处于充分就业之下，却又在相当大的程度上处于在其下会使该制度的生存受到威胁的最低就业水平。

但我们不能据此而作出结论，认为这一中庸之道系由“自然的”倾向性所决定——即决定于只要没有旨在于对其作出改正的措施就会持续下去的那些倾向性，从而，中庸之道会被认为是由必然性的规律所建立。事实上，上述四个条件的不受阻挠的统治不过是观察到的现实世界的过去和现在的状况，而不是不能更改的必然性的原则。

第 五 编

货币工资与价格

第十九章　货币工资的改变

I

如果货币工资改变的作用能在较早的章节中加以论述，那么，这样做会带来有利之处。因为，古典学派的理论一向习惯于使它们所说的经济制度的自行调节的特点依赖于它们所假设的货币工资的自由伸缩，从而，货币工资一旦具有刚性，它们便把不能自行调节的责任推在工资刚性的身上。

虽然如此，只有当我们自己的理论得以全部展开之后，论述这一事项才有可能。因为，货币工资改变的后果是复杂的。正像古典学派的理论所设想的那样，在某些情况下，货币工资的减少很可能会刺激产量。我和古典理论的分歧主要在于分析的差别，从而，直到读者熟悉我的方法以后，差别才能明确地加以论述。

根据我的理解，一般被接受的解释是很简单的。它并不依赖我们在下面将要论述的迂回反应的途径。它们的论点不过是：其他条件相等，货币工资的减少会通过制成品价格的降低刺激需求，从而，会增加产量和就业，一直到如此之处；在该处，劳动者所同意的货币工资的减少量正好抵消随着产量的增加（使用既定数量的设备）而带来的劳动边际效率的缩减。

从古典理论的这种最粗略的方式来看，这就无异于作出假设，即假设在货币工资的减少的同时，对产品的需求保持不变。也许有一些经济学者会宣称，不存在需求会受到影响的任何理由。他们会进行争辩，认为总需求取决于货币数量乘以货币的收入流通速度，而且，并没有显著的理由表明为什么货币工资的减少会降低货币数量或降低货币的收入流通速度。或者，他甚至会进行争辩，认为利润必然要上升，因为，货币工资已经下降。但我设想，比较普遍同意的观点是，货币工资的减少，通过它造成的一部分劳动者购买力的减少，可以对总需求具有**一些**影响，但那些其货币收入并没有被减少的生产要素的实际需求却会由于价格的下降而得以提高。此外，除非由于货币工资改变而导致的对劳动的需求弹性小于1，否则，属于劳动者方面的总需求很可能会由于就业量的增加而上升。这样，当新的均衡形成时，将会存在着比以前为大的就业量；其例外的情况也许是一些在现实中没有重要性的罕见的极端事例。

我根本不同意上述那样的分析。或者，更确切地说，我根本不同意的是存在于上述论证过程背后的分析。其原因在于，虽然上面的叙述能相当准确地表达许多经济学者们的口头或书面的意见，但他们很少把这个意见背后的分析方法详细地用文字表达出来。

虽然如此，他们的论证过程似乎可以述之如下。在任何行业中，存在着一条需求曲线（或表），该曲线把能够出售的数量和出售价格联系起来。也存在着一系列供给曲线（或表），把根据不同成本计算出的价格与相应的产量联系起来。这些曲线在一起导致出一条新的曲线：即在其他成本不变（除了产量的改变所引起的以外）的假设条件下，代表该行业对劳动的需求曲线；该曲线把就业数量和相应的工资水平联系起来，而该曲线在任何一点的形状即表示对劳动的需求弹性。然后，这一概念在不加以重大修正的情况下被转用于整个工商业全体，并且认为：根据相同的理由，也存在着一条整个工商业对劳动的需求曲线，而该曲线把就业量和不同的工资水平联系起来。究竟曲线所指的工资是货币工资还是实际工资被认为在论证上是无关重要的。如果所指的是货币工资，那么，我们必须对货币价值的改变加以矫正，但这不足以对论证所得到的有倾向性的结果产生影响，因为，价格的改变肯定不会和货币工资的改变保持正好相同的比例。

如果这就是他们论证的根据（如果不是的话，我不知道他们的根据是什么），那么，它肯定是错误的。其原因在于，任何一个具体行业的需求曲线只能建立在一些其他条件不变的假设条件之上，即其他行业的需求和供给曲线不变以及总有效需求不变。因此，把有关个别行业的论点转用到整个经济上去是错误的做法，除非我们也把总有效需求不变的假设条件也转用过去。假如这样做的话，那么，这会使论证变为答非所问的事物。其原因在于，虽然没有人否定在总有效需求不变的前提下减少工资会增加就业量这一命题，然而，这里所争论的问题恰恰是，减少货币工资能够、还是不能够改变以货币来衡量的总有效需求的数值。或者，争论的问题至少应为：减少货币工资能够、还是不能够使总有效需求下降的比例大到和货币工资下降的比例相等的程度（即如果有效需求下降比例较少，那么，用工资单位衡量的数值会较大）。但如果不能容许古典学派把具体行业的结论以类推的方式扩大到整个经济，那么，该理论就无法回答减少货币工资对就业有何影响的问题。因为，它不具备解决这一问题的分析方法。在我看来，庇古教授的《失业论》已经使古典学派的理论得出它可能得到的一切；其结果使该书成为一个显著的事例来表明：当该理论被应用于什么决定整个社会的实际就业量的问题时，它毫无用处。[①]

Ⅱ

于是，我们用我们自己的分析方法来回答这个问题。问题可以被分为两个部分。(1)其他条件相同，减少货币工资是否具有直接增加就业量的倾向？在这里，"其他条件相同"系指消费倾向、资本边际效率曲线和利息率均保持不变；(2)通过它对这三个因素的某些或可能的影响，减少货币工资对就业量朝着特定方向发生变化，是否具有某些或可能的影响？

对于第一个问题，我们已经在上几章中作了否定的答案。我们已经说明，就业量和以工资单位衡量的有效需求具有唯一的相关关系。我们还说明，由于有效需求是预期的消费与预期的投资之总和，所以，如果消费倾向、资本边际效率和利息率这三个因素均保持不变，那么，有效需求也不可能改变。在这三个因素不变的情况下，如果企业家还要增加总就业量，那么，全体企业家的收益必将小于他们的总供给价格。

① 本章的附录将对庇古教授的《失业论》加以详细的批评。

在这里，对上面那个粗略的结论加以批驳也许会有助于我们的论述。该结论认为，货币工资的减少会增加就业量，“因为，它会减少生产成本”。对于该结论，我们按照对它最有利的方式加以解释，也就是说，我们假设，在起始的时候，企业家预计到减少货币工资会具有增加就业量的作用。当然，在看到他自己的成本的降低之后，单个的企业家很可能在起始时会忽视货币工资的减少对他产品的需求的反作用，并且按照他能比以前销售掉更多产品的设想来行事。如果全体企业家们都按照这一设想行事，那么，他们在事实上是否能成功地增加利润？他们不能增加利润，除非在整个社会的边际消费倾向等于1的时候，也就是在收入的增量和消费的增量不存在任何差额的时候；或者，除非投资的增加等于二者之差额的时候，而只有当资本边际效率曲线作出相对于利息率的增加时，投资的增加等于二者的差额才能出现。由此可见，由于增加产量而得到的收益会使企业家感到失望，从而，就业量会退回到它原有的数值，除非边际消费倾向等于1；或者，除非减少货币工资能够使资本边际效率曲线作出相对于利息率的增加，从而投资得以增加。因为，当企业家们根据预计的产品能被卖掉的价格来提供一定数值的就业量时，他们因之而给予公众一笔收入，其中被储蓄起来的部分将大于现行的投资量，从而，二者的差额势必等于企业家们的亏损。不论货币工资处于何种水平，这一后果必然存在。企业家们顶多只能用他们自己的经营资本的增加额[1]来代表他们自己

〔1〕 这里的“经营资本的增加额”指企业家由于产品滞销而增加的存货量的价值。它代表企业家被迫作出的投资。——译者

的投资以便弥补二者之差额,并以此来推迟失望到来的日子。

由此可见,除了通过对整个社会的消费倾向、资本边际效率以及利息率的影响以外,减少货币工资不会持续增加就业量。要想探求减少货币工资对就业量的作用,只有继续考察它对这三个因素可能有的影响。

在现实生活中,对这三个因素的最重要的影响很可能如下所述:

(1)减少货币工资或多或少会降低价格。因此,它在一定限度内可以引起两个方面的实际收入的再分配:(a)收入从工资劳动者那里被转移到进入直接成本中的那些报酬未被削减的生产要素,以及(b)收入从企业家那里被转移到靠领取租金和利息为生的食利者那里,因为,后者的货币收入是被契约保证为不变的。

这种收入再分配对整个社会的消费倾向的影响是什么?从工资劳动者到其他生产要素的转移很可能要降低消费倾向。从企业家到靠领取租金和利息的食利者的转移影响则较不肯定。然而,如果靠领取租金和利息为生的食利者整个说来代表社会中的较富有的阶层,而这些人的生活水平是最难于改变的,那么,转移的影响也是降低消费倾向。权衡一切的考虑之点后,对转移的净影响,我们只能加以猜测。它对消费倾向的影响很可能是降低,而不是提高。

(2)如果我们所研究的是一个开放的经济制度,而货币工资的减少又是相对于外国货币工资的减少(两种工资均以相同的单位来衡量),那么,这种减少显然有利于投资,因为,它趋于增加贸易顺差。当然,这里所假设的是:有利之处没有为关税、限额等方面的改变所抵消。传统的信念认为,作为一种增加就业的手段,减少货币工资在英国要比在美国有效；该信念的根据很可能是：相对于前者而言，后者是一个比较封闭的制度。

(3)在开放的制度中，虽然减少货币工资可以增加外贸顺差，但它也可能使贸易条件恶化。这样，除了新被雇用的人以外，原来就业的人的实际收入将要降低。这可能趋于增加消费倾向。

(4)如果货币工资的减少被认为是相对于将来的货币工资的减少，那么，这种减少会有利于投资，因为，正如我们在上面已经看到的那样，它会增加资本边际效率；而与此同时，由于相同的原因，它也可以有利于消费。另一方面，如果减少货币工资导致出一种预期，或甚至导致出具有很大的可能性的预期，认为将来的工资还会进一步减少，那么，它会具有正好相反的作用。因为，它会降低资本边际效率并且会使投资和消费都被推迟。

(5)工资总额的减少再加上价格和货币收入的某些降低会缩小由于个人使用和企业经营而导致的对货币的需求，因此，它会按照这种缩小量来降低整个社会的流动性偏好曲线。其他条件相同，这将降低利息率，从而有利于投资。然而，在这一场合，对将来的期望会与刚才加以论述的第(4)点具有相反的趋向。如果工资和价格被认为在将来要再度上升，那么，对长期贷款的有利作用要远比对短期贷款为少。[1] 此外，如果工资的减少由于会造成公众

〔1〕 在货币数量不变的条件下，工资和价格的下降相当于增加货币数量，从而使利息率降低，后者的降低会有利于贷款的数量。然而，如果人们认为，工资和价格还要再度上升，那么，这意味着，利息率的降低是短暂的，而在将来还会恢复原状。因此，上述的利息率的降低主要在于短期利息率的方面，然而，短期利息率的改变却很少能影响长期贷款。——译者

的不满而削弱政治信心，那么，这一方面所导致的流动性偏好的增加可以大于对流通中的货币需求量的缩减。

(6)由于一次局限于某一企业或行业的货币工资的削减总是有利于该企业或行业，所以普遍性的工资削减(虽然它的实际作用不同)也可以在企业家们的头脑中造成一次乐观的情绪。这种乐观情绪可以打破对资本边际效率作出过分悲观的估计的恶性循环，从而使事态能再度按照较正常的预期来行进。另一方面，如果劳动者对普遍性的工资削减作出像企业家那样的错误估计，那么，劳资纠纷可以抵消这一有利之处。除此以外，由于通常并没有同时和同量削减一切行业的货币工资的手段，那么，由于每一行业的劳动者会坚决抵抗属于自己范围内的工资削减，所以这会使对一切行业的货币工资的削减非常困难。事实上，在劳资双方进行工资协议时，对雇主们削减货币工资的抵抗要远为更加强烈于抵抗物价上升时所造成的实际工资逐渐和自动的下降。

(7)另一方面，由于债务负担的加重而对企业家造成的压抑作用可以部分抵消削减工资带来的欢快心情。确实，如果工资和价格下降到很大的程度，那么，大量负债的企业家的财务困难可以很快到达破产的地步[1]——这对投资具有极为不利的影响。此外，较低的价格水平给国债，从而给赋税所带来的实际负担的加重很可能对商情的信心产生不利影响。

以上所述并不能概括削减工资在这个复杂的世界中的全部影响。但我认为，它包括了通常最为重要的作用。

---

〔1〕 因为，工资和价格的下降意味着货币越来越值钱。——译者

因此，如果我们把论述限制于封闭的经济制度，并且认为收入再分配对社会的消费倾向不具备有利的作用，而只可能起着相反的影响，那么，我们必须把对削减货币工资有利于就业的作用的希望主要寄托在投资的改善之上；而投资的改善可能起因于第(4)点的资本边际效率的增加，也可能起因于第(5)点的利息率的减少。我们现在对这两种可能性作进一步的论述。

使资本边际效率增加的有利情况是：货币工资被认为已经达到最低点，从而进一步的变动只能走向上升。最不利的情况为：货币工资会逐渐缓慢下降，而每一次货币工资的削减都会降低将来是否能维持住现有工资的信心。当我们进入有效需求下降的时期时，如果把货币工资一次性地削减到如此之低的水平，以致没有人相信它还会继续下降，那么，这种办法对加强有效需求最为有利。但这只有政府的法令才能做到，而在一个自由协议工资的制度中，这是很难行得通的。既然不能如此，那么，对工资严格加以固定并且使人相信它不会作出多少变动要比工资在萧条状态中逐渐下降远为要好。因为，在后者的情况下，工资进一步的轻微下降也会被当做一个信息来向人们表明：失业已经又一次上升了，譬如说，百分之一。如果工资被认为在明年要下降2%，它的影响大致可以相当于该年应付的利息率上涨2%。以上所说在作出相应的修正后，也适用于经济繁荣状态。

根据上面的论述，在我们当前世界的现实和制度中，比较恰当的寻求目标是货币工资固定不变的政策，而不是随着失业量的改变而很容易作出反应的有伸缩性的工资政策——就是说，以资本边际效率而论，政策应该如此。但当我们转移到利息率时，这一结论是否还能成立？

上面的结论表明，那些相信我们的经济制度具有自行调节能力的人不得不把他们的论证重点放在工资和价格的下降对货币需求的影响之上，虽然我并不清楚，他们是否已经这样做过。如果货币数量本身的大小就取决于工资和价格水平的高低，那么，按照这一思路，他们就没有希望来取得成果。但如果货币数量几乎是固定不变的，那么，它的以工资单位来衡量的数量却能通过货币工资的降低而无限制地增加，从而，它与国民收入之间的比例一般可以大为增加，而增加的程度取决于工资在边际直接成本中所占的比重并取决于边际直接成本中的其他因素对工资单位下降的反应。

因此，我们至少在理论上能够以两种方式来造成对利息率的完全相同的影响。其一为，保持货币数量不变而降低工资；其二为，保持工资不变而增加货币数量。既然如此，对第二种方式的有效性的限制，使它不能导致投资量增加到最优状态的理由也应该**在作出相应的修正**后适用于第一种方式。关于限制第二种增加货币数量方式的有效性的理由，正如上面已经提到的那样，如果货币数量的增加是温和的，那么，它对长期利息率施加的影响不够大；如果增加很多，那么，它的动摇信心的作用又可以抵消它的其他有利之处。限制第一种削减货币工资的有效性的理由也是如此。对货币工资的温和的削减也会难于产生足够的影响，而大量的削减则要动摇信心，即使它是行得通的话。

因此，没有理由相信，有伸缩性的工资政策可以使充分就业持续存在——正如没有理由相信，通过公开市场业务而执行的货币政策在没有其他辅助办法的条件下能达到同一目的一样[1]。两种途径，都不能使经济制度具有自我调节的功能。

确实，如果劳动者总是处于能采取有效行动的地位（而且也这样做的话），那么，一旦出现小于充分就业的状态，劳动者便能采取一致行动来削减货币工资到任何需要的地步；在这个地步，以工资单位来衡量的货币数量多到使利息率下降到符合于充分就业的水平。如果是这样，我们就应该让工会去承担旨在维持充分就业的货币管理职能，而不应该让银行制度去承担。

以它们都是可供选择的手段来改变以工资单位衡量的货币数量而言，虽然在理论分析上，有伸缩性的工资政策和有伸缩性的货币政策成为相同的事物，然而，在其他方面，二者之间存在着天壤之别。在这里，我提出三个突出的考虑之点。

（1）除了以法令规定工资的社会主义社会以外，不存在任何手段来统一削减每一种劳动者的工资。要想得到削减的结果，只能通过一系列逐渐和不规则的工资变动，而这些变动没有任何符合社会正义和经济利益的理由。最终虽然可能取得一定结果，但却已经经历了各种浪费性和灾难性的斗争；在斗争中，那些讨价还价力量最弱的人会比其他人遭受最大的损失。另一方面，货币数量的改变却早已处于大多数国家的权限之内，如通过公开市场业务和类似的手段。考虑到人类的本性和现有的制度，除非能指出有伸缩性的工资政策优于有伸缩性的货币政策之处，只有愚蠢的人

[1] 这里用“通过公开市场业务而执行的货币政策”代表“有伸缩性的货币政策”。——译者

才会选择前者而不是后者。此外，其他条件相同，一个简单易行的政策应该优越于一个很可能困难到难于执行的政策。

(2)如果货币工资没有伸缩性，那么，一部分价格(即除了“被管制”和“被垄断”以外的价格；除了边际成本以外，这些价格的决定还取决其他方面的考虑)的变动在决定性的程度上会反映出现有的资本设备随着产量的增加而出现的边际生产率递减。这样，在劳动和其他的被契约规定为一定量货币的生产要素的报酬之间会维持一个在现实上最公道的收入分配体制；特别是相对于食利者阶级和那些在永久性的企业、组织或国家机关中领取固定薪金的人而言，更是如此。如果社会中的几个重要阶级在任何情况下都具有固定不变的货币收入，那么，最合乎社会正义和社会变通之道的办法就是使一切生产要素的报酬大致以货币为单位固定下来。考虑到大批的不同社会阶层已经在领取没有伸缩性的货币收入，只有无正义感的人才会选择有伸缩性的工资政策，而不是有伸缩性的货币政策，除非他能指出前者具有后者所没有的优越之处。

(3)通过减少工资单位来增加以工资单位来衡量的货币数量的方法会使债务人的负担成比例地加重；与此同时，在保持工资单位不变的条件下来增加货币数量的方法会得到相同的增加量，但对债务人却具有相反的影响。考虑到许多种类的债务，其负担已经很重，只有对现实缺乏经验的人才会选择前者。

(4)如果利息率的下降是通过工资水平的下降而得以实现，那么，由于上面已经举出的原因，这会从两个方面压低资本边际效率，从而也构成双重的理由来推迟投资。于是，经济复苏的到来更加迟缓。

Ⅲ

根据以上论述，可以看到，如果劳动者按照逐渐减少的就业量而逐渐减少他所要求的货币工资，那么，通过这种政策对生产量所造成的不利影响，它通常不会达到减少实际工资的目的，甚至反而会增加实际工资。这种政策的主要后果是造成巨大的价格的不稳定性，而不稳定性会如此强烈，以致在我们生活于其中的依赖企业核算才能运行的社会中，企业核算成为多余的事情。把有伸缩性的工资政策当做一个主要为自由放任的经济制度所应有的附属品的说法恰恰与事实相反。在一个高度集权的社会中，突然、大量和遍及一切的变动可以由法令所规定。只有在这样一个社会中，有伸缩性的工资政策才能成功地加以推行。我们可以设想，它在意大利、德国或俄国会发生作用，但在法国、美国或英国却不会如此。

如果，像在澳大利亚那样，人们试图用立法手段来规定实际工资，那么，相应于被规定的实际工资，就会存在着一定的就业水平。在一个封闭的经济制度中，实际的就业量会在该就业水平和完全没有就业之间剧烈地波动，而实际的就业量则取决于投资量是否符合相应于该就业水平的投资量。当投资量符合相应于该就业水平的投资数值时，价格处于非稳定的均衡状态，以致当投资量低于这个数值时，价格急剧下降为零，而当投资量大于这个数值时，价格急剧上升到无穷大。如果在这样一个制度中存在着起稳定作用的因素的话，那就在于控制货币数量，使货币工资与货币数量相配合，以便能在利息率和资本边际效率之间建立起一种关系，而在这一关系下，投资量可以被维持在上述数值。果然如此，则就业量固定不变（相应于法定实际工资的水平），而货币工资和价格则会急剧波动，其波动的程度必须足以把投资量维持在上述的数值。在澳大利亚的现实情况中，这种不稳定的状态之所以没有出现，其部分原因当然在于立法手段总是难于完全达到既定目标；其另一部分原因是：由于澳大利亚并不是一个封闭的经济制度，所以它的货币工资水平本身就是一个决定对外投资的因素，从而也是决定总投资的一个因素；与此同时，贸易条件对实际工资有着重要影响。

由于上述的各种考虑，在权衡得失之后，我现在认为，维持稳定的货币工资的一般水平是在封闭经济制度中最应采用的政策。如果一国能以外汇比价的改变来与其他国家保持国际收支均衡，维持稳定的货币工资的结论也适用于开放经济制度。在具体的行业中，工资的一定程度的伸缩性是有好处的；它有利于促进从相对衰落到相对兴旺的行业的转移。但是，货币工资的整个水平应该尽可能地被维持在稳定的水平；至少在短期中应该如此。

这一政策会使价格具有相当程度的稳定性——至少比有伸缩性的工资政策具有较大的稳定性。除了"被管制的"或垄断价格以外，价格在短期中的变动只是为了反映就业量的改变对边际直接成本的影响；而在长期中，价格的变动只是为了反映由于新技术和新的或增加了的设备而带来的生产成本的改变。

虽然如此，如果就业量有着巨大的波动，那么，价格水平还是随之而具有相当大的波动。但正如我在上面已经说过的那样，波动的幅度会小于有伸缩的工资政策下的情况。

由此可见，在短期中，在执行刚性的工资政策的情况下，要想使价格稳定，必须避免就业量的波动。另一方面，在长期中，我们仍然有两种政策上的选择。一种政策选择是，使价格随着技术和设备的进步而缓慢下降，与此同时，却保持工资稳定。另一种政策选择是，使工资缓慢上升，与此同时，却保持价格稳定。总的说来，我偏向于选择后者，其原因是，预期将来的工资较高要比预期将来的工资较低更加容易把实际的就业量维持在充分就业的一定范围以内。另一原因也在于，逐渐减少债务人负担的社会益处、从衰落行业调整到兴旺行业的较大的方便之处以及货币工资温和上升的趋向在心理上很可能会带来的鼓舞人心之处。这些考虑之点并不牵涉到经济学的主要原理，从而，把它们的得失双方详加论述会超出我现在的论述目的。

第十九章附录 关于庇古教授的《失业论》

在其《失业论》中，庇古教授使就业量取决于两个基本因素，即：(1) 劳动者所要求的实际工资率以及 (2) 对劳动的实际需求函数的形状。该书的核心章节系用于论述后者函数的形状。在现实生活中，劳动者所要求的并不是实际工资率而是货币工资率这一事实并未被忽视，然而，该书假设，现实中的货币工资率除以工资品的价格可以衡量所要求的实际工资率。

《失业论》的第 90 页给出了两个方程。按照庇古教授所说，该方程"代表"对劳动的实际需求函数的"研究的出发点"。他的分析的应用必须受到他暗含的假设条件的限制。由于这些假设条件在开始之际就被混入他的论述之中，我将总结他的论述过程，一直到一个有争议的关键性之点为止。

庇古教授把社会上的各个行业区分为"从事在国内制造工资品，包括制造能在国外换取工资品的出口货的"那些行业以及"其他的"行业：二者可以方便地被顺次称之为工资品行业和非工资品行业。他假设，前者雇用 x 人；后者雇用 y 人。x 人在工资品行业中的产量的价值额被他用 $F(x)$ 来表示，而一般工资率则为 $F'(x)$。虽然庇古教授在行文中并没有加以说明，然而，这一做法

就相当于假设,边际工资成本等于边际直接成本。① 此外,他还假设 $x+y=\phi(x)$;就是说:总就业量是被雇用于工资品行业中的人数的函数。然后,他说明劳动总量的实际需求弹性(该弹性可以提供我们所寻求的形状,即劳动的实际需求函数的形状)可以被写为:

$$E_r=\frac{\phi'(x)}{\phi(x)}\cdot\frac{F'(x)}{F''(x)}$$

以符号而论,他的与我自己使用的表达方式没有重大差别。如果我们能把庇古教授的工资品和我的消费品等同起来,并且把他的"其他物品"和我的投资品等同起来,那么,由于他的 $\frac{F(x)}{F'(x)}$ 代表以工资单位来衡量的工资品行业的产值,所以该式和我的 C_w 是相同的。此外,他的函数 ϕ(在工资品等同于消费品的限度内)是被我在过去称之为就业乘数(k')的函数。因为,

$$\triangle(x+y)=k'\triangle y^{〔1〕}$$

① 把边际工资成本和边际直接成本等同起来的错误也许来源于边际工资成本的意义含糊不清。我们可以把它当做每一单位添增的产品的成本,如果除了添增的工资成本以外,不存在任何添增的成本的话。或者,我们也可以把它当做:在现有的设备和其他资源的协助之下,按照最经济的方式,生产每一添增单位的产品所引起的添增的工资成本。按照前者的意义,我们不能在使用添增的劳动以外,又使用添增的企业经营能力、添增的经营资本以及除了劳动以外的增加成本的东西。我们甚至不能照顾到由于添增劳动而造成的对设备的较快磨损。由于在前者的意义上,不容许把劳动以外的其他成本进入边际直接成本,所以边际直接成本和边际工资成本当然相等。但根据这一前提而得到的分析结果几乎没有应用的价值,因为,分析所根据的假设条件在现实中很难存在。其原因在于,在现实中,我们不至愚蠢到如此程度,以致不把添增的劳动和适量添增的其他生产要素(如果它们在现实中存在的话)一起使用。这样,只有我们假设除了劳动以外的其他生产要素都已被使用到极限,上面的前提才能成立。

〔1〕 原文为 $\triangle x=k'\triangle y$;疑原文印刷有误。——译者

所以，　$\phi'(x)=\frac{k'}{k'-1}\doteq 1+\frac{1}{k'}$[1]

可以看到，庇古教授的"劳动总量的实际需求弹性"是一个复合概念，其中一些组成部分与我的概念相似；这部分取决于工资品行业的物质和技术条件(由他的F所表示)，部分取决于对工资品的消费倾向(由他的ϕ所表示)；当然，上面所说的内容总是从属一个特殊情况的限制条件——即边际劳动成本等于边际直接成本。

为了决定就业量，庇古教授把他的对"劳动的实际需求"和一个劳动的供给函数联合起来。他假设劳动的供给只是实际工资的函数，而不包括任何其他变量。然而，又由于他已经假设实际工资是受雇于工资品行业的劳动者的数量(x)，这就等于假设在现有的实际工资的情况下的劳动供给量是χ的函数，不包括任何其他变量。就是说$n=\chi(x)$；在这里，n是当实际工资为$F'(x)$时的劳动供给量。

这样，把所有繁杂之处清除掉后，庇古教授的分析就相当于从下面两个方程中找出实际的就业量：

---

〔1〕 根据　$x+y=\phi(x)$

所以　$\frac{dx}{dx}+\frac{dy}{dx}=\frac{d\phi(x)}{dx}=\phi'(x)$

或者　$1+\frac{dy}{dx}=\phi'(x)$

由于　$\triangle(x+y)=k'\triangle y$

所以　$\frac{dx}{dy}+1=k'$　所以　$\frac{dy}{dx}=\frac{1}{k'-1}$

将上式代入　$1+\frac{dy}{dx}=\phi'(x)$

所以 $\phi'(x)=\frac{1}{k'-1}+1=\frac{k'-1+1}{k'-1}=\frac{k'}{k'-1}\doteq$(大致等于)$1+\frac{1}{k'}$。——译者

$$x+y=\phi(x)$$

$$n=\chi(x)$$

但这里有三个未知数，却只有两个方程。似乎可以明显地看到，他规避这个困难的办法是使 $n=x+y$。当然，这样做就相当于作出假设，不存在着严格意义下的非自愿失业；也就是说，愿意接受现行的实际工资的劳动者都已经就业。在这一场合，x 的数值可以通过下列方程求得：

$$\phi(x)=\chi(x)$$

而且，当我们通过该方程求得 x 的数值等于（譬如说）n_1 时，y 必须等于 $\chi(n_1)-n_1$，而总就业量 n 则等于 $\chi(n_1)$。

在这里，值得暂时停留一下，以便考虑这一切具有何种含义。它意味着，如果劳动的供给函数有所改变，从而，在既定的工资水平，劳动的供给量较前为大（以致在目前，能满足方程 $\phi(x)=\chi(x)$ 的 x 数值变为 n_1+dn_1），那么，对非工资行业的需求量的增加额必然具有如此的数值，以致能使 $\phi(n_1+dn_1)$ 和 $\chi(n_1+dn_1)$ 仍然能保持相等。能使总就业量发生变化的唯一其他方式是改变工资品和非工资品的购买倾向，以致较大数值的 x 的减少会伴随着较少的 y 数值的增加。

$n=x+y$ 这一假设条件当然意味着劳动总是处于能决定自己的实际工资的地位[1]；而劳动者总是处于能决定自己的实际工资这一假设条件又意味着对非工资品行业的产品的需求总是服从与

〔1〕 因为，$n=\chi(x)$ 代表劳动的供给函数或供给曲线，按照西方学者的解释，处于该曲线上任何一点的劳动者所得到的实际工资都正好补偿他劳动的负效用。补偿他的负效用意味着他愿意为此时的工资而进行劳动。——译者

上述公式有关的规律。换句话说，这就等于假设利息率总是以如此的方式来自行调节它与资本边际效率曲线的关系，以致能保持住充分就业。如果不具备这一假设条件，那么，庇古教授的分析就要崩溃，从而，提不出一个决定就业量的办法。庇古教授居然认为，他能提供一个关于失业的理论，与此同时，又完全不涉及对投资量改变的论述（即涉及非工资品行业的就业的改变），而这种改变并非来自劳动供给函数的变动，而应该来自（例如）利息率的改变或对经济状况的信心的改变。

由此可见，他的书名“失业论”有点名不副实。他的书所真正涉及的并非这一主题。该书所论述的是：当充分就业的条件得到满足时，以及当劳动供给函数为既定时，此时的就业量为多少。劳动总量的实际需求弹性这一概念的目的在于说明，相应于劳动供给函数的一定的移动，充分就业量会上升或下降多少。或者——用另一种或较好的方式来表达——我们可以把该书当做一个非因果性的研究来考察任何既定的就业量及其实际工资之间的函数关系。但它并不能告诉我们什么决定实际的就业水平。关于非自愿失业的问题，该书则没有直接涉及到。

庇古教授也许会否定我在过去已经下过定义的非自愿失业存在的可能性。假如这样，那么，仍然难于看出他的分析如何能被应用于现实，因为，他没有论述什么决定 x 与 y 之间的关系，即工资品和非工资品行业的就业量之间的关系。缺乏这一方面的论述仍然构成该书的致命的弱点。

此外，他虽表示同意，在一定限度内，劳动者在事实上所能规定的并不是一个既定水平的实际工资，而是一个既定水平的货币工资。但在这一情况下，劳动的供给并不单独是 $F'(x)$ 的函数，而且也是工资品价格的函数。这样一来，以往的分析就会崩溃，因为，这里必须引入一个添增的因素，但却没为这一添增的未知数提供一个添增的方程。虚假的数学方法的危险在于，除了使每一事物成为一个单独变量的函数、然后使所有的偏导数等于零以外，不会取得任何成果。为此，这里提供一个最好的例证。因为，事后承认在现实中存在着许多其他变量，但却仍然按照原来方式继续进行研究，而不对迄今完成的一切结果重新修改；这种做法是毫无用处的。在这里，如果（在一定限度内）劳动者所能规定的是货币工资，那么，即使我们假设 $n=x+y$，除非我们知道什么决定工资品的货币价格，我们所具备的数据还是不够充分。因为，工资品的货币价格取决就业总量。由此可见，除非我们知道工资品的货币价格，我们不能说就业总量会是多少；而除非我们知道就业总量为多少，我们又不能说工资品的货币价格是多少。正如我已经说过的那样，我们缺少一个方程。即使就此而言，暂时作出货币工资而不是实际工资具有刚性的假设却是能使理论比较接近于现实的做法。例如，在英国 1924—1934 年期间的经济动荡不安和价格波动剧烈的十年中，货币工资稳定于上下波动 6％的幅度，而实际工资的波动却超过 20％。除非一个理论在货币工资不变（或在一定的范围内不变）或改变的场合都能加以应用，该理论才配称之为**通论**（即具有一般性的理论）。政治家们固然有理由认为货币工资**应该**具有高度的伸缩性，但理论家却必须对具有或不具有伸缩性的各种事例加以冷静的考虑。一个科学的理论不能强求事实来迎合它的假设条件。

当庞古教授明确地对减少货币工资的后果加以论述时，他显然（对我来说如此）再度使用远为不够的数据来提供答案。他在开始时就否定一个论点（同上引书，第 101 页），即：如果边际直接成本等于边际工资成本，那么，当货币工资减少时，非工资劳动者的收入会和工资劳动者按相同的比例下降。他否定的理由为，只有当就业量保持不变时，上述论点才是正确的——而就业量是否不变正是需要研究的问题。但当他进行到下一页（同上引书，第 102 页）时，他又犯了相同的错误；错误在于，他假设“在开始时，非工资劳动者的货币收入不变”；而这一点正是他刚才说过的，只有在就业量并非保持不变时才能成立——就业量是否保持不变正是需要研究的问题。事实上，除非在原有数据中加上其他数据，不可能对这一问题提供答案。

事实上，劳动者所规定的只是货币工资，而不是实际工资（只要实际工资不下降到某一最低限度之下）。为了说明承认这一事实对整个分析的影响，可以指出，如果承认这一事实，那么，整个分析的大部分赖之为根据的那个假设条件就不能成立；该假设条件是：只有较高的实际工资才能导致出较多的劳动供给量。例如，庞古教授用以反对（同上引书，第 75 页）乘数论的假设条件为，实际工资已经是既定的，也就是说，既然已经处于充分就业状态，那么，较低的实际工资不会增加劳动供给量。在庞古教授的假设条件下，他的论点当然是对的。但在有关段落中，庞古教授所批评的是一个关系到实际政策的方案。在方案所涉及的时期中，英国的失业统计数字超过 2000000 人（即当时有 2000000 人愿意按照现行的货币工资从事劳动）。关于这一时期，庞古教授竟然假设：只要生活费用作出相对于货币工资的上升，不论上升的程度如何轻微，它都会使多于2000000人退出劳动市场而不干活。这种假设远离现实的程度大到难于令人置信。

应该着重指出的重大之点是，庇古教授的那本书全部都建立在一个假设条件之上；该假设条件为，任何生活费用的相对于货币工资的上升，不论上升的程度如何轻微，都会使劳动者退出劳动市场，其退出的数量大于现行的全部失业量。

此外，庇古教授还没有注意到，在相同的假设条件下，他在该书上述段落中（同上引书，第75页）提出的用以反对公共工程能导致出“第二轮”就业量的论点也可以被用来反对同一公共工程所导致的“第一轮”就业量的论点。其原因在于，如果工资品行业中现行的实际工资是既定的，那么，任何就业量的增加都不可能——当然，除了非工资收入者减少他们的工资品的消费以外。其原因在于，那些新近进入第一轮就业量的人应该会增加他们对工资品的消费量，而这又会减少实际工资并因之而（按照庇古教授的假设条件）导致原来在其他地方已经就业的人退出劳动市场。然而，庇古教授却显然接受了第一轮就业量可能增加的说法。第一轮和第二轮就业量的分界线似乎成为庇古教授的心理上的关键之处；在该处，他的良好的常识见解不再能制服他的拙劣理论。

由于我们不同的假设条件和分析过程所导致的在结论上的差别可以用庇古教授总结他的观点的下列重要文句加以说明：“在劳动者之间存在着完全竞争和完全的流动性的情况下，关系（即劳动者规定的实际工资率和对劳动的需求函数之间的关系）是很简单的。强烈的倾向总是在发生作用，使得工资率和需求具有如此的关系，以致每个劳动者都能就业。因此，在稳定的状态下，每个人都会就业。这里的含义是，在任何时间中，失业之所以存在的原因系完全由于需求方面的状况的继续变动以及使工资不能立即作出相应调整的摩擦阻力”。[①]

他作出了结论（同上引书，第253页）：失业主要是由于一种工资政策，而这种工资政策不能把自己调整到足够的程度来适应对劳动的实际需求函数的变动。

由此可见，庇古教授相信，在长期中，失业问题可以通过工资调整得以解决；[②]而我则认为，实际工资（只有它的最低水平才为就业的边际负效用所规定）的水平主要并不取决于“工资调整”（虽然调整也许可以引起一系列的反应），而取决于经济制度中的其他因素；其中某些因素（特别是资本边际效率曲线和利息率之间的关系）未能被庇古教授纳入他的理论体系之内，如果我对他的理解是对的话。

最后，当庇古教授论述“失业的原因”时，他确实很像我那样谈论到需求状况的波动。但他把需求状况和对劳动的实际需求函数等同起来，从而忘掉了，按照他的定义，后者具有含义是如何的狭小。根据定义，对劳动的实际需求函数（正像我们在上面已经看到的那样）仅仅取决于两个因素，即：(1)在既定情况下，就业总量和必须为就业总量提供消费所需的工资品行业的就业量二者之间的关系；以及(2)工资品行业中的边际生产率的状况。然而，在他的

① 参见《失业论》，第252页。

② 他并没有作出暗示，认为这一结果系来自利息率的反应。

《失业论》的第 5 编中，“对劳动的实际需求函数”的波动却被赋予重要的地位。“对劳动的实际需求”被认为是一个容易作出大幅度短期波动的因素(同上引书第 5 编，第 6 到第 12 章)，而他似乎认为，“对劳动的实际需求”的波动和工资政策未能对此作出敏锐的反应在一起是造成经济周期的主要原因。对读者而言，骤然看来，所有这一切似乎是合理的，而且是熟悉的。读者之所以会如此，其原因在于，除非他回到名词的原有定义上去，否则，“对劳动的实际需求的波动”在他看来具有和我所说的“总需求状况的波动”具有类似的含义。但如果我们回到他的“对劳动的实际需求”的定义上去，所有这一切就会失掉它的令人信服之处。因为，我们会发现，世界上没有任何东西能比这一因素更加难于作出剧烈的短期波动。

根据定义，庇古教授的“对劳动的实际需求”仅仅取决于$F(x)$和$\phi(x)$。前者代表工资品行业中生产的物质条件；后者表示总就业量和与之相应的工资品行业中就业量之间的函数关系。除了在长期中逐渐变动以外，很难找出理由来解释为什么二者之中的任何一个会有所变动。似乎可以肯定，我们没有理由来设想它们有可能作出周期性的波动。因为，$F(x)$只能缓慢变动，而且只能在一个技术进步的社会中向前作出变动；而除非我们设想一次工人阶级突然转向节约的事件，或者，用更一般性的话来说，一次消费倾向的突然改变，否则，$\phi(x)$也会保持稳定不变。由于这些原因，事实应该是，在整个经济周期中，对劳动的实际需求几乎会保持不变。我必须再一次指出，庇古教授在他的分析中完全忽略掉不稳定的因素，即投资量的波动，而这一因素往往是就业量波动现象的根源。

我之所以对庇古教授的失业理论作了详尽的批评，其原因并不在于对我说来，他比其他的古典学派的经济学者更加值得批评，而在于他的理论代表我所熟悉的用文字把古典失业理论精确地表达出来的唯一陈述。因此，对于古典理论的这一最难以驳倒的陈述，我不得不提出我的反对意见。

第二十章　就业函数[①]

I

在第3章中(第29～31页),我们已经给总供给函数($Z=\phi(N)$)下了定义;该函数表示就业量(N)和与之相应的总供给价格之间的关系。就业函数和总供给函数的唯一不同之处在于,前者在实质上是后者的反函数而且系以工资单位加以衡量。就业函数表示以工资单位来衡量的有效需求与就业量之间的关系[1];其目的在于说明,当一家厂商、一个行业或整个社会的行业面临一定量的有效需求时,该厂商、行业或整个行业应该提供何种就业量才能使其产量的供给价格等于该定量的有效需求。这样,如果一家厂商或一个行业所面临的以工资单位来衡量的有效需求为D_{wr},而该厂商或行业的相应于D_{wr}的就业量为N_r,那么,就业函数即为$N_r=F_r(D_{wr})$。或者,以更一般化的形式来表示,如果我们有理由来假设:D_{wr}是总有效需求D_r的唯一函数,那么,就业函数即为

---

① 那些(完全应该)不喜爱代数学的人可以略去本章第1节,而不会有多少损失。

〔1〕 在第20和第21章中,凯恩斯的主要目的在于说明货币数量的变动对价格水平的影响,而本章所论述的就业函数等是他说明上述影响的一个必要的环节。——译者

$N_r = F_r(D_w)$。就是说，当有效需求为 D_w 时，r 行业将提供的就业量为 N_r。

在本章，我们将推演出就业函数的一些性质。但除了这些性质本身所具有的意义以外，我们还具备两个理由来说明为什么用就业函数来代替普通的供给曲线符合本书的方法和目的。首先，就业函数表示了与我们研究主题有关的事实；同时在这样做时，它所使用的单位符合我们给自己规定的应有的条件，而不需要引入任何在数量上不精确的单位。第二，就业函数比普通的供给曲线更加适合被应用于整个的行业和产量的问题，而不是那种有关单一的行业或厂商在既定情况下的问题——其原因可以述之如下：

当我们画出某一种商品的普通需求曲线时，我们总是对社会成员的收入作出一些假设。因此，当成员的收入有所改变时，我们必须重新画出另一条需求曲线。按照相似的方式，当我们画出某一种商品的普通供给曲线时，我们总是对整个行业的产量作出某种假设。当整个行业的总产量有所改变时，该供给曲线也要改变。由于上述原因，当我们考察单个行业对总就业量的改变所作出的反应时，我们所牵涉到的必然不是每一个行业的一组需求曲线和供给曲线，而是一系列的这种曲线组，其中每一曲线组相当于总就业量的一个既定值。然而，如果使用就业函数，那么，要想得到能反映整个就业量改变的整个行业的函数在现实上是较易于完成的。

我们（首先）假设，消费倾向是既定的，同时第 18 章中被我们当做既定的其他因素也是如此。我们又假设，我们考虑的问题是投资量的改变所引起的就业量的改变。在这些假设条件下，相应于以工资单位来衡量的每一有效需求的水平，就会存在着一个总就业量，而这种有效需求可以按已知的比例被分解为消费和投资。此外，每一个有效需求的水平都相应于一定的收入分配。因此，我们有理由进一步假设：相应于一个既定的总有效需求水平，存在着唯一的该有效需求在不同行业中的分解。

这使我们能够决定，相应于一个既定水平的就业量，每一行业的就业量为多少。就是说，相应于每一总有效需求水平（用工资单位来衡量），我们可以知道每一个具体行业中的就业量；因此，根据上面给出的定义，第二种形式的就业函数所要求的条件已经具备；该函数为 $N_r = F_r(D_w)$。这样，我们就会得到一个有利之处，即在具备这些条件的情况下，各单个行业的就业函数是可以相加的。在这里，可以相加的意义为相当于既定水平的有效需求，整个社会行业的就业函数等于各个单个行业的就业函数之和；即：

$$F(D_w) = N = \sum N_r = \sum F_r(D_w)$$

下一个步骤是给就业弹性下定义。对于某一既定行业而论，其就业弹性为：

$$e_{er} = \frac{dN_r}{dD_{wr}} \cdot \frac{D_{wr}}{N_r},$$

可以看到，该弹性衡量当预期用于购买该行业产品的工资单位的数量有所改变时，该行业所雇用的工资单位的数量对之所作出的反应。整个社会行业的就业弹性可以被表示为：

$$e_e = \frac{dN}{dD_w} \cdot \frac{D_w}{N}。$$

如果我们能找到足以使人满意的方法来衡量产量，那么，给出所谓产量弹性或生产弹性的定义也是有用的。该弹性表示：当以工资单位来衡量的对某一行业的有效需求增加时，该行业作出的产量增加的反应，即：

$$e_{or}=\frac{dO_r}{dD_{wr}}\cdot\frac{D_{wr}}{O_r}$$

如果我们能假设价格等于边际直接成本，那么，我们可以得到：

$$\triangle D_{wr}=\frac{1}{1-e_{or}}\triangle P_r$$

在这里，P_r 为预期利润[①]。由此可见，如果 $e_{or}=0$，即：如果该行业的产量完全缺乏弹性，那么，有效需求的全部增加量（以工资单位来衡量）就会被当做利润而归之于企业家，即：$\triangle D_{wr}=\triangle P_r$。如果 $e_{or}=1$，即：产量弹性为 1，那么，在有效需求的全部增加量中，没有任何部分会成为利润；全部增加量会被进入边际直接成本的因素所吸收。

此外，如果某一行业的产量是该行业所雇用的劳动者数量的

① 其原因在于：假设 P_{wr} 代表以工资单位衡量的单位产品的预期价格，那么，

$$\triangle D_{wr}=\triangle(p_{wr}O_r)=p_{wr}\triangle O_r+O_r\triangle p_{wr}$$

$$=\frac{D_{wr}}{O_r}\cdot\triangle O_r+O_r\triangle p_{wr}$$

所以，　$O_r\triangle p_{wr}=\triangle D_{wr}(1-e_{or})$

或者，　$\triangle D_{wr}=\frac{O_r\triangle p_{wr}}{1-e_{or}}$

但是，　$O_r\triangle p_{wr}=\triangle D_{wr}-p_{wr}\triangle O_r$

$=\triangle D_{wr}-$（边际直接成本）$\triangle O_r$

$=\triangle P$

因此，　$\triangle D_{wr}=\frac{1}{1-e_{or}}\triangle P_r$.

函数 $\phi(N_r)$，那么，我们可以得到①〔1〕：

$$\frac{1-e_{or}}{e_{er}}=-\frac{N_r\phi''(N_r)}{p_{wr}\{\phi'(N_r)\}^2}$$

在这里，p_{wr} 是以工资单位来衡量的单位产品的预期价格。由此可见，$e_{or}=1$ 的条件意味着 $\phi''(N_r)=0$，也就是说，随着就业量的增加，由此而带来的规模收益保持不变。

古典学派理论假设，实际工资总是等于劳动的边际负效用，而当就业量增加时，后者也随之增加，因此，如果实际工资减少，那么，其他条件相同，劳动的供给量会降低。以此而论，古典学派在

① 其原因在于：由于 $D_{wr}=p_{wr}O_r$，所以，

$$1=p_{wr}\frac{dO_r}{dD_{wr}}+O_r\frac{dp_{wr}}{dD_{wr}} \qquad (1)$$

$$=e_{or}-\frac{N_r\phi''(N_r)}{\{\phi'(N_r)\}^2}\frac{e_{er}}{p_{wr}}。$$

〔1〕 下面的推导过程可能有助于读者得到本原著小注的结果：

$$O_r\frac{dp_{wr}}{dD_{wr}}=\frac{D_{wr}}{p_{wr}}\cdot\frac{dp_{wr}}{dN_r}\cdot\frac{dN_r}{dD_{wr}}=\frac{N_r}{p_{wr}}\frac{dp_{wr}}{dN_r}\left(\frac{D_{wr}}{N_r}\frac{dN_r}{dD_{wr}}\right) \qquad (1)$$

其中 $p_{wr}=\frac{p_r}{W}=\frac{dC_r}{dO_r}/W$ ［这里的 C_r = 直接成本 $=N_r\cdot W$；边际直接成本 = 价格 $(p_r)=\frac{dC_r}{dO_r}$；$O_r=\phi(N_r)$］

因此，$p_{wr}=\frac{dC_r}{dO_r}/W=\frac{dN_r}{dO_r}=1/\frac{dO_r}{dN_r}=1/\phi'(N_r)$

因此，$\frac{dp_{wr}}{dN_r}=-\frac{\phi''(N_r)}{\{\phi'(N_r)\}^2}$

把上面的结果代入本译者注中的第一式，可以得到：

$$O_r\frac{dp_{wr}}{dD_{wr}}=\frac{N_r}{p_{wr}}\left(-\frac{\phi''(N_r)}{\{\phi'(N_r)\}^2}\right)\cdot e_{er}$$

把上面的结果再代入于本原著小注的第一式，可以得到

$$1=e_{or}-\frac{N_r\phi''(N_r)}{\{\phi'(N_r)\}^2}\frac{e_{er}}{p_{wr}}$$

上式即为上面的原著小注的结果。——译者

实际上就等于假设，要想增加以工资单位衡量的总支出是不可能的。[1] 如果这对的话，就业弹性会没有应用的余地。在这种情况下，通过以货币衡量的支出的增加也不可能增加就业量，因为，货币工资会随着货币支出的增加而作出成比例的上升，从而，以工资单位衡量的支出不会增加；结果，就业量不会增加。但如果古典学派的假设不能成立，那么，就有可能通过支出（以货币来衡量）的增加来增加就业量，一直到实际工资下降到等于劳动的边际负效用时为止；在该点，根据定义，必然存在着充分就业。

当然，e_{or} 通常具有的数值介乎 0 与 1 之间。因此，当货币支出增加时，价格（用工资单位衡量）上升的程度，即实际工资下降的程度，取决于产量弹性对支出（以工资单位衡量）的增加所作出的反应。

用 e'_{pr} 来表示预期价格 p_{wr} 对有效需求的变动所作出的反应，即：$\frac{dp_{wr}}{dD_{wr}}\frac{D_{wr}}{p_{wr}}$。

由于$O_r \cdot p_{wr}=D_{wr}$，我们可以得到：[2]

$$\frac{dO_r}{dD_{wr}} \cdot \frac{D_{wr}}{O_r}+\frac{dp_{wr}}{dD_{wr}} \cdot \frac{D_{wr}}{p_{wr}}=1$$

或者，　　$e'_{pr}+e_{or}=1$

就是说，价格和产量对有效需求（以工资单位来衡量）的变动所

[1] 例如，庇古教授的就业函数为 $N=\frac{qY}{W}$（见汉森，《凯恩斯导读》，第 189 页），其中 Y＝国民收入，N＝就业量，W＝货币工资，q＝国民收入（Y）中支付给劳动者的比例。按照“古典学派”的假设，当 N 增加时，W 也要增加，同时，Y 也会作出相应的增加。因此，在 q 为常数的情况下，要想通过 Y 的增加来增加 N 是不可能的。——译者

[2] 以 D_{wr} 为自变量对等式两边进行微分。——译者

作出的反应的弹性的总和等于1。根据这一规律，有效需求的作用可以被分解为两个部分：一部分影响产量，另一部分影响价格。

如果我们所考察的是整个社会的行业，而且可以找到能衡量全部产品的单位，那么，类似上述的论证过程也在此适用，从而 $e'_p + e_o = 1$；在这里，符号的右下方没有 r 的记号，是指对整个社会的行业而言。

现在，我们用货币而不用工资单位来衡量价值，并且把我们对整个社会的行业所得到的结论推广到用货币衡量的情况。

假设 W 代表单位劳动的货币工资，而 p 代表整个社会的单位产量的预期价格，那么，我们可以把对有效需求（用货币来衡量）的变动作出反应的货币价格弹性写作为 $e_p(=\frac{Ddp}{pdD})$，并且把对有效需求（用货币来衡量）的变动作出反应的货币工资弹性写作为 $e_w(=\frac{DdW}{WdD})$。我们可以很容易地证明：[①]

$$e_p = 1 - e_o(1 - e_w)$$

正如我们将在下一章所看到的那样，该方程代表我们对货币

---

① 其原因在于，由于 $p = p_w \cdot W$，而 $D = D_w \cdot W$，我们可以得到：

$$\triangle p = W\triangle p_w + \frac{p}{W}\triangle W$$

$$= W \cdot e'_p \frac{p_w}{D_w}\triangle D_w + \frac{p}{W}\triangle W$$

$$= e'_p \frac{p}{D}(\triangle D - \frac{D}{W}\triangle W) + \frac{p}{W}\triangle W$$

$$= e'_p \frac{p}{D}\triangle D + \triangle W \frac{p}{W}(1 - e'_p)$$（转下页）

数量论加以一般化的第一个步骤。如果 $e_o=0$，或者，如果 $e_w=1$，那么，产量不会有所变动，而价格则会和有效需求(用货币来衡量)作出同比例的上升。否则，价格将以较小的比例上升。

Ⅱ

我们现在回到就业函数。我们在过去已经作出假设条件，即：相应于每一水平的总有效需求，存在着该总有效需求在社会各行业之间的唯一分解方式。然而，随着总支出的改变，该总支出中对某一行业产品的支出额在一般情况下却不会作同比例的改变——其部分原因在于，当个人收入增加时，他们对各行业产品的购买量不会按相同比例增加；另一部分的原因在于，不同产品的价格会对其销售量的增加作出不同的反应。

由此可见，如果我们承认，收入可以用不同的方式被花费掉，那么，我们迄今所使用的假设条件，即，就业量纯然取决于总有效需求(用工资单位来衡量)，不过是粗略地接近于事实的说法。因为，有效需求的增加量在不同行业中的分解方式可以在很大程度上影响就业量。例如，如果增加的有效需求大量流入具有高数值的就业弹性的产品，那么，总就业量的增加就会大于有效需求大量流入低数值的就业弹性产品的情况。

(接上页)　所以，
$$e_p=\frac{D\triangle p}{p\triangle D}=e'_p+\frac{D}{p\triangle D}\cdot\frac{\triangle W\cdot p}{W}(1-e'_p)$$
$$=e'_p+e_w(1-e'_p)$$
$$=1-e_o(1-e_w)$$

按照相同方式，如果有效需求的流向改变到具有相对低微的就业弹性的产品，那么，就业量会下降，而并不需要有效需求的任何改变，就可做到这一点。

如果我们所考察的是短期现象，而短期又系指时间短到无法预料到有效需求的量和方向的改变，那么，上述的考虑之点就特别重要。某些产品的制造需要时间，从而，几乎在事实上不可能很快地增加它们的供给量。这样，如果额外需求突然流向它们，那么，它们会呈现出数值低微的就业弹性；虽然在给予充分准备时间的情况下，它们的就业弹性可能接近于1。

正是在这种场合，我觉察到了生产时期这一概念的主要意义所在。按照我的意见，[①]如果一种产品的生产时期是 n，那么，这意味着，要想使它能达到最大数值的生产弹性，事先准备的时间为 n 个时期单位。在这个意义上，整个消费品的类别显然具有最长的生产时期，因为，在每一种生产过程中，它们都居于最后阶段。这样，如果扩大有效需求的最初冲击来自消费的增加，那么，最初的生产弹性低于它最终的均衡水平的数值要比最初冲击来自投资的增加的情况来得大一些。此外，如果增加的需求流到具有相对低微数值的生产弹性的产品，那么，它的较大部分便会成为企业家的收入，而较小的部分成为工资收入者和其他进入直接成本的因素的收入；其可能的后果为：对支出具有一些不利的影响，因为，企业家很可能比工资收入者要储蓄掉他们增加的收入的较大部分。虽然如此，二者之差别不宜过分强调，因为，它们主要的作用还是相

① 这与通常的定义并不相同，但对我来说，却体现了该概念的真正有意义之处。

同的。[①]

为了将来的需求的改变，不论企业家需要的准备时期长短如何，除非在生产的每一阶段都有过剩的存货和生产能力，由于投资的既定增加量而作出反应的初始的生产弹性不可能具有比它的最终均衡值还要大的数值。另一方面，过剩的存货消耗也是对投资量增加的一种抵消。如果我们假设在初始时，生产的每一阶段都存在着过剩的存货，那么，初始的生产弹性大致接近于1。此后，当存货已经被吸收掉，但较早时期开始生产的产品尚不能充分供应时，生产弹性将会下降。随着新均衡状态的到来，生产弹性的数值会再度上升。然而，这当然要受到某些条件的限制，因为，当就业量增加时，租金的因素[1]可以吸收掉较多的支出额；如果利息率有所提高，那么，后果也可以如此。由于这些原因，在一个经常处于变动状态的经济制度中，价格具有完全的稳定性是不可能的——除非存在着某种特殊的机构，该机构能使消费倾向暂时作出应有程度的变动。但是，由此而出现的价格的不稳定性并不会导致出那种造成多余生产能力的利润动机。因为，价格不稳定所造成的意外的收益会完全为那些在生产上正好处于接近完成期的企业家所获得；而那些未能持有所需的特殊资源的企业家没有办法把这种收益吸引到自己手中。这样，由于变动而不可避免地造成的价格的不稳定性不可能影响企业家的行动，而只能把既成事实的意外收益赋予运气好的人（当变动的方向相反时，后果只需加

① 关于上述主题的进一步讨论，见我的《货币论》，第4篇。

〔1〕 租金在这里系指具有垄断性的产品或生产要素的价格。——译者

以相应的修正)。我认为,这一事实在当前的有关稳定价格的实际讨论中往往被忽略掉。在一个经常处于变动的社会中,这种稳定政策不可能完全取得成功。但是,不能据此而认为,价格每一次脱离其稳定性的暂时的微小变动必然会造成越来越大的非均衡状态。

Ⅲ

我们已经说明,当有效需求不足时,就会存在着劳动者的就业不足;后者的意义是,人们愿意接受低于现行实际工资的工资而劳动,但却仍然处于失业状态。因此,随着有效需求的增加,就业量会增加(虽然所得到的工资等于或小于现行的实际工资),一直达到一种状态;在该状态,没有更多的劳动者愿意为这时的实际工资而劳动;也就是说,除非货币工资(在此以后)上升得比价格要快,没有更多的劳动者(或劳动单位)愿意从事劳动。下一个要考虑的问题是,如果在这一状态已经到达以后,总支出仍在继续增加,那么,其后果为何。

在到达这一状态之前,把更多的劳动用于既定量的资本设备所引起的收益递减系由劳动者所愿意接受的递减的实际工资所抵消。但是,在这一状态之后,要想得到一个单位的劳动,必须给予的报酬必须相当于更多数量的产品,而使用一个增加单位的劳动却仍然会带来递减数量的产品。因此,在该状态后,严格的均衡条件要求工资、价格以及利润与总支出作同比例的增长,而包括产量和就业量在内的"以实物衡量的"位置却没有任何改变。就是说,我们已经达到这样一种状态，在这种状态，粗略的货币数量论（把货币的“流通速度”解释为货币的“收入流通速度”）完全适用。因为在这里，产量不变，而价格却和 MV 以完全相同的比例上升。

虽然如此，要想把这一结论应用于现实，还必须考虑到下列的限制条件：

（1）至少在一段时期中，上升的价格可以迷惑企业家，使他们把就业量增加到超过他们能获得最大利润（以他们的产品来衡量）的水平。其原因在于，企业家已经如此地习惯于把以货币衡量的销售额的上升当做扩大生产的信号，以致当这种办法在事实上已经不能使他们处于最有利的位置时，他们还继续这样做，即，在新的价格体制中，他们低估了他们的边际使用者成本。

（2）由于企业家必须把他们的利润的一部分以一笔合同事先规定的固定数额（用货币来衡量）作为租金支付给租金领取者，所以上升的价格，即使在产量没有变动的情况下，也会使收入分配有利于企业家，而不利于租金领取者。这种再分配也许会对消费倾向产生影响。然而，这个过程并不是达到充分就业时才开始的——随着总支出持续增加，该过程也不断进行。如果领取租金者比企业家较不易于花费金钱，那么，把实际收入从前者那里转移出来意味着，和相反转移的事态相比，达到充分就业只需较少的货币数量的增长以及较少的利息率的降低。当充分就业已经到达之后，如果处于第一种，即从前者转移出来的事态，那么，价格的进一步上升意味着利息率必须上升，以便阻止价格无限制地上涨，而货币数量增加的比例也将小于总支出的增加。如果处于第二种事态，那么，后果会相反。一个可能出现的情况是，领取租金者实际收入的减少会达到某一点；在该点，作为领取租金者相对贫困的后果，上述的第一种事态会转变为第二种。这一情况在到达充分就业以前或以后都可以出现。

Ⅳ

在通货膨胀和通货收缩之间存在的明显的非对称性也许会使人感到有点困惑。可以看到，虽然有效需求收缩到充分就业要求的水平以下会压缩就业量和价格，然而，有效需求膨胀到超过这一水平时却仅仅会影响价格。可是，这种非对称性不过是对事实的反映，即，虽然当实际工资小于某一就业量的劳动边际负效用时，劳动者总是可以拒绝工作，从而使该就业量不能实现，但当实际工资不小于某一就业量的劳动边际负效用时，劳动者却不能强行就业，以便使该就业量得以达成。

第二十一章　价格论

I

经济学者们在论述所谓价值论的问题时，他们习惯于说，价格取决于供给和需求的情况，而特别是边际成本和短期的供给弹性被认为起着重大作用。但当他们进入著作的第 2 卷，或更经常地进入另一本著作中的货币和价格论时，我们便不再看到这些简单通俗、然而却是易于理解的概念。我们便进入于另一个世界：在那里，价格取决于货币数量、取决于货币的收入流通速度、取决于就交易量而言的流通速度、取决于货币贮藏、取决于强迫储蓄、取决于通货膨胀、取决于通货收缩，如此等等。然而，人们很少或根本不去把这些意义比较含糊的在货币方面的说法和过去的供给和需求弹性等名词联系起来。如果我们对我们所学到的这一切进行思考，并且试图把它们统一起来的话，那么，在较简单的货币方面的讨论中，似乎可以说，供给弹性应该等于零，需求则与货币数量保持相同比例的变动；而在较深奥的论述里，我们坠入大雾之中；在雾中，什么都看不清，而任何事情都有可能。所有的我们这些人习惯于使我们自己有时处于月亮的一面，有时处于另一面，同时又不知道两面相联的路线和旅程。这种情况有点像我们在清醒时和睡梦中的关系。

以往各章的目的之一在于避开这样双重生活方式，并且把整个的价格论和价值论密切结合起来。我认为，把经济学的内容区分为作为其价值论、分配论的一个部分和作为其价格论的另一个部分是错误的方法。我所建议的正确的二分法应该区分两个方面：一方面是单个行业或厂商的理论以及关于既定数量的资源在不同使用上的报酬和分配；另一方面为整个社会的产量和就业量。只要我们假设资源的总就业数量不变并且又暂时假设其他行业或厂商的情况也保持不变，而把我们研究的范围限制于单个的行业或厂商，那么，我们可以不去顾及货币的具有重大作用的特点。但一旦我们进入什么决定整个社会的产量和就业量的问题，我们就需要有关货币经济制度的完整的理论。

或者，我们也许可以在静止不变的均衡和移动的均衡之间划出一条分界线——后者系指某一种经济制度的理论；而在该制度中，对将来看法的改变会影响现在的事态。因为，货币的重要性主要来自它是联系现在和将来的环节。我们可以最先考虑一个我们对将来的看法是固定不变并且完全可靠的世界；考虑在该世界中，在正常的经济动机的作用之下，资源如何在不同使用方式之间进行分配才能符合于均衡状态——然后也许作出进一步的区分，即区分为：一种是没有变动的经济制度；另一种为处于变动之中的而且会作出变动的经济制度，但在该制度中，一切将来的事物在开始时都是事先能预料到的。从这种简单化的初步知识，我们也许可以进入现实世界的问题；在现实世界中，我们在过去对将来所作出的预期可以不能应验，而对将来的预期又影响我们在今天的行动。

正是在我们作出进入现实世界的转变时，货币作为联系现在和将来的环节的特点必须进入我们的考虑之中。虽然移动的均衡的理论必须以货币经济制度作为研究的依据，但这一理论还是应被当做属于价值论和分配论的范畴，并不属于一个与之相分离的"货币论"的范畴。无论如何，货币的最重要的特点是能把现在和将来联系在一起的微妙的环节；从而，除非使用货币，我们甚至不能开始讨论预期的改变对现行活动的影响。甚至通过取缔黄金、白银以及法定偿债物，我们也不能取消货币。只要存在着具有货币特点①的任何耐久性财物，它便会造成货币经济制度的特殊问题。

Ⅱ

对一个单一的行业而言，它自己所具有的价格水平部分地取决于进入它边际成本的生产要素的报酬，部分地取决于它的产量的规模。当我们论述整个社会行业时，我们没有理由来修改这一结论。一般的价格水平部分地取决于进入它边际成本的生产要素的报酬，部分地取决于整个产量的规模，即(在既定的设备和技术的条件下)取决于就业量。当然，当我们进而论及整个社会的产量时，任何行业的生产成本会部分地取决于其他行业的产量。但我们必须加以考虑的较此为重要的事项是，需求的变动对成本和产量这二者的影响。当我们考察整个的需求，而不再是在假设整个需求不变的状态下孤立地考察单一产品的需求时，我们必须引入

① 参阅上面第 17 章。

的新观点正是在需求方面。

Ⅲ

如果为了简单化起见，我们可以假设，进入边际成本的一切生产要素的报酬都按相同的比例变动，即按工资单位的变动比例来变动，那么，一般价格水平（在既定设备和技术的条件下）应该既部分地取决于工资单位，又部分地取决于就业量。因此，货币数量的改变对价格水平的影响可以被分解为两个部分，即货币数量的改变对工资单位的影响和对就业量的影响。

为了说明这里牵涉到的观点，我们进一步加以简化并且作出下列假设条件：(1)所有的失业资源都是相同的，而且在进行生产时可以相互代替使用，同时又具有相同的效率；(2)只要存在着失业的进入边际成本的生产要素，它们便不会要求增加现行的货币工资。在这种假设条件下，只要存在着任何失业现象，生产的规模收益和工资单位均保持不变。就是说，只要存在着任何失业现象，货币数量的增加对价格没有任何影响；而且，就业量会和货币数量的增加所导致的有效需求作出完全相同的比例的增长。与此同时，一旦达到充分就业以后，工资单位和价格会和有效需求作出完全相同比例的增长。可以看到，只要存在着失业现象，供给曲线便具有完全的弹性；一旦达到充分就业以后，供给曲线就完全没有弹性。如果有效需求和货币数量保持相同比例的改变，那么，货币数量论可以被阐明如下："只要存在着失业现象，**就业量**会和货币数量作出相同比例的改变；而当充分就业存在时，**价格水平**会和货币数量作出相同比例的改变”。

我们作出了足够多的简化问题的假设条件来使得货币数量论得以成立。在以如此的方式来保持传统的学说以后，我们还必须考虑可能在现实中对事态发生影响的各种复杂因素：

(1)有效需求不和货币数量作出相同比例的改变。

(2)由于资源并不完全相同，所以随着就业量的逐渐增加，收益可以递减，而不是保持不变。

(3)由于资源是不能相互代替的，所以，某些商品的供给已经处于缺乏弹性的状态，而与此同时，却还存在着失业的生产其他商品的资源。

(4)在充分就业到达以前，工资单位已经趋于上升。

(5)进入边际成本的生产要素的报酬并不按相同的比例改变。

我们首先考虑货币数量的改变对有效需求数量的影响。一般说来，有效需求增加的一部分系被消耗于增加就业量，另一部分系被消耗于提高价格水平。这样，实际的后果不是失业情况下的不变的价格水平和充分就业情况下的价格水平和货币数量保持相同比例的上升，而是价格水平随着就业量的增加而逐渐上升。由此可见，价格论应该分析的是货币数量的改变和价格水平之间的关系，其目的在于决定价格对货币数量的改变所作出的反应的弹性。因此，价格论必须研究上面列出的五个使问题复杂化的因素。

我们将对它们依次加以考虑。但是，这种做法绝不意味着它们是完全相互独立的。例如，有效需求的增加量被分解为提高产量和提高价格的两个部分之间的比例可以影响货币数量和有效需求数量之间的关系。我们这种做法并不代表一种能给出万无一失的机械式或照搬照抄的操作方法，而代表一种有系统的和有秩序的思维方法来对具体问题找出解决之道。在我们把使问题复杂化的因素一一分离出来并且得出暂时性的结论以后，我们还要回过头来尽量顾及到各因素之间可能存在的相互作用。这就是经济学思维的性质。任何其他的方式来应用我们理论上的思想原理（当然，没有这些原理，我们会茫然若失，无所适从）都会引导我们到错误的途径。正如我们在本章第6节所说明的那样，用虚假的数学方法把一个经济分析的体系加以公式化和形式化并假设所牵涉到的各种因素之间全然相互独立；这种做法的最大的弊端在于：一旦各种因素之间全然相互独立的假设条件不能成立，那么，它就会失去其说服力和权威性。与此不同，在使用普通方法的论述中，我们并不盲目地进行推导；我们总是知道我们在做什么，也知道其现实的意义是什么；我们可以把必要的保留之处、限制条件和以后要进行的调整"储存于我们的头脑之中"。然而，我们却不能把偏微分所简化掉的复杂关系"储存于"几页代数的推导之中，而这几页代数的推导已经假设：这些偏微分的导数都等于零。在近来的"数理"经济学中，只能代表拼凑之物的部分实在太多了；这些部分的不精确的程度正和它们赖以成立的假设条件是一样的。假设条件使那些作者们能在矫揉做作和毫无用处的数学符号中，忘掉现实世界的复杂性和相互依赖的性质。

Ⅳ

(1)货币数量的改变主要系通过它对利息率的作用而对有效

需求的数量发生影响。如果这是影响的唯一渠道,那么,影响的数量可以来自三个因素:(a)流动性偏好曲线;该曲线告诉我们,利息率应该下降多少才能使人们吸收到新增加的货币量;(b)资本边际效率曲线;该曲线告诉我们,既定量的利息率的下降会增加的投资量为多少;以及(c)投资乘数;该乘数告诉我们,既定量的投资所能增加的有效需求的总量为多少。

但是,虽然这一分析对我们的研究提供了有用的程序和方法,然而,如果我们忘记:这三个因素(a)、(b)和(c)本身也部分地取决于复杂性因素(2)、(3)、(4)和(5),而这些复杂因素尚未加以考虑,那么,这种分析可以使我们误入歧途。其原因在于,流动性偏好曲线本身取决于新增加的货币数量中的多大部分被纳入收入和企业业务的流通之中,而这种流通又取决于有效需求增加的程度并且取决于有效需求如何被消耗于价格的上升、工资的上升以及产量与就业量的增加。此外,资本边际效率曲线部分地取决于货币数量的增加所带来的事态对将来货币市场情况的预期的影响。最后,增加的有效需求所导致的新收入如何被分配于不同阶级的消费者的方式会影响乘数的数值。当然,这里所列举的各种可能的相互影响事项并不包括其全部内容。虽然如此,如果我们能掌握全部数据,那么,我们会有足够多的联立方程来使我们得到具体的解答。我们会得出:当货币数量的增加额为既定时,在照顾到一切事项以后,与该增加额相应的、并与之保持均衡的有效需求的具体增加量应为多少。此外,只有在非常例外的情况下,货币数量的增加才会导致出有效需求数量的减少。

有效需求量和货币数量之间的比例与我们往往称之为"货币

的收入流通速度"的数值是非常近似的——不同之处在于，有效需求相当于能使生产进行下去的预期收入，而不是实际上实现了的收入；它指的是总收入，而不是净收入。但是，"货币的收入流通速度"本身不过是一个什么也解释不了的名词。我们没有理由来认为它是一个常数，因为，正如我们在上面的论述中所说明的那样，它取决于许多复杂和易于变动的因素。我认为，这一名词的运用会掩盖真正的因果关系并且除了引起混乱以外，毫无好处。

(2)正如我们已经在上面(第47～49页)说明的那样，收益递减和收益不变部分地取决于劳动者是否按照他们的工作效率得到报酬。如果是按照工作效率，那么，当就业量增加时，劳动成本会不变(以工资单位来衡量)。但如果不管劳动者个人的效率如何，某一级别的劳动者的工资相同，那么，不论设备的效率如何，劳动的成本就会持续上升。此外，如果设备不相同，那么，使用其中的某些部分会引起较大的单位产品的直接成本。这样，在劳动成本的增加所造成的成本增加之上，还有一个使边际直接成本持续增加的另一因素。

因此，一般来说，当既定设备的产量增加时，供给价格将要增加。由此可见，不论工资单位是否有所变动，产量的增加将要带来上升的价格。

(3)在上面的(2)中，我们已经考虑过供给曲线缺乏完全弹性的可能性。如果在失业的专业化的资源之间，保持着完全符合需要的比例关系，那么，各种失业的资源会同时达到充分就业。但一般说来，当对某些劳务和商品的需求达到它们的供给暂时已经完全没有弹性的情况时，多余的其他资源仍然可以存在并且还没有就业。这样，当产量增加时，会不断地碰到“瓶颈状态”；处于该状态，某些商品的供给已经不再具有弹性，从而它们的价格必须上升到必要的程度，以便使需要转向其他方面。

随着产量的增加，只要每一种有效率的资源都处于尚未全部就业的状态，一般的价格水平很可能不会上升很多。但一旦产量增加到足够的程度，以致开始接触到“瓶颈状态”时，一些商品的价格很可能要急剧上升。

然而，在本点以及第(2)点中，供给弹性部分地取决于时间的长短。如果我们假设足够的时间，使机器设备能改变其数量，那么，最终的供给弹性会具有远为较大的数值。这样，当一次温和的有效需求的变动出现于失业普遍存在的情况时，该有效需求被消耗于提高价格的部分会很小，而会主要地被用之于增加就业。与此同时，一次较大的有效需求的变动，由于事先没有被预见到，则可以造成一些暂时性的“瓶颈状态”，从而，会被消耗于提高价格，而不是增加就业量。这种后果在开始时出现的程度要大于在其后的出现程度。

(4)在充分就业到达以前，工资单位可以趋于上升。这一事实已经无需多加解释和评论。其他条件相同，由于提高某一劳动群体的工资会对该群体的劳动者有利，所以，一切劳动群体都会为提高工资而施加压力。对此，企业家在经营情况较为良好时比较易于接受。由于这一原因，任何有效需求的增加量的一部分很可能被消耗于满足工资单位增长的要求。

由此可见，在最终到达充分就业的关键之点以后，作为对以货币衡量的有效需求增长的反应，货币工资必须和工资品的价格保持同比例的上升，而且，在到此点以前，早已存在着一系列的半关键性之点；处于这些半关键性之点，有效需求的增加还是趋于提高货币工资，虽然提高的程度并不完全等于工资品价格上升的比例。当有效需求减少时，后果是类似的。从实际经验来看，工资单位并不对有效需求的每一微小的变动作出以货币来衡量的连续变动的反应，而是非连续变动的反应。这些非连续的各点取决于劳动者的心理状态，并取决于雇主和工会的政策。在一个开放的经济制度中，上述工资单位变动的各点意味着相对于其他国家的工资成本的变动，而在经济周期的过程中，它们甚至在封闭的经济制度中也意味着相对于预期的将来工资成本的变动。因此，它们可以具有相当重大的现实意义。当经济制度处于这些点之上时，以货币衡量的有效需求的进一步增加便会造成工资单位的间歇性的上升。因此，从某种观点来看，它们可以被认为是半通货膨胀状态，从而，和完全的通货膨胀(参阅下面第 317～318 页)具有一些类似之处(虽然类似是很不完全的)，而完全的通货膨胀则为在充分就业的境况下，有效需求的再度增加必然导致的后果。此外，这些点还具有颇大的历史上的重要性，然而，要想在理论上对它们加以概括却并不容易。

(5)我们的初步简单化的假设条件包括：进入边际成本的各种要素的报酬都按相同的比例改变。但在事实上，以货币衡量的各种要素的报酬却呈现出不同程度的刚性，而且，它们对货币报酬的改变，也可以具有不同的供给弹性。如果不是由于这一原因，那么，我们应该说，价格水平取决于两个因素，即工资单位和就业数量。

在边际成本中，以与工资单位不同的比例作出变动、并且变动幅度也较大的要素很可能是边际使用者成本。因为，当就业量开始增加时，如果（很可能如此）有效需求的增加使得人们现在对何时有必要更换设备的预期日期有着快速的改变，那么，边际使用者成本可以急剧上升。

虽然就许多的研究目的而言，对进入边际直接成本的一切要素的报酬作出与工资单位保持相同比例的假设条件不失为一个非常有用的初步逼近现实的方法，然而，较好的办法也许是，采用进入边际直接成本的一切要素报酬的加权平均数并称它为**成本单位**。因此，成本单位或在上述逼近现实条件下的工资单位可以在基本上被当做价值标准。这样，在既存的技术和设备的条件下，价格水平会部分地取决于成本单位，部分地取决于产量的多寡。当产量增加时，价格水平的增加比例要**大于**成本单位，因为在短期中，边际产品会递减。当产量上升到一个水平，而处于该水平，各生产要素的典型单位的边际产品等于维持该水平产量的生产要素所要求的最低报酬时，我们已经达到充分就业的状态。

V

当有效需求的数量的上升不能进一步增加产量，从而完全被消耗于与它上升数量保持相同比例的成本单位的增长时，我们便已经到达可以大致被称为真正的通货膨胀的状态。迄今为止，货币数量扩大的作用完全是程度问题，从而在过去的过程中，我们不能在哪一点画出一条分界线并且宣称，该线表明通货膨胀的到来。以货币数量的扩大能增加有效需求而论，它过去的每一次扩大很可能被部分地消耗于增加成本单位，部分地被消耗于增加产量。

因此，我们看来可以说，在真正的通货膨胀到来的分界线的两边，存在着某种不对称的现象。当有效需求缩小到分界线以下时，如果用成本单位来衡量，那么，它的数值便要减少。当有效需求扩大到分界线以上时，如果用成本单位来衡量，那么，它的数值一般不会增加。这一结果系来源于我们的假设条件，即各种生产要素，特别是劳动者，总是倾向于抵抗它们货币报酬的减少，而对货币报酬的增加则并不存在相应的动机。这一假设条件显然具有充分的事实根据；其原因在于，如果报酬的改变是非普遍性的，那么，当报酬上升时，对报酬上升的生产要素有利，而当报酬下降时，则对报酬下降的生产要素会带来损失。

如果情况与上述相反，即只要存在着小于充分就业的倾向，货币工资会无限制地下降，那么，非对称性就会消失。然而，在这种情况下，在充分就业之下便没有稳定的状态，一直到利息率不可能下降得更低，或一直到工资为零时为止。事实上，要想使我们的货币经济制度能有任何稳定性，那么，某种因素的以货币衡量的价值必须具有粘性，如果不是完全不变的话。

货币数量的任何增加都会造成通货膨胀的说法（除非所指的通货膨胀仅就价格的上升而言）来源于古典学派的基本假设条件的影响。该假设条件认为，我们总是处于一种情况；在这种情况下，生产要素的实际报酬的减少会导致它们的供给量的下降。[1]

Ⅵ

使用第20章所引入的符号，我们可以把上面的论述用符号形式表示出来。

我们令 MV＝D；在这里，M 为货币数量，V 是它的收入流通速度（这一定义在某些次要的方面不同于上面已经指出的通常定义），而 D 则代表有效需求。如果 V 保持不变，那么，在 $e_p\left(=\frac{Ddp}{pdD}\right)$ 等于1的条件下，价格水平会和货币数量作相同比例的变动。如果 $e_0=0$，或者，$e_w=1$，那么，$e_p=1$ 的条件会得以满足（见上面第300～301页）。$e_w=1$ 的条件意味着以货币来衡量的工资单位和有效需求保持同比例的上升，因为，$e_w=\frac{DdW}{WdD}$。$e_0=0$ 的条件意味着产量不再对有效需求的进一步增加作出反应，因为，$e_0=\frac{DdO}{OdD}$。产量在两种条件的任何一种下都不会改变。

接着，我们论述收入流通速度可以改变的情况。在这里，我们引入一个新的弹性概念，即有效需求对货币数量作出反应的弹性：

$$e_d=\frac{MdD}{DdM}$$

〔1〕这意味着，要想提高供给量，生产要素的报酬（从而价格）必须和货币数量作出同比例的增长。这样，便可以造成生产要素和价格的上升螺旋。——译者

这使我们得到：[1]

$$\frac{\mathrm{M}dp}{pd\mathrm{M}}=e_p \cdot e_d\text{；这里，}e_p=1-e_e e_0(1-e_w)\text{；}^{[2]}$$

所以，
$$\begin{aligned} e &= e_d-(1-e_w)e_d \cdot e_e \cdot e_0 \\ &= e_d(1-e_e \cdot e_0+e_e \cdot e_0 \cdot e_w) \end{aligned}$$

这里，右下方没有符号的 $e(=\frac{\mathrm{M}dp}{pd\mathrm{M}})$ 照顾到了一系列 e 的影响；它衡量货币价格水平对货币数量改变所作出的反应。

由于上面最后的公式告诉我们价格水平对货币数量的改变比例所作出的改变比例，所以它可以被当做货币数量论的一个一般性的表述。我个人并不对这种推导方式赋予多大的价值，并且愿意重述我在上面提出过的应加警惕之处，即这种推导和通常使用的类似方式一样，往往暗含着把某些变量当做自

〔1〕 $e_p \cdot e_d=\frac{\mathrm{D}dp}{pd\mathrm{D}} \cdot \frac{\mathrm{M}d\mathrm{D}}{\mathrm{D}d\mathrm{M}}=\frac{\mathrm{M}dp}{pd\mathrm{M}}$。——译者

〔2〕 这个 e_p 的公式和第 20 章第 299 页上的 e_p 公式不一致；二者的差别在于，在前一个公式的 e_0 之前，多乘了一个 e_e。译者认为，差别的原因是：凯恩斯在论述后一个公式时，他假设 $e_e=1$；为此，他在第 20 章第 2 节中加以说明：这“不过是粗略的接近于事实的说法”。由于 $e_e=1$，所以在 e_0 之前是否乘以 e_e 是无所谓的事情。然而，在论述前一个公式时，他放弃了这一假设；因此，在 e_0 之前必须乘以 e_e。

此外，$\frac{\mathrm{M}dp}{pd\mathrm{M}}=e_p \cdot e_d$ 这一公式总结了凯恩斯的货币数量论的基本内容。按照他的意见，货币数量论相当于价格水平对货币数量的弹性（$\frac{\mathrm{M}dp}{pd\mathrm{M}}$），即，当货币数量每 1％的变动所引起的价格变动的百分比。他把这一弹性看成是两种弹性的乘积，$e_p \times e_d$。e_d 代表有效需求对货币数量的弹性，即当货币数量每 1％的变动所导致的有效需求的变动的百分比；对 e_d 的存在，凯恩斯仍然用第 20 章以前的有关就业的基本理论加以解释。e_p 代表价格对有效需求的弹性，即当有效需求每 1％的变动所造成的价格变动的百分比；对 e_p 的存在的说明构成第 20 和第 21 章的主要内容。——译者

变量的假设条件(从而在整个的推导中忽视偏微分式的存在)。我怀疑,这种推导方式是否能比普通的论述方式使我们得到更多的东西。把这些推导方式写在纸面上的最大有用之处也许是以此来说明:当我们把价格水平和货币数量之间的关系用公式化的形式加以表达时,这一关系的极端复杂的性质可以被明显地表示出来。虽然如此,还是有必要指出在货币数量的改变赖之以对价格水平产生影响的四个因素中,即在 e_d、e_w、e_e 和 e_0 中,e_d 代表流动性因素,它们决定在各种情况下的对货币的需求。e_w 表示劳动因素(或者,更确切地说,进入直接成本的因素),它们决定就业量增加时的货币工资提高的程度。e_e 和 e_0 则代表物质因素,当更多的就业量施加于现有设备时的收益递减的程度。

如果公众所持有的货币量是他们收入的一个不变比例,那么,$e_d=1$。如果货币工资保持不变,那么,$e_w=0$。如果规模收益在全部过程中保持不变,从而,边际收益总是等于平均收益,那么,$e_e \cdot e_0=1$。如果已经存在着劳动的充分就业或设备的充分就业,那么,$e_e \cdot e_0=0$。

假设 $e_d=1$ 并且 $e_w=1$,或者,假设 $e_d=1$、$e_w=0$ 并且 $e_e \cdot e_0=1$,或者,假设 $e_d=1$ 并且 $e_0=0$,那么,$e=1$。显然可以看到,存在着一系列 $e=1$ 的其他特殊事例。但一般说来,e 不等于 1;而且,我们也许具有充分理由作出一般性的结论:在大致符合现实世界的假设条件下,除了在 e_d 和 e_w 的数值变为很大的"对持有货币的逃避"的事例以外,e 的数值总是小于 1。

Ⅶ

到目前为止，我们的论述主要是，在短期中，货币数量的改变如何影响价格。在长期中，二者的关系是否会简单一些？

这是一个对历史作一般性总结的问题，而不是纯理论的问题。如果在历史上存在着某种倾向，以致使我们能对流动性偏好状态的规律性加以衡量，那么，就悲观时期和乐观时期的流动性偏好的平均值而言，在国民收入和用以满足流动性偏好的货币数量之间有可能存在着粗略的关系。例如，可以存在着一个对国民收入的具有相当稳定性的比例。如果利息率处于某种最低水平以上，那么，人们便很难在长期中持有超过该比例以上的在手中不能生息的闲置货币。因此，如果流通中的货币数量超过该比例所要求的数量，那么，经济制度中迟早会出现降低利息率的倾向，把利息率压低到上述最低水平。于是，其他条件相同，下降的利息率会增加有效需求，而增加的有效需求会到达一个或数个具有某种关键性之点；处于这些关键性之点，工资单位趋于作出间歇性的上升，从而会对价格作出相应的影响。如果流通中的货币数量占有的国民收入的比例低于正常状态，那么，相反的倾向会出现。由此可见，在一段时期中利息率波动的净作用在于形成一个平均数，以便适应国民收入和货币数量之间的稳定比例，而对这一稳定比例，群众的心理作用迟早会使现实状态与之相符合。

这些倾向性在向上发生作用时比在向下发生作用时可能要遭遇到较小的阻力。但如果货币数量在长期中处于非常不足的状态，那么，解决之道通常是改变货币本位或者改变货币制度，以便提高货币数量，而不是压低工资单位，以致加重债务的负担。因此，价格在非常久远时期的历程几乎总是上升的。其原因在于：当货币相对充足时，工资单位上升；而当货币相对稀缺时，人们总是找出某种手段来增加有效的货币数量。

在19世纪，把消费倾向考虑在内，人口的增长、新发明的出现、新开发的地区、人们的信心状态以及战争的次数以每(譬如说)10年的平均数而论，似乎足以形成一条资本边际效率曲线，而该曲线在利息率高到足以满足财富所有者心理要求的情况下，能使就业量的平均水平处于令人感到合理的满意程度。有证据表明，在几乎为150年的时期中，在大金融中心的典型的长期利息率大致为5%，优质债券利息率在3%和3.5%之间；而这种利息率低微到足以使投资量能把平均的就业量维持在能使人容忍的水平。有时候，工资单位会受到调整，而更经常受到调整的则是货币本位或货币制度(特别是通过银行货币的使用)。调整的目的在于保证，以工资单位衡量的货币数量能充足到在大致不低于上述利息率数值的条件下满足正常的流动性偏好的要求。总的来说，工资单位通常是稳定上升的，然而，劳动效率也在增加。因此，各种力量发生作用的后果是使价格具有相当程度的稳定性——根据索贝克价格指数，在1820到1914年间，5年平均指数的最高值仅比其最低值高出50%。这并不是偶然现象。这一现象可以被正确地理解为是那个时代的各种力量所造成的后果。在那个时代中，由单个雇主所构成的各个群体具有足够强大的力量来使工资单位的上升不至过分快于生产效率的提高；与此同时，货币制度具有足够程度的灵活性和保守性，以致它所提供的以工资单位衡量的平均货币供给量能使利息率处于财富所有者在其流动性偏好影响下所愿意接受的最低水平。当然，就业量的平均水平还是在相当大的程度上处于充分就业之下，但却并不居于如此令人不能容忍的低微位置，以致会引起革命。

在今天和预料中的将来，由于一系列的原因，资本边际效率远低于它在19世纪的数值。因此，我们当代问题的尖锐性和独特性可能起因于合理的平均就业量水平所要求的平均利息率的低微程度，而这一程度使财富所有者如此难于接受，以致仅仅依靠操纵货币数量的手段而建立起来的利息率也无济于事。如果仅仅保证以工资单位来衡量的货币供给具有充沛的数量便能使10年、20年或30年中的平均就业量处于令人可以容忍的水平，那么，甚至在19世纪，也会找出解决问题的办法。如果这就是我们现在的唯一问题——这样，我们所需要做的一切便是一次足够程度的通货贬值——那么，我们在今天也肯定会找出解决的办法。

然而，在我们当前的经济制度中，最稳定，也最难于改变的因素一向是，在将来也很可能是，财富所有者一般愿意接受的最低利息率。[①] 如果能令人容忍的就业水平所要求的利息率远低于它在19世纪的平均值，那么，我们非常怀疑，仅仅依靠操纵货币数量的手段便能做到这一点。资本边际效率代表借款者预期能从借款中得到的收益，而从该收益中，还必须减去：(1)把借款者和放款者拉

① 参阅巴杰霍特引用的19世纪的成语："约翰牛(英国)可以经受得住许多事情，但却经受不住百分之二"。

拢在一起所需要的费用,(2)所得税和附加税,以及(3)需要补偿放款者的风险和不肯定性的费用。从收益中减去这些项目后剩下来的才是净收益,即能被用来诱使财富所有者牺牲流动性的代价。如果在可以容忍的就业量的条件下,这个净收益数量低微到不足道的程度,那么,老一套的解决办法就可以无效。

现在回到我们当前的主题。国民收入和货币数量的长期关系取决于流动性偏好,而价格的长期稳定性和非稳定性则取决于工资单位(或者,更确切地说,成本单位)的上升速度和生产效率增加的速度二者之间的对比。

第 六 编

通论引起的几点思考的概述

第二十二章　略论经济周期

在以往的各章中，由于我们宣称，我们已说明了决定任何时期的就业量的是什么，所以，如果我们是正确的，那么，我们的理论必须能解释经济周期的现象。

如果我们详细考察任何一次实际的经济周期的过程，那么，我们会发现，它非常复杂，而且，为了对它作出完整的解释，我们所论述过的每一因素都是必要的；特别是，我们将会发现，消费倾向的波动、流动性偏好状态的波动以及资本边际效率的波动都起着各自的作用。但我认为：经济周期的基本特征，特别是能使我们称它为周期的时间过程和时间长短的规律性，主要是由于资本边际效率的波动。我相信，经济周期最好应被当做系由资本边际效率的周期性的变动所造成；当然，随着这种变动而到来的经济制度中的其他重要短期变量会使经济周期的情况变得更加复杂和严重。详尽说明这一观点需要一整本著作，而不是其中的一章，同时也要求对事实加以详尽的考察。但下面的简短论述足以表明我们过去所提出的理论所意味着的研究经济周期的途径。

I

周期性的变动是指，当一个经济制度发展到，譬如说，上升的方向时，促使其上升的各种因素最初积聚力量并且相互推动一直到某一点；在该点，它们趋于为作用相反的因素所代替，而这些相反方向的因素又在一段时期中积聚力量并且相互推动一直到它们也抵达它们的最大发展之处，然后，趋于衰落并且让位于作用相反的因素。这里所说的周期性的变动并不仅仅指上升或下降的趋向；它们一旦得以开始，并不永远按照同一方向行进，而是最终把方向逆转回来。此外，它还指变动的时间的序列以及上升与下降的期间都具有某种可以被识别的程度的规律性。

然而，要想使我们的说明符合要求，被我们称之为经济周期的另一特点必须加以解释，即解释危机的现象——下降的倾向代替上升倾向的过程总是以突然和剧烈的形式出现；而另一方面，当上升的倾向代替下降的倾向时，一般说来，总是没有一个类似的急剧的转折之点。

当然，如果没有相应的消费倾向的改变与之抵消，那么，任何一次投资的波动都会造成一次就业的波动。由于投资量是一个受到高度复杂的影响的变量，所以影响投资量本身或影响资本边际效率的一切因素不大可能全都具有周期性的特点；具体的特殊事例是：有关农业波动引起的经济周期。关于这一特例将在本章的后一节中单独加以考察。虽然如此，我还是认为，以发生于 19 世纪环境中的典型的工业经济周期而论，资本边际效率的波动应该具有周期性的特点。这里的原因无论就其本身而言，还是就其作为解释经济周期的因素而言都不是陌生的。我在这里的唯一目的仅在于把它们和过去论述的理论结合起来。

Ⅱ

我进行论述的最好方式是从繁荣阶段的最后时期和“危机”的到来时期开始。

我们在上面已经看到，资本边际效率①不仅取决于现有的资本品数量的多寡和生产它现在所需要的成本，而且也取决于对资本品将来收益的现行的预期。因此，对耐久性的资产而言，对将来的预期在决定新投资的最优规模上自然、而且是理所当然地起着决定性的作用。但正如我们已经看到的那样，这种预期的依据是非常捉摸不定的。由于预期的依据捉摸不定，所以它会发生突然和剧烈的变动。

对于“危机”的解释，我们一向习惯于强调利息率上升的倾向，而利息率的上升倾向又是由于来自交易和投机动机的对货币需求的增长。有时，这一利息率上升的因素确实可以起着使事态严重化的作用，偶然也许起着导火线的作用。但我认为，对危机的更加典型的、而且往往是决定性的解释在基本上并不是利息率的上升，而是资本边际效率的突然崩溃。

繁荣阶段的后期特点是：对资本品的将来收益的乐观预期强大到足以补偿资本品数量的日益充沛、它们的生产成本的上涨以及可能出现的利息率的上升。在有组织的投资市场（有价证券交

① 当我们的意思是指“资本边际效率曲线（或表）”时，如果在行文中不存在误解的余地，那么，我们往往为了方便而写作为“资本边际效率”。

易所和其他类似的市场)中,购买者在很大程度上对他们所购买的东西认识得并不清楚,而投机者则更加关心于预期下一次市场心理的变动,而不是对资本资产的将来收益作出合理估计。在这种影响之下,有组织的投资市场的性质是:当过度乐观和过度购买的幻想破灭时,市场价格会以突然和灾难性的巨大力量下降。① 此外,伴随着资本边际效率的崩溃而到来的对将来的惶恐和不肯定性很自然地促使流动性偏好急剧增长——由此而导致利息率的上升。可以看到,资本边际效率的崩溃再加上随之而来的利息率的上升这一事实会严重加剧投资的下降。虽然如此,但造成该情况的实质性的因素还是资本边际效率的崩溃;特别就促成一次繁荣阶段的新投资重点的那些资本品而言,它们的资本边际效率的崩溃作用更大。除了受到交易量增加和投机动机的增长的影响而增加的部分以外,流动性偏好会保持不变,一直到资本边际效率崩溃以后才开始扩大。

正是由于资本边际效率的崩溃,所以萧条状态才如此难于治理。在萧条状态延续一段时间以后,利息率的下降固然会成为有助于复苏的重大因素,很可能也是必要的因素;但在目前,资本边际效率已经崩溃到如此彻底的程度,以致利息率下降到现实上可能做到的水平都无济于事。如果利息率的下降能够单独构成治疗萧条的有效手段,那么,就有可能很快造成经济复苏而不需要一段拖延的时间,同时,造成复苏的手段大致也都是那些能由货币当局

① 我已经在上面(第12章)说明,虽然私人投资者本人很少直接负责新投资,然而,对新投资直接负责的企业家会发现,虽然他们掌握较多的投资知识,但迎合市场看法在经济上是有利的,而且这样做是不可避免的。

加以控制的手段。然而，事实表明，通常的情况并不如此。要想恢复资本边际效率并不那样容易，因为，资本边际效率在目前系由无法控制和不听控制的工商业界的心理状态所决定。用普通的语言来说，在个人行为自己作主的资本主义经济中，信心的恢复远非控制所能奏效。经济萧条的这一方面的特点为银行和工商业界人士正确地加以强调，而又为那些对“纯粹货币”的治疗方案具有信心的经济学者们加以低估。

这便使我到达了我论述的目的。要想解释经济周期的时间因素，即解释为什么在经济复苏之前，通常需要一段比较固定的期间，必须向影响资本边际效率的恢复的因素上寻找原因。为什么经济活动下降的阶段所呈现出的时间长短并不具有偶然性，譬如说，在一次经济周期中为 1 年、然后在下一次中变为 10 年，而却显示出某种程度的规律性，譬如说，在 3 年和 5 年之间。其中的原因有二。第一，既定时代的经济正常发展所决定的、耐久性资产的寿命；第二，多余的存货的保管费。

现在，我们回到危机发生时的情况。只要繁荣阶段继续存在，很大一部分的新投资会具有令人满意的现行的收益。失望的情绪之所以到来，原因在于：有关将来收益的可靠性突然受到怀疑；原因也许在于：随着新生产出来的耐久性物品的存量逐渐增加，现行的收益呈现出下降的征兆。如果现行的生产成本被认为高于它在以后的数值，那么，资本边际效率的下降就具有更多的理由。一旦怀疑开始，它会迅速扩散。可以看到，在萧条状态开始，很可能存在着过多的资本设备，其边际效率已经变为微不足道，甚至变为负数。但要想通过磨损、腐蚀和老化来重新造成资本设备的短缺，需要一段时间，而这段时间的长短大致取决于在既定时代特点下的资本设备的平均寿命。随着时代特点的改变，所需的这段时间的典型的长短也会改变。例如，如果我们从一个人口增加的时期进入一个人口减少的时期，那么，经济周期的萧条阶段就会得以延长。在这里，我们已经提出相当的理由来说明，为什么萧条阶段的时间长短与耐久性资产的寿命和既定时代的正常经济发展应该存在着一定的关系。

第二个使萧条阶段时间稳定的因素是由于多余存货的保管费，而保管费的存在会迫使存货被吸收掉的时间限于一定的范围，既不太短、也不太长。危机发生后的突然停止的新投资很可能会导致半制成品的多余存货堆积起来。这种存货的保管费很少会少于年率10%。由于保管费的存在，存货的价格必须下降到足够的程度，以便使它能在(譬如说)3到5年的期间的限制内被吸收完毕。存货被吸收的过程代表负投资的过程，而负投资又会进一步损害就业。只有当吸收过程结束时，就业量才会有明显的改善。

不仅如此，在经济活动下降期间，必然会伴随着产量下降而到来的经营资本的减少构成负投资的另一个因素，而这一因素可以具有巨大的数量。一旦衰退开始出现，经营资本的减少会形成强烈的自我扩大的下降影响。在一次典型的萧条阶段刚一开始的时期，也许会存在着增加存货的投资来抵消经营资本方面的负投资；在下一期间，存货和经营资本可以同时出现短期的负投资的现象；在达到经济活动的最低点以后，存货很可能会有进一步的负投资，而这种负投资可以为经营资本方面投资的重新增加部分地加以补偿；最后，当经济复苏已经进行了相当时间以后，二者的情况都将有利于投资的增加。正是在这种背景下，可以看出耐久性物品的投资波动所导致出的额外和推波助澜的作用。当这种类型的投资的下降引发了一次周期性的波动以后，一直到经济周期部分地完成它应有的运动以前，不存在多少能恢复这种投资数量的希望。[①]

很不幸，资本边际效率的严重下降也趋于对消费倾向产生不利影响。因为，这种下降会引起股票交易所的股票市场价格的剧烈下跌。对在股票交易所中的投资非常关注的人们，特别是对那些利用借款来从事经营的人们而言，股票市场价格的剧烈下跌自然会产生非常令人消沉的影响。这些人的投资价值的涨落甚至可以比他们的收入的多寡对他们愿意用之于消费的开支额具有更大的影响。对今天美国的有着“股票头脑”的公众而言，价值上升的股票市场几乎是使消费倾向具有令人满意的数值的主要条件；这种直到最近才被人们一般注意到的情况显然会对资本边际效率的下降具有更进一步的压抑作用。

一旦经济复苏得以开始，它的自我扩大的影响方式是显而易见的。但在经济下降的阶段，当固定资本和原料存货都处于多余状态，而经营资本又处于削减之中时，资本边际效率可以下降到如此之低的程度，以致在实际上没有可能通过利息率的降低来使得投资具有能令人满意的数量。可以看到，在以现有的方式加以组织并且易于受到影响的市场中，市场对资本边际效率的估计会具有如此巨大的波动幅度，以致它不能为利息率的相应波动所补偿。

① 在我的《货币论》第4编中，部分的讨论与此有关。

此外,正如我们在上面已经看到的那样,股票市场上的相应的变化是压低消费倾向;这种变化的方向又恰恰发生在最需要相反方面的变化的时候。因此,在自由放任的经济体制的条件下,除非投资市场的心理状态能使自己作出毫无理由这样做的巨大逆转,要想避免就业量的剧烈波动是不可能的。我的结论是:安排现行的投资的责任决不能被置于私人手中。

Ⅲ

上述分析在表面上看来似乎和某些人的观点相一致。这些人认为,投资过度是繁荣阶段的特点,而避免这种投资过度是唯一的治疗下一步即将到来的萧条阶段的办法。他们还认为,虽然由于上面提供的原因,低利息率不能避免萧条的到来,然而,繁荣却可以通过高利息率加以避免。在这些人的论点中,高利息率治理繁荣的效果远大于低利息率治理萧条的效果这一论点确实是有道理的。

但是,如果认为,从我过去的分析中能得出他们的上述结论,那么,这就误解了我的分析,而且,根据我的意见,还会引起严重的错误。因为,投资过度是一个含糊不清的名词。它可以指使投资者感到失败的那种投资,或者指在严重失业条件下没有用处的那种投资,或者指一种状态;在该状态下,每一种资本品的数量充沛到如此的程度,以致甚至在充分就业的条件下,没有一种资本品能在它生命过程中取得超过它的重置成本的收益。严格说来,如果把投资过度的意义理解为:任何进一步的投资只能是对资源的浪费,[①]那

① 然而,在某些关于消费倾向在时间过程中的分配的假设条件下,收益为负值的投资可以是有利的,因为,对整个社会而言,它可以使满足最大化。

么，只有这种状态才能被称为投资过度。此外，即使这个意义上的投资过度构成繁荣阶段的特点之一，那么，治疗之道并不在于提高利息率，因为，利息率的提高有可能妨碍某些有用的投资并且也可能进一步减少消费倾向；而在于：采取大胆果断的步骤，即以收入再分配和其他办法来刺激消费倾向。

然而，根据我的分析，只有在前者的意义上才能说，繁荣是以投资过度为特点的。我认为，繁荣阶段的典型情况并不是资本已经充沛到如此的程度，以致整个社会对资本不再具有任何合理的使用方法，而是投资的决策是于不稳定条件下作出的，从而它的进行不可能持续不变，因为，投资系由预期所推动，而预期迟早会不能如愿。

当然，可能出现的情况是——很可能如此——繁荣的幻觉可以使得某些类型的资本资产的生产多余到如此的地步，以致其中的一部分产品在任何条件下都代表资源的浪费。我们可以说，即使繁荣并不存在时，这种事例也会出现。换言之，繁荣会把投资引入到不正确的方向。但除此以外，繁荣阶段的一个主要特点是：在充分就业条件下能获得，譬如说，2%的收益的投资却在6%的预期收益下作出投资的决定，并以此为根据来估算投资项目的价值。当幻想破灭时，这种预期又被相反的“悲观错误”所代替，其后果为，能在充分就业条件下获取2%收益的投资却被预期为非赔本不可。于是，我们达到了一种状态；在该状态下，在存在着住房短缺的同时，人们却住不起现有房屋。

由此可见，对繁荣的治疗方法不是较高的利息率，而是较低的利息率！[①] 因为，低利息率可以使所谓繁荣继续下去。对经济周期的正确治疗方法并不在于把繁荣消除掉，从而，使我们永远处于半萧条状态之中；而在于把萧条消除掉，从而使我们永远处于接近繁荣状态之中。

因此，注定要走向萧条的繁荣状态系由两个因素共同造成：(1)在预期正确条件下，利息率高于维持充分就业所应有的水平；再加上(2)预期状态为错误的想法所支配，而只要这种预期状态存在，过高的利息率就不能充当刹车的手段。繁荣是一个状态；在其中，过分乐观的心情战胜了某种水平的利息率，而在较冷静的分析下，该水平会被认为是过分高的。

除了在战争时期以外，我怀疑我们近来是否曾经有过繁荣时期，繁荣到能导致充分就业。在美国，按照正常标准，1928—1929年间的就业量是令人满意的；但也许除了少数几个高度专业化的工种以外，我还没有看到任何劳动力短缺的现象。当时已经到达某些“瓶颈状态”，然而，整个社会的产量却仍然能作出进一步的增长。如果投资过度系指住宅的标准和建造住宅的设备已经充足到如此的程度，以致每个人在充分就业的条件下都能得到他所需要的住宅；与此同时，在住宅的寿命期间的收益仅能补偿重置成本，而没有多余的收益来支付利息，那么，当时不存在着投资过度。如果投资过度系指交通运输、公用事业和农业改良已经达到如此的地步，以致进一步的发展已经不能合理地被认为它们的收益能补

① 见下面(第340～341页，)关于支持相反方面的论点。如果我们受到限制，不能对我们目前使用的方法作彻底改变，那么，我可以同意，在某些情况下，在繁荣期间提高利息率可以是两害取其轻的办法。

偿甚至它们的重置成本，那么，当时也不存在着投资过度。恰恰相反，断言美国在1929年已经存在着严格意义上的投资过度是荒谬的。当时存在的真正情况有其自己的不同特点。过去5年中的新投资总量具有如此庞大的规模，以致在冷静的考虑之下，进一步增加投资的预期收益会急剧下降。在正确的预期之下，资本边际效率应该会降低到空前低的数值。这样，除非长期利息率的数值非常低微，除非能避免把投资错误地引入过分开发的领域，当时的"繁荣"不会在健全的基础上继续下去。然而事实上，除了在那些由于投机浪潮的影响而处于过分发展的特殊领域以外，利息率却已经高到足以阻止新投资的进行。如果利息率高到能消除掉投机浪潮的地步，那么，它又会同时消除掉各种应有的新投资。由此可见，对于长期不正常的大量投资的状态，用增加利息率作为治疗的办法，无异于一个通过杀死病人来治疗疾病的办法。

确实，在富裕到像英国或美国那样的国家中，要想在现有的消费倾向的数值下在许多年份中维持大致为充分就业，所需要的新投资量很可能达到如此巨大的程度，以致它最终会导致出这样一种投资充沛的状态；在该状态中，按照合理的计算，任何种类的耐用品的进一步增加都不再能使它的毛收益的总和超过它的重置成本。不仅如此，这种状态可以很快到来——譬如说，25年或更短的时期以内。虽然我断言这种严格意义上的充沛状态的投资从来没有、甚至在很短暂的时期内出现，但读者不要据此而认为我否定这种可能性。

此外，即使我们假定，当代的繁荣阶段会暂时达到充分就业状态或上述严格意义上的投资过度状态，那么，把提高利息率当做正确的治疗方法仍然是荒谬的。因为，如果这一假定能成为现实，那么，这就是那些把病因归于消费不足的人所说的情况。在这种情况下，真正的治疗方法是通过收入再分配或其他方法来提高消费倾向，从而，使维持一定水平的就业量所需要的现行投资量具有较小的数值。

Ⅳ

这里也许是一个方便之处来谈论一个重要的思想派别；该派认为，从各种方面来看，现代社会之所以具有长期就业不足的倾向，其根源在于消费不足——就是说，根源在于社会的成规和财富的分配造成了过低的消费倾向。

在现行的情况下——或者，在迄今为止的现行情况下——就业量是无计划和未加控制的。它受到变化多端的资本边际效率的影响，而资本边际效率又为缺乏全面知识或具有投机性的私人的判断所决定。它也受到长期利息率的影响，而长期利息率又很少或从来没有下降到某一种成规所决定的水平之下。作为实际政策的导向，消费不足论无疑是对的。因为，在这种条件下，没有其他办法可以把就业的平均数量提高到比较令人满意的水平。既然增加投资是不现实的，那么，除了增加消费以外，显然没有其他办法来提高就业水平。

在实质上，我和这个思想派别的不同之处仅在于，该派在增加投资仍然对社会很有利的时机，却对消费过分地加以强调。虽然如此，该派在理论上却应受到批评，因为，它忽视了产量可以通过两个方面来加以扩大这一事实。即使我们认定，资本数量的增加比较迟缓，从而较好的方法是集中力量增加消费，那么，我们在作出决策之前，也要把目光放开，以便对各种可能性都加以适当的考虑。我个人深信增加资本数量能对社会带来的巨大利益，从而，应使它增加，一直到资本不再具有稀缺性时为止。但这仅是对现实的一个判断，而不是在理论上得出的非如此不可的结论。

此外，我完全同意，最明智的方案是在两个方面同时行动。有鉴于资本边际效率的日益为甚的下降，我支持旨在由社会控制投资量的政策；而与此同时，我也支持各种增加消费倾向的政策。其原因在于：在现有的消费倾向下，不论我们对投资采取何种措施，要想维持充分就业是不大可能的。因此，有充足的理由使两种政策同时发生作用——促进投资，与此同时又促进消费；其目的不仅在于：处于现有的消费倾向下，使消费量随着投资量的增加而有相应的提高，而且还在于，通过消费倾向的提高使消费量达到更高的水平。

假设（为了便于说明起见，我们采用四舍五入的办法）今天的平均产量水平比持续充分就业情况下的水平低出 15%，又假设产量的 10%代表净投资，90%代表消费。此外，进一步作出假设：在现有的消费倾向之下，要想达到充分就业，投资必须增加 50%。这样，当产量从 100 上升到充分就业的 115 时，消费从 90 增加到 100，而净投资从 10 增加到 15。在双管齐下的政策下，我们也许可以试图把消费倾向改变到如此的程度，以致当充分就业的消费从 90 增加到 103 时，净投资仅从 10 增加到 12。

Ⅴ

另外一个学派的思想认为，解决经济周期问题的办法并不在于增加消费或增加投资，而在于减少寻找就业机会的劳动供给，即对现有的就业量加以再分配，而与此同时并不增加就业量或产量。

对我来说，运用这一政策的时机似乎还未到来——它到来的时机显然要远于增加消费政策到来的时机。有朝一日，每个人都会达到一种境界，认为增加闲暇时间给他带来的好处要大于增加收入所带来的好处。但在目前，我认为，现实的例证强有力地表明，绝大多数人宁愿要增加的收入，而不是增加的闲暇。在我看来，没有充足的理由强迫那些愿意得到更多收入的人去享受更多的闲暇。

Ⅵ

有一个学派的思想认为，解决经济周期问题的办法是在繁荣阶段的早期使用高利息率来制止繁荣的发展。这种观点居然能够存在似乎是很不寻常的。能被找到的对这一观点的唯一论证来自D. H. 罗伯森先生。他实际上是在假设，充分就业是不现实的，从而，我们最好的愿望是比现在远为稳定的就业量水平，其平均值也许比现在的要稍高一些。

如果我们排除掉有关控制投资或消费倾向的政策方面的重大变革，并假设现有的事态大致保持不变，那么，我认为，用提高利息率的方法来把繁荣花朵的幼芽一开始便摘掉的银行政策有可能造成比较有利的平均预期状态，因为，足够高的利息率可以阻挠甚至是最盲目的乐观情绪。以预期的落空为特点的萧条阶段可以导致如此巨大的损失和浪费，以致高利息率阻挠下的投资的平均水平也许会较高一些。即使承认该学派的假设条件，判别它的这一结论是否正确肯定是难于做到的；结论是否正确应根据事实加以判断，而事实的例证又很缺乏。我们可以说，这一结论忽视了增加消费所带来的社会利益。由于消费的增加总是伴随着甚至是完全为盲目性的投资，所以这种投资总比根本没有投资要带来较大的利益。除此以外，面临着像美国在 1929 年那样的繁荣状态，而又只具备美国联邦准备制度当时所掌握的银行政策手段，即使是最明智的对货币的控制也会感到棘手。在它权限之内的各种不同的办法可能不会对后果有多大影响。不论是否如此，以我而论，摘掉繁荣的幼芽代表危险、而且是不必要的失败主义的想法。它向我们建议，或至少作出假设，我们永远应该过分地承受我们经济制度中的弊端。

这种严酷的观点——当就业水平一旦在相当的程度上高于，譬如说，过去 10 年的平均值时，就立即用高利息率加以制止的观点——却受到较多的论点的支持，而这些论点除了思想混乱以外完全缺乏根据。在某些场合，论点系来自一种信念，认为在繁荣阶段中，投资逐渐变为大于储蓄，从而，较高的利息率会一方面减少投资，另一方面刺激储蓄，以便由此而恢复二者的均衡。这意味着，储蓄与投资可以是不相等的。除非明确规定这些名词的特殊含义，否则，这一说法便没有意义。或者，有时，人们也提出另一种观点，认为随着投资的增加而增加的储蓄是有害的，而且是不公正的，因为，随着投资的增加，价格一般也要上升。如果事实果然如此，那么，现有的产量和就业水平的任何上升都应受到谴责。因为，价格的上升主要不是由投资的增加所造成——价格上升的原因在于，在短期中，供给价格通常会随着产量的增加而上升，其原因可以来自物质上的收益递减，也可以来自以货币衡量的成本单位随着产量的增加而上升的趋向。如果处于供给价格不变的情况，那么，价格当然就不会上升。但在这里，不管价格上升与否，增加的储蓄还是会伴随着增加的投资而同样地到来。造成储蓄增加的原因是产量的增加，而价格的上升不过是产量增加的副产品。如果储蓄保持不变，而消费倾向有所增加，那么，仍然会出现价格的上升。任何人都没有用压低产量来购买便宜货的合法权利。

还有，如果投资的增加来源于货币数量的增加而导致的利息率的下降，那么，这便被认为是祸害的原因。然而，下降以前的利息率并没有什么特别可取之处，而新出现的货币并不是“强迫”人们接受的——它之所以被创造出来，原因在于满足利息率较低时或交易量增加时人们流动性偏好的增加。在这种状态存在时，人们愿意持有货币而不把它以较低的利息率借贷出去。或者，还可以再加上一点，有人声称，繁荣的特点是“资本消耗”。可以设想，“资本消耗”系指负数值的净投资而言；这就是说，系由过大的消费倾向所造成。除非把经济周期的现象和战后欧洲通货崩溃中出现的通货逃避现象混淆在一起，现实证明，情况完全相反。此外，即使所声称的内容符合事实，那么，降低利息率也比提高利息率在治疗投资不足上是一个较为有说服力的方法。除了提出一个总产量不能加以改变的假设条件以外，我从这些学派的思想中找不出任何可以理解的内容。然而，一个把总产量假设为不变的理论显然在解释经济周期上是没有多大用处的。

Ⅶ

在对经济周期的早期研究中，特别是对杰文斯而言，经济周期系由于气候变化而带来的农产品的波动所导致，而并非来源于工业的波动。有鉴于上述理论的内容，这种解释倒是可以构成研究经济周期问题的非常合理的思路。因为，即使在今天，农产品存货量在一年和另一年中的波动是造成现行投资量变动的最重要的因素之一；而在杰文斯从事写作的时代——特别是他的大多数统计数字能适用的时期——这一因素的重要性远远超过其他因素。

杰文斯的理论宣称，经济周期主要是由于农业收获量的波动造成。这一理论可以重新加以陈述如下。当在某年中得到特别大的收获量时，可用于此后数年的谷物存量通常会大量增加。出售特别大量的谷物所得到的卖价的增加量会加在农民的本年收入之上并会被农民当做本年收入；与此同时，卖价的增加量并不会减少社会其他阶层的消费量，因为，支付卖价的款项出自储蓄。就是说，增加量的卖价代表现行的投资的增加量。即使价格急剧下降，这一结论仍然可以成立。同样，当某年歉收时，现行的消费的一部分会取自谷物存量，从而，一部分用之于消费的款项并不构成农民本年的收入。就是说，从谷物存量取走的部分代表相应的现行投资的减少。这样，如果在其他方面的投资保持不变，那么，谷物存量增加较多年份的总投资和谷物存量减少较多年份的总投资量之间的差额可以很大；而在一个以农业为主的国家中，上述差额的数值会远大于通常造成投资波动的其他因素。因此，我们自然会在丰年找到经济上升的转折点，而在歉年找到经济下降的转折点。关于这一理论的进一步的说明，即什么物质上的原因使丰收和歉收具有规律性的周期，当然是另一回事；它与我们在这里的论述无关。

近来，有人提出一种理论，认为对工商业有利的不是丰收，而是歉收；其原因在于，歉收使人们易于为较低的实际报酬而从事劳动；原因也在于，由于歉收而造成的购买力的再分配被看成是有利于消费。不用说，我在上面用收获来解释经济周期时，我心中所想的并不是这种理论。

然而，在目前的世界中，农业的收获作为经济波动的原因比过去具有远为要小的重要性，其原因有二。首先，农产品在社会总产量中所占的比重比过去远为要低。其次，已经形成的包括世界两个半球的大多数农产品市场使丰年与歉年的收获量平均化，从而使世界收获量的波动比例小于单一国家。但在过去，由于每一国都依靠它自己的收获；除了战争以外，很难找到可与农产品储存量的改变相比的原因来解释投资的波动。

即使在今天，密切注意原料存量的变动在决定投资量方面所起的作用仍然是重要的；这里的原料包括农产品和矿产品。我认为，在到达最低点之后，从萧条走向复苏阶段之所以速度缓慢，主要是由于把过多的存货量减少到正常水平所造成的收缩经济活动的作用。紧接着繁荣阶段的消失之后，存货量的积累可以缓和经济活动的下降，但这一缓和的代价却是以后必然出现的复苏速度的迟缓。有时，几乎必须要在存货量减少的过程完成以后，才能出现复苏的势头。其原因在于：如果没有存货的负投资，其他方面的正数值的投资量会足够造成一次经济上升的运动；然而，在负投资存在的条件下，这些正投资量便达不到足够的程度。

我相信，我们已经在美国的"新政"的早期中看到一个显著的例子。当罗斯福总统的为数可观的举债支出开始时，一切种类的存货量——特别是农产品的存货量——仍然处于很高的水平。"新政"的一个组成部分便是大力减少这些存货——通过削减现有的生产及其他各种方法来做到这一点。把存货减少到正常水平是一个必要的步骤——一个必须忍受的步骤。然而，在它进行的约为两年的时期中，它的进行也使得用于其他方面的举债支出有着相当大的削减。只有当它完成以后，规模较大的复苏阶段的准备工作才算完成。

美国最近的经验也为制成品和半制成品的存货——现在通常被称之为"存货"——变动在整个经济周期波动范围内造成的次要波动上所起的作用提供了一个良好的例子。制造商往往会促使各个行业增加生产，以便为以后数月内预期会出现的消费规模作出准备。这些制造商也往往会作出程度有限的错误估计，而错误的估计一般是为期过早地开始行动。当他们发现其错误时，他们会在短期中收缩生产，把生产限制在现有的消费水平之下，以便吸收掉过多的存货。这一过早行动而随后又收缩的步伐已经足以对现行的投资量造成影响，而对投资量的影响在美国现有的完美的统计数字中非常清楚地显示出来。

第二十三章　略论重商主义、禁止高利贷法、加印货币以及消费不足论

I

大致在 200 年以来，经济理论家和现实主义者都不怀疑，对一个国家来说，外贸顺差具有一种奇特的好处，而外贸逆差则代表严重的危险信号；特别是，如果外贸逆差引起贵金属的外流，那么，更是如此。但在过去的 100 年中，却存在着显而易见的意见分歧。大多数国家的多数政治家和现实主义者仍然相信那个古老的学说；甚至在相反意见发源地的英国，也有约为一半的政治家和现实主义者仍然相信它。另一方面，几乎所有的经济理论家都继续坚持，除了照顾到短暂的事态以外，害怕外贸逆差是完全没有理由的，其原因在于：外贸机制可以自行调节，而任何对自我调节机构进行干扰的企图不仅是无用的，而且，会使干扰国受到经济损失；因为，干扰国会失去国际分工所带来的利益。为了论述的方便，我们可以按照传统，把那个较古老的意见称之为**重商主义**，而把较新的观点称之为**自由贸易论**。然而，由于两个名词都具有广泛和狭隘的意义，我们对它们的解释要看使用的场合而定。

一般来说，目前的经济学者坚持认为，普遍存在的从国际分工而带来的利益会大于重商主义者所声称的实行该主义所应得到的那些有利之处。不仅如此，他们还认为，重商主义的论点系来自彻头彻尾的思维上的混乱不清。

例如，虽然当马歇尔[①]论及重商主义时，并不完全持否定态度，但对它的基本理论本身，他却没有好感，甚至一次也没有提到该主义含有的真理部分。对此，我将在下面加以考察。[②] 同样的态度也存在于现在的自由贸易论者。当他们进行争辩时，虽然他们在（例如）有关幼年工业和贸易条件的改善的问题时，在理论上作出让步，但这些问题对重商主义而言是无关宏旨的。在本世纪最初的25年有关财政政策的争论中，我不记得有任何经济学者承认过贸易保护主义可能增加国内的就业量。最公道的办法也许是引用我自己的文句作为例子。迟至1923年，作为古典学派的一个忠实信徒从而毫无保留地接受、并相信所学到的有关重商主义的一切，我在那时写道："如果保护主义有一件做不到的事，那就是不能医治失业……保护主义有可能取得一些利益，但它们是难于实现的，从而，关于后果为何，并不存在着简单明确的答案。然而，某些支持保护主义的论点却以此作为根据。尽管如此，宣称可以医

① 参阅他的《工业与贸易》，附录D；《货币、信用和商业》，第130页；和《经济学原理》，附录I。

② 他的《经济学原理》，第1版第51页的脚注以最有代表性的方式总结了他对重商主义的观点："关于货币与国民财富之间的关系的中世纪的观点，在英国和德国出现了很多的研究成果。总的来说，它们可以被当做对货币的职能理解不清而引起的思想混乱；它的错误倒不在于由于它们故意作出的假设条件而得到的结论；该假设条件为，只有通过贵金属的储存量，一国才能增加它的净财富"。

治失业却是保护主义谬论中的最赤裸裸和粗劣的形式”。[1] 关于较早期的重商主义理论，当时无法找到有用的文献，从而，先辈的教导使我们相信，重商主义比胡说好不了多少。可以看到，古典学派的统治是如此绝对的巩固和完整。

Ⅱ

我首先使用我自己的理论框架来说明什么是我现在认为的重商主义学说中的科学成分，然后我们把这一说法和重商主义的论点相比较。必须指出，这里所说的利益是指一国而言，而不是指整个世界的利益。

在自由放任的条件下，当一国的财富相当迅速地增长时，这一愉快的状态会受到对新投资的诱导不足的阻挠。在既定的社会、政治以及国民特点的境况下，从而，在由此而决定的既定的消费倾向之下，一个向前发展的国家的利益基本上取决于对投资的诱导的足够程度，正如上面已经解释过的那样。这里的诱导可以是对国内投资而言，也可以是指对外投资而言(后者包括贵金属的积累)，而两种投资在一起构成总投资。在总投资量单独取决于利润动机的条件下，国内投资在长期中取决于国内的利息率；与此同时，对外投资量则必然取决于外贸顺差的大小。这样，在国家不能直接投资的社会中，政府理所当然地要关心国内利息率和外贸顺差。

① 载《民族与图书周刊》，1923 年 11 月 24 日。

如果工资单位比较稳定而不会突然作出相当大的变动(一个几乎总是能得到满足的条件),如果以短期平均波动情况来表现的流动性偏好的状态比较稳定,以及如果银行的行事成规也比较稳定,那么,利息率将取决于能满足整个社会要求流动性的欲望的贵金属数量(以工资单位衡量)。同时,在那个大量对外放款和在国外完全拥有财富都不大通行的时代,贵金属数量的增加和减少主要取决于对外贸易是顺差还是逆差。

因此,正如当时的情况所表明的那样,政府当局关心外贸顺差是为了一箭双雕的目标,而且也是促进目标实现的唯一可行的手段。在那时,由于政府当局对国内的利息率和其他的国内投资诱导都不能直接加以控制,所以增加外贸顺差是政府能增加对外投资的唯一**直接**的手段;而与此同时,外贸顺差对贵金属的流入所产生的作用又是政府所具有的唯一**间接**的手段来减少国内利息率,从而会增加对国内投资的诱导。

然而,对这一政策的成效,存在着两个不容忽视的限制条件。如果国内利息率已经被降低到如此之低,以致有足够的投资把就业量提高到使工资单位上升的临界点之上,那么,国内成本水平的上升将要对外贸顺差造成不利影响,从而在这里,增加外贸顺差的政策已经执行得过头,反而会得到不利于政策目标的后果。还有,如果相对于其他国家的利息率而言,国内利息率下降到如此之低,以致使对外放款达到与外贸顺差不相称的程度,那么,就有可能引起足够多的贵金属的外流来抵消顺差而有余。当贵金属的开采规模相对微小时,一国的贵金属的流入量等于另一国的流出量。在如此条件下,国家越大,在国际上的地位越重要,上述两个条件发生作用的危险越多，因为，由于外国的成本下降和利息率上升，所以本国的成本上升和利息率下降所引起的不利后果会得以加重（如果重商主义的政策被推行得过头的话）。

西班牙在 15 世纪后期和 16 世纪的经济史可以提供一个例子来说明过多的贵金属对工资单位所造成的上升影响会摧毁一国的对外贸易。英国在第一次世界大战以前的 20 世纪的年份提供另一个例子。它们表明，如果一国过分容易地对外放款和在海外购买财产，那么，这会使利息率不能下降到足以保证该国国内的充分就业的水平。印度的一切时期的历史也可以提供一个例子来表明，如果一国的流动性偏好强烈到狂热的程度，以致长期的大量贵金属的流入都不足以使利息率下降到能与该国的实际财富的增长相吻合的水平，那么，该国会因之而蒙受贫困。

然而，如果我们所考虑的社会具有稳定的工资单位，具有稳定的消费倾向和流动性偏好赖之以决定的国民素质以及具有能把贵金属的存量和货币数量紧密联系在一起的货币制度，那么，为了维持充分就业，该社会的行政当局必须密切注意对外贸易平衡的状态。其原因在于：外贸顺差（如果不太大的话）非常有利于刺激经济增长，而外贸逆差则很快会造成持久性的萧条状态。

这并不是说，对进口施加最大程度的限制会有助于得到最大数量的外贸顺差。早期的重商主义者大力强调这一点并且也往往在事实上又同时反对限制贸易，因为，从长远的观点来看，限制贸易会得到不利于外贸顺差的结果。确实，人们可以具有一定理由来认为，在 19 世纪中期的特殊环境下的英国，几乎完全是自由贸易的政策取得了最有利的外贸顺差。在战后的欧洲，当前的对外贸施加限制的经验提供多方面的例证来说明：设想不周的对自由贸易的限制虽然旨在于增加外贸顺差，而在事实上却造成相反的后果。

由于这个和其他的理由，关于我们的论点应导致的现实的政策是什么，读者不要过早地得出结论。一般说来，除非在特殊的情况下，我们具备强有力的根据来反对限制贸易。虽然古典学派在很大程度上过分强调国际分工所带来的利益，然而，这些利益是真正存在的而且是相当大的。我们自己的国家从外贸顺差中得到好处会对某一国家造成同等的坏处(重商主义完全理解这一点)。这一事实不但意味着自我克制的必要性，从而，一国只能得到它合理和公道的贵金属份额，而且还说明缺乏克制的政策可以造成使大家都遭受损失的获取顺差的国际竞争。[①] 最后，即使是为了显而易见的目标，限制贸易的政策也是一个靠不住的手段，因为，私人的利益、行政的无能以及任务本身的困难可以导致与意图恰恰相反的结果。

由此可见，我的批评的重点是针对我所师承和在许多年中我也讲授的自由放任学说的不充分的理论基础——反对这种说法，即利息率和投资量可以在最优的数值上自行调节，从而没有必要去关心外贸是否平衡。在我看来，经济学界的同行们犯了一个想当然的错误，把数千年来管理国家的一个有现实意义的主要目标当做无聊的盲目信念。

① 按照相同的理由，在工资单位可以伸缩的条件下，用降低工资的办法来对付萧条状态就是一个以邻为壑来使我们自己得到好处的手段。

在这种错误理论的影响下,伦敦金融界逐渐设计出一个坏到无以复加的维持均衡的办法,即让银行利息率自由涨落而又维持固定的外汇比价。因为,这样一来,把国内利息率维持在符合充分就业的水平就完全被排除掉了。由于在现实中,国际收支的平衡不容加以忽视,所以逐渐形成了控制它的办法;然而,这一办法不但不对国内利息率加以保护,反而牺牲它,让它听任盲目的市场作用所支配。近来,实事求是的伦敦银行家已经得到不少的经验。我们几乎可以期望:在英国,在它可能造成国内失业的情况下,银行利息率的办法将永远不会再被用来保护外贸平衡。

把古典理论当做单个厂商的理论和在既定数量资源下的分配理论,它作出了不容否认的贡献。如果没有这个理论作为其思想工具的一个部分,人们对这一主题便不能进行有条理的思索。当我提请大家注意古典学派忽视了他们的先驱者的有价值的东西时,我并不是要怀疑该学派的贡献。然而,作为对管理国家的方法的贡献者,16 和 17 世纪的早期经济思想的先驱者关心整个经济制度,关心整个制度的全部资源能达到最优的就业状态,从而他们所使用的方法使他们能抓住在实践中的一部分的明智之道,而这部分的明智之道首先为李嘉图的不合乎现实的抽象方法所忘掉,然后又为他的方法所涂抹掉。通过禁止高利贷法的手段(我们在本章中将回到这一点)、通过保护本国的货币存量以及通过阻挠工资单位的上升,他们强烈地致力于压低利息率,而这些做法是有其明智之处的。此外,如果由于货币不可避免地向国外流出,由于工资单位的上升[①]或由于任何其他原因,货币存量呈现出明显的不足,那么,作为一种最后的手段,他们愿意通过通货贬值而恢复货币存量。这一办法也有其明智之处。

Ⅲ

早期经济思想的先驱者也可能由于偶然的机会获得了实践中的明智之道,而对其理论上的原因不太清楚。因此,我们要对他们所提供出的原因以及他们的政策建议加以概略的考察。这一工作由于能参阅赫克舍尔教授的《重商主义》的巨著而变为非常容易。在该书中,两个世纪的经济思想的特点第一次被呈献给一般的读者。下面的各段引文主要取自该书[②]:

(1)重商主义的思想从来都不认为存在着自行调节的倾向来使利息率处于合适的水平。恰恰相反,他们强调指出,过高的利息率是财富增长的主要障碍。他们甚至知道,利息率取决于流动性偏好和货币数量。他们所关心的一方面是减少流动性偏好,另一方面是增加货币数量,而他们中的几个人清楚地说明,他们之所以致力于增加货币数量,其原因就是因为他们想减少利息率。赫克

① 至少从梭伦时代以来(如果我们有统计数字,时间还可推溯到几个世纪以前),经验表明,对人类本性的理解使我们相信,在长时期中,工资单位具有稳定上升的倾向,而只有在衰落和瓦解的社会中,工资单位才会减少。可以看到,除了社会发展和人口增长这两个原因以外,货币数量逐渐增加是必要的。

② 该书比较适合于我的目的,因为,总的说来,赫克舍尔教授本人就是古典学派的追随者,从而,他应该比我对重商主义具有较少的倾向性。因此,可以避免我由于想说明重商主义的明智之处而选择有利于我的引文的危险。

舍尔把他们的这一方面的理论总结如下：

“在这一方面，正和在许多其他方面一样，比较敏锐的重商主义者的观点在某种限度内是完全明确的。对他们而言，货币是——用今天的名词来说——一种生产要素，其地位和土地相同；货币有时也被当做为‘人为的’财富以便和‘自然的’财富相区别。资本的利息则是由于借入货币而支付的代价，类似土地的地租。以重商主义者意图找出决定利息率的高低的原因而论——他们在这一时期日益为甚地这样做——他们所找到的原因是货币数量的总额。从现有的大量资料中，我只挑选出最典型的例子，以便说明这一观念是如何持久不变、如何根深蒂固以及如何能独立于现实事件的影响之外而存在。

关于英国在1620年代早期的货币政策和东印度贸易，论战的双方在这一点上是完全一致的。杰拉德·马林纳斯说道：‘充足数量的货币能减少高利贷的价格或利息率’(《商法》和《维持自由贸易》，1622年)。他的厉害的、而且是相当肆无忌惮的对手爱德华·密塞尔顿也写道：‘充足数量的货币可以医治高利贷’(《自由贸易或使贸易兴旺之道》，同一年)。此后50年中居于领先地位的著作家、东印度公司万能的领袖以及最善于为该公司进行辩解的人，蔡尔德，竭力主张由国家规定最高利息率。他在论述荷兰人把钱从英国提走对最高利息率的影响时，提出对付这个令人担心的不利之处的办法是使用比较容易转让的债券。他认为：这肯定会补偿全国使用的货币量的至少一半’。另一个与利息争论完全无关的著作家，配第，解释道：货币数量的增加会使利息率‘自然地’从10%下降到6%（《政治算术》，1676年），并且，他建议，以收取利息来借出款项的办法来医治一国的过多‘铸币’的情况（《货币略论》，1682年）。在这里，他与其他著作家是完全一致的。

很自然，这种想法决不仅限于英国。例如，数年以后（1701和1706年），法国商人和政治家不满意当时存在的高利息并且把原因归之于铸币的稀缺。他们渴望用增加货币流通量的办法来降低利息率”。[1]

洛克与配第的争论表明：前者也许是用抽象名词来解释利息率和货币数量之间的关系的第一个人。[2] 洛克反对配第的最高利息率的建议，其理由为：这是不现实的，正如不能规定土地租金的最高值一样，因为，由于“货币的自然价值可以通过利息得到年收入，所以它总的说来取决于同时在国家中流通的货币量与国家的全部贸易量（即一切商品的销售量）之间的相对关系”。[3] 洛克解释道，货币具有两种价值：(i)它的利息率所决定的使用价值，“而在这里，它具有土地的性质，其所得被称为地租，相当于利息”；(2)它的交换价值，而在这里，它具有商品的性质，其交换价值“仅仅取决于货币的多寡与商品的多寡之间的相对关系，并不取决于利息

① 赫克舍尔，《重商主义》，第2卷，第200、201页；本书作者稍加缩短。

② 《关于利息率下降和货币价值上升的后果的一些考虑》，1692年，但写作时间在数年以前。

③ 他加了一句“并不单纯取决于货币数量，而且也取决于它的流通的快慢”。

为多少”。由此可见，洛克是双重货币数量论的鼻祖。第一，他认为，利息率取决于货币数量（把流通速度考虑在内）和贸易量之间的相对关系。第二，他认为，货币的交换价值取决于货币数量和市场上的商品总量之间的关系。但是，——一只脚踩在重商主义的世界，另一只踩在古典学派的世界[①]——他把两种相对关系混淆在一起，而且，他也完全忽视了流动性偏好波动的可能性。然而，他还是急于解释减少利息率对价格水平没有直接影响，而“只有在市场利息率的改变有助于货币或商品的进口和出口，从而使二者在英国的比例比以前有所变动时”，它才会影响价格。就是说，只有在利息率的降低使现金出口或产量增加时，它才能如此。但我认为，他从来没有从事过真正的综合论述。[②]

重商主义的思想很容易把利息率和资本边际效率加以区别。这可以从洛克所引用的《给一位朋友的有关高利贷的信》的一段话

① 稍后一些，休谟把一只半脚踩在古典学派的世界。在经济学者中，休谟开始强调均衡状态的重要性；这种状态是相对于总是处于变动中的趋向于均衡状态的过渡情况而言。当然，他仍然具有足够多的重商主义的倾向来使他注意到，我们生活于其中的现实是过渡情况。他写道：“只有在取得货币与物价上升之间的时期或中间性的情况，增加金和银的数量才是有助于经济活动的……不论货币数量是多或少，这与一国的国内福利没有关系。如果可能的话，执政当局使货币数量处于增加的状态才是良好的政策，因为，通过这一政策，他可以使国家的经济活动的精神振奋，劳动的数量增加，而劳动数量的增加代表一国真正的力量和财富。一个货币数量在减少中的国家比货币数量相同但却具有增加趋向的另一国家要较为衰弱和贫困”（《论货币的论文》，1752 年）。

② 这里表明：重商主义的观点，即利息是指货币的利息而言的观点（我现在认为，这个观点毫无疑义是对的），已经完全被抛弃掉。作为一个实足的古典学派经济学者，赫克舍尔教授以这样的按语来总结他所说的洛克理论——“如果利息当真是借贷货币的价格的同义词，洛克的论点是不容非议的……由于事实不是如此，所以他的论点与所讨论的问题无关”（同前引书，第 2 卷，第 204 页）。

中(出版于 1621 年)显示出来:“高额的利息有损于贸易。如果利息的得益大于贸易的利润,那么,富有商人会放弃贸易,把他们的资金用于赚取利息,而较不富有的商人则破产”。福特雷(《英国的利息和改良》,1663 年)提供了另一个例子;他强调用低利息率的手段来增加财富。

重商主义者并没有忽视如果过大的流动性偏好把贵金属纳入到储藏之中，那么，对利息率的有利之处就会失去。在某些事例(如孟的意见)中,为了增强国家的力量,他们主张由国家囤积金银。但另一些人也坦率地反对这一政策:

> 例如,施勒特使用了重商主义的通常论点来作出明白清楚的结论:国家囤积的金银的大量增加如何会把一国流通中的货币搜括净尽……他也得出完全合乎逻辑的结论,认为寺院囤积金银和贵金属流向国外的净额在逻辑上是完全相同的事物。在他看来,这都是他可以想象出的最坏的事情。达文南特据以解释许多东方国家——它们被认为比世界上任何其他国家具有更多的金和银——的极端贫困的原因是:贵金属“停滞在王子们的钱库里”……如果国家对货币的贮藏顶多也只能被认为是效果值得怀疑的事项而且往往还具有很大的危险性,那么,更不用提私人对货币的贮藏。它被看成是像瘟疫那样的应该加以规避的东西。这代表被无数的重商主义者所一致谴责的倾向性。我认为,不可能找到任何一个与之相反的观点。[1]

① 赫克舍尔,《重商主义》,第 2 卷,第 210、211 页。

(2)重商主义者知道商品价格低贱的弊病并且也知道过度的竞争所带来的改变贸易条件的危险。这样,马林纳斯在他的《商法》(1622 年)中写道:“不要为了增加贸易量而削价出售,以致损害本国的利益;因为,当商品价格低贱时,贸易量并不会增加。这里的原因在于:低贱的价格来自需求微小和货币稀缺;它们使得商品价格低贱。因此,相反的情况会增加贸易量。当货币充沛、商品需求增加、价格变为昂贵时,贸易量会增加”。[①] 赫克舍尔教授把重商主义思想中的这一观点总结如下:

> 在一个世纪半的时期中,这一观点一次又一次地以如此的方式被提了出来,认为比其他国家具有相对低微数量的货币的国家必须“低价出售和高价购买……”
>
> 甚至在《公共福利的谈话》的初版中,即在 16 世纪,这种态度已经非常明显。海尔斯已经在说:“如果外国人愿意用他们的东西和我们的进行交换,那么,为什么让他们提高他们的东西(而且其中还包括我们从他们那里购买的东西)的价格,而把我们自己东西的价格定得很低呢?这样,由于他们的出售价高和向我们购买价低,我们受到损失,而他们却得到好处。结果,他们致富,我们变穷。如果当他们提价时,我们也提高我们的东西的价格,那么,由此会造成一些人的损失,但损失者的人数要比不这样做要少”。在这一点上,他在几十年后(1581 年)得到该书编辑者的赞同。到了 17 世纪,这一态

① 赫克舍尔,《重商主义》,第 2 卷,第 228 页。

度再度出现而在基本上没有重大的改变。因此，马林纳斯相信，这个不幸的处境是他最担心的事态的结果，即外国贬低英国外汇的比价……相同的意见以后继续重新出现。在他的《哲言》(写作期，1665年；出版期，1691年)，配第相信，“只有当我们比我们的邻国肯定具有在绝对和相对意义上的更多货币时”，猛烈地增加货币数量的努力才会停止。在上引书的写作期和出版期之间，库克宣称：“只要我们的贵金属比我们的邻国为多，我不在乎我们的贵金属是否仅有我们现有量的五分之一”(1675年)。[①]

(3)重商主义者是最早的人物来把“怕货”和货币稀缺当做失业的原因，而这种说法在两个世纪以后被古典学派认为是荒谬的：

使用失业作为理由来禁止进口货的事例之一在1426年出现于弗罗伦斯……英国关于这一事件的立法可以追溯到1455年……几乎在同时出现的法国在1466年的法令形成了里昂的丝织业的基础并在以后变得非常有名，但它的意义不大，因为，它在实际上并不是为反对外国货而颁布的。虽然如此，它也提到向大量的失业男女提供工作。由此可见，这一论点已在很大程度上存在于社会的气氛之中……

几乎和一切的社会和经济问题一样，第一次有关这一问题的大规模讨论在英国出现于16世纪中叶或较早一些，在亨

① 赫克舍尔，《重商主义》，第2卷，第235页。

利八世和爱德华四世统治的时期。关于这一点，我们只能举出一系列的著作的名称；它们的写作时期显然不晚于1530年代；其中有两种被认为应该是克莱门特·阿姆斯特朗的著作……例如，他以下列的文句说明该问题：由于每年购买大量的外国货物和用品，在英国不但造成货币稀缺，而且还摧毁了一切手工艺行业，从而，为数众多的本来应该以劳动取得货币来偿付他们的食物和饮料的平民，现在却必须闲散无业，以行乞和偷窃度日。①

我所知道的重商主义有关这一问题的典型讨论是英国下议院在1621年关于货币稀缺的辩论；那时，一次严重的萧条状态已经开始，特别是在布料出口方面。当时的情况被影响很大的下院议员之一，埃德温·桑兹爵士，加以很清楚地说明。他说道：农民和手工艺者到处都在忍受苦难；纺织机由于国家缺少货币而闲置不用；以及农民被迫撕毁契约，“并不是因为缺乏土地的果实（感谢上帝），而是因为缺乏货币”。当时的情况使人们详细探求被感到如此严重缺乏的货币究竟在什么地方。很多的攻击矛头指向所有的那些人；他们被认为是从事贵金属的出口（贵金属的净出口量），或者，在国内从事使贵金属消失的类似的活动。②

用赫克舍尔的话来说，重商主义者意识到他们政策的“一箭双

① 赫克舍尔，《重商主义》，第2卷，第122页。

② 同上，第223页。

雕"的作用。"一方面，国家可以出清不受欢迎的过剩货物；这被认为是失业的根源。另一方面，国家中的货币总量会得以增加"，[①]其后果为利息率下降的有利之处。

在研究重商主义者从实际经验中得到的观点之后，我们不可能不感觉到：在整个人类历史中，储蓄倾向大于投资诱导是一个长期趋势。在一切时期中，投资诱导的微弱是经济问题的关键。在今天，投资诱导微弱的主要原因在于已经被积累起来的资金的规模；在过去，风险和各种意外灾难可能起着较大的作用。然而，结果却是一样的。个人通过节约消费而增加其财富的欲望通常要大于企业家通过雇用工人来建造耐久性资产以便增加国家财富的诱导动机。

(4)重商主义者并不抱有幻想，认为他们的政策不具有只顾及本国利益的特点以及没有导致战争的倾向。他们承认，他们所追求的是国家的利益和国家力量的相对增长。[②]

我们可以批评他们，说他们显然以漠不关心的态度来接受由于一种国际货币制度而导致的不可避免的后果。但从智慧上看，他们的符合现实的观点要远远优于一些现代人士的混乱不清的想法；这些人主张国际上的固定的金本位制和国际信贷的自由放任，并且相信，最有利于和平的正是这些政策。

因为，在一个使用货币契约和具有在相当长时期中大致不变

① 赫克舍尔，《重商主义》，第2卷，第178页。

② "在国家之内，重商主义者追求的纯粹是动态的目标，但他们对世界的全部经济资源却具有静态的看法。二者纠缠在一起构成不能调和的状态，从而导致无休止的商业战争……这就是重商主义的悲剧。中世纪的遍及一切的单纯静态理想和自由放任的遍及一切的单纯动态理想却能避免这一后果"（赫克舍尔，《重商主义》，第2卷，第25、26页）。

的风俗习惯的经济制度中，国内的货币流通量和利息率主要取决于国际收支的状况，正如英国在第一次世界大战以前时那样。在那时，除了以邻为壑的争取出超和贵金属的进口以外，政府当局没有合乎正统的手段来对付国内的失业问题。在历史上，从来没有像国际金（或者，在以前，银）本位那样有效的办法来造成一国的利益和其邻国的利益之间的对立。因为，这一办法使一国的繁荣直接取决于对市场的和对贵金属的夺取。由于偶然的幸运，当金和银的供给量相对充沛时，夺取的斗争可以有某种程度的缓和。但随着财富的增长和消费倾向的减少，斗争日益趋于造成两败俱伤的后果。由于常识不足以矫正他们错误的逻辑，正统的经济学者所起的作用全都是灾难性的。其原因在于：这些国家曾经盲目地挣扎着来寻求出路；它们想使利息率能按照自己的要求加以变动，而这种自主的利息率又要求它们抛弃在金本位下的种种义务。当它们这样做时，正统的经济学者却教导这些国家：恢复金本位的桎梏是普遍的经济复苏的第一个必要的步骤。

事实上，相反的做法才是对的。不受国际事态影响的自主的利息率政策再加上旨在取得最优国内就业水平的国家投资计划才具有双重的好处；即可以使本国和邻国同时受惠。如果所有国家在一起同时执行这些政策，那么，不论用国内的就业量水平还是用国际间的贸易量来加以衡量，经济上的健康和力量就会在国际的范围上得以恢复。[①]

---

① 最初由艾尔伯特·托马斯、其后由 H. B. 巴特勒领导的国际劳动局始终赞成这一真理。在战后的为数众多的国际机构中，该局的见解是卓尔不群的。

Ⅳ

重商主义者感觉到问题的存在，但却不能把他们的分析推进到能解决问题的地步。然而，古典学派却无视这一问题，因为，他们所引入的前提条件否定了问题的存在；其后果为经济理论的结论和现实的常识相脱节。古典学派的不平凡的成就是克服“普通人”的信念，同时本身却又是错误的。正如赫克舍尔教授所说的那样：

> 从十字军东征到18世纪，既然对货币和制造货币的原料的基本态度没有改变，那么，这种观念必然是根深蒂固的。同样的观念也许延续到这一时期所包括的500年之后，不过还不到“怕货”那样的程度……除了自由放任时期以外，任何时代都不能摆脱这种观念。只有自由放任学说在智慧上罕见的坚韧不拔的态度才在一段时期中克服了“普通人”在这一点上的观念。[①]
>
> 要想清除“怕货”，即在货币经济制度中的“普通人”的最自然的态度，必须对自由放任学说具有无条件的信仰。自由贸易理论否定了似乎极为明显的因素的存在，从而，一旦自由放任学说不再能以它的意识形态来束缚信徒们的思想，该理论势必要在一般人的心目中破产。[②]

① 赫克舍尔，《重商主义》，第2卷，第176～177页。

② 同上，第335页。

我记得博纳·劳在一些经济学者面前的那种愤怒和困惑交织在一起的态度，因为，他们否定显然存在的事实。他却无法解释原因之所在。我们只能把古典学派的经济理论的力量和某种宗教的力量相对比，似乎前者还要稍强一些，其原因在于：用一种观点来清除显然存在的东西要比使一般人相信虚无缥缈的东西更加困难一些。

V

仍然存在着一个类似的但却不是相同的学说。关于这一学说，多少世纪以来，甚至千百年以来，开明的社会舆论认为是显然无可非议，然而，它却被古典学派斥之为幼稚的说法。在这里，有必要恢复它的声誉。我所指的学说是：利息率并不会自动调节到最有利于社会的水平，而经常上升到过高的位置，从而，明智的政府应该通过法令、风俗、甚至伦理道德的制裁来加以抑制。

反对高利贷的规定是有记载的最古老的经济实践之一。在上古和中古世界中，过多的流动性偏好对投资的诱导的摧毁是妨碍财富增长的罪魁祸首。事实也应该如此，因为经济生活中的一部分的风险和灾难会减少资本边际效率，而其他部分则会增加流动性偏好。因此，在一个没有人认为是安全的世界中，除非社会使用它所有的一切办法来加以抑制，利息率几乎会不可避免地上升到过高的水平，以致不能形成一个适当的投资诱导。

哺育我的教育使我相信，中古时期的教会对利息率的态度是荒谬的，而且，耶稣教会旨在于对放款所应得到的报酬和对投资所应得到的报酬加以区别的微妙讨论不过代表教士们想为那个错误的理论寻找出路。但我现在却把这些讨论看成是真正学术上的探讨来分开被古典学派混淆和纠缠在一起的东西，即利息率和资本边际效率。现在似乎可以清楚地看到，经院学派的研究目的在于阐明一个解决问题的办法，该办法一方面容忍资本边际效率曲线处于高的位置，另一方面使用规则、风俗和伦理道德的制裁来压低利息率。

甚至亚当·斯密对禁止高利贷法的态度也是非常缓和的。他清楚地知道，个人储蓄可以被用于投资，也可以被放债所吸收，而现实并不能保证储蓄可以在投资方面找到能被使用之处。不仅如此，他还赞成低利息率的存在，因为，低利息率可能使储蓄具有更大的可能性来找到投资的机会，从而使储蓄不致被用于放债的方面。由于这一原因，他主张有限度地运用禁止高利贷法。[①] 为此，他受到边沁的严厉责难。[②] 此外，边沁批评的主要理由是：亚当·斯密的苏格兰式的谨慎态度对“企业创始者”看得过于保守，因为，规定利息率的上限会使合理的和有益于社会的风险事业得到太低的利润。边沁所理解的企业创始者是“所有那些追求财富或甚至其他目标的人；这些人在财富的帮助之下试图进入任何具有新发明的部门……会打击在任何行业中企图进行改良的人……简言之，高额利息率会打击人类的聪明才智的实际应用，使它得不到财

① 参见《国富论》，第 2 编，第 4 章。

② 载于他的《给亚当·斯密的信》，附于他的《为高利贷辩解》。

富的帮助”。当然,在反对那种妨碍合理的风险事业上,边沁是正确的。边沁继续写道:“在这种情况下,一个谨慎的人不会对好事业和坏事业加以判别,因为,他根本不会插手任何事业”。[①]

也许值得怀疑的是,边沁的话是否能表示亚当·斯密的真正的意思。否则,我们在边沁那里所听到的(虽然写作于 1787 年 3 月)竟然代表 19 世纪的英国声音向 18 世纪说话?因为,只有在投资诱导最大的时代,人们才有可能在理论上看不到它的数值不足的可能性。

Ⅵ

在这里,可以顺便提一下那个古怪而被过分忽视的先知,西尔维奥·格塞尔(1862—1930 年)。他的著作含有真知灼见之处,只是未能抓住事物的本质。在战后的年份中,他的信徒们把他的大量著作寄给我,然而,由于他的论点中的明显的缺陷,我竟完全没有发现那些凭直觉而得到的论点的有价值之处。正像经常出现的情况那样,对于分析不完善的凭直觉而得到的论点,在我以我自己的方式得到我自己的结论以后,这些直觉论点的重要性才能显示出来。同时,和其他的学院经济学者一样,我把他的很有创造性的探求看成是和那些异想天开的怪人的作品差不多。由于在读者中

① 既然已经引用了边沁的这段原文,我必须向读者介绍他的最美妙的一段:“工艺事业是企业创始人走出来的伟大的道路。这条道路可以被看成为是一个无边际的平原,在其上,满布着陷阱。每一陷阱要求吞没一人,然后关闭,变为平地。但它一旦关闭,即不再张开,从而有如此经历的道路对后来人是安全的”。

很少有人在很大程度上了解格塞尔的重要性，我将为他花费应有的篇幅。

格塞尔是一位成功的在阿根廷经商的德国[①]商人。在阿根廷特别严重的1880年代后期的经济危机导致他对货币问题进行研究。他的第一本著作《币制改革为走向社会国家之桥梁》1891年在阿根廷出版。他对货币的基本思想以《事物精华》的书名在同一年在阿根廷出版。随之而来的是许多本书籍和小册子，一直到他于1906年在瑞士退休。作为一个相当富有的人，他能把他生命的最后一二十年贡献给只有那些不靠工作过活的人才有的两种最愉快的职业：写作和农业实验。

他的主要著作的第一部分于1906年在瑞士出版，其名称为《全部劳动产物权的实现》。第二部分在1911年出版于柏林，书名为《利息新论》。两个部分合在一起在大战期间（1916年）出版于柏林和瑞士，其名称为《经由自由土地和自由货币达到的自然经济秩序》。该书在他的有生之年，出到第六版。英文版（由菲利普·派伊翻译）被称为《自然的经济秩序》。1919年4月，格塞尔参加了时期很短的巴伐利亚的苏维埃，任财政部长，以后受到军法审判。他生命的最后10年在柏林和瑞士度过并且从事宣传他的主张。格塞尔取得了半宗教式的热情拥护，而这种热情在过去被集中在亨利·乔治的身上。他成为一个教派的受到尊敬的先知，在全世界具有数千名信徒。1923年，德（国）瑞（士）自由土地和自由货币协会以及其他各国的类似组织在瑞士巴塞尔城召开第一次国

① 出生于接近卢森堡边界，其父为德国人，其母为法国人。

际会议。自从他在1930年去世以后,他这类学说所能激发的特殊热情又转移到其他的(我认为是名声较差的)先知的身上。布希博士是该运动在英国的领袖,但宣传品似乎来自德克萨斯州的圣安多尼城,即来自该运动当今主要的力量所在地美国。在美国的学院经济学者中,只有欧文·费雪教授认识到它的重要性。

尽管他的门徒把他装饰得像一个先知,格塞尔的主要著作系以冷静和科学的文句所撰写,虽然在一些人看来,文句中充满着科学著作所不应有的那种崇尚社会正义的狂热和情感。继承亨利·乔治①的那部分内容虽然无疑是该运动的力量的重要来源,但其意义却是次要的。总的来说,该著作的主要目的可以被说成为建立反马克思式的社会主义,也是对自由放任的一种反动。它的理论基础和马克思的完全不同。不同之处一方面在于,它否定而不是接受古典学派的说法;另一方面也在于,它主张解除对竞争的束缚而不是取消竞争。我相信,在将来,人们从格塞尔那里学到的东西要比从马克思那里学到的为多。如果读者参阅原著的话,《自然的经济秩序》一书的序言会向读者表明格塞尔的道德品质。我相信,回答马克思主义的思想线索可以从该序言中找到。

格塞尔对货币和利息理论的贡献可以述之如下。第一,他对利息率和资本边际效率加以明确的区分,并且进行争辩,认为限制实际资本增长的是利息率。第二,他指出,利息率是一个纯粹的货币现象。他还指出,货币利息率的重要性来源于货币的特点,而货币的特点是,拥有货币并且把它作为财富储藏物的人不

① 格塞尔和乔治不同,前者主张,当对土地国有化时,应该给予补偿。

需要支付多少保管费；同时，类似一批存货那种形式的需要支付保管费的财富之所以也能得到收益是由于货币能得到收益。他引用了利息率在各个不同时代的相对稳定性作为证据来说明，利息率不能取决于纯然为物质的条件，因为，后者从一个时代到另一个时代的变化必然会远远大于所观察到的利息率的变化。就是说(用我的名词来表示)，取决于不变的心理因素的利息率经常保持稳定，而变动剧烈的决定资本边际效率的心理因素所决定的不是利息率，而是在(大致)既定的利息率的条件下，实际资本所能增长的数量。

然而，格塞尔的理论具有一个很大的缺陷。他所说明的是：为什么只是由于货币利息率的存在，所以在借出一批商品存货时才能得到收益。他的鲁滨逊·克鲁索和另一陌生人[①]的对话是一个绝妙的经济寓言——不差于过去所撰写的任何一个经济寓言——来表明这一点。他提供了理由来说明为什么货币利息率不像大多数商品利息率那样，不具有负数值。但在此之后，对必须解释的为什么货币利息率具有正数值的问题，他却完全加以忽视。他也未能解释为什么货币利息率并不取决于(像古典学派所坚持的那样)生产性资本的收益所表示的标准。这是由于他没有想到流动性偏好的概念。他只建立了半个利息率理论。

他的缺乏完整性的理论无疑地可以解释为什么他的著作在学术界受冷遇。尽管如此，他还是把他的理论延伸到足够的地步来得出实际的建议。这种建议虽然在本质上能符合需要，但以他所

① 《自然经济秩序》，第297页及以下。

提出的形式来看,却是行不通的。他争辩道,实际资本的增长受到了货币利息率的抑制;如果这一抑制之物能被取走,那么,在现代世界中,实际资本会以如此之快的速度增长,以致货币利息率很可能要下降为零才能与之相适应。当然不是指立即,而是在比较短的时期中,可以做到这一点。因此,首要之举是降低货币利息率,而且他还指出,通过使货币具有像其他无收益的商品存货所支付的保管费,降低货币利息率的目的便可得以达到。据此,他主张"加印"货币。这是他名声的主要原因,也是为欧文·费雪教授所赞赏之点。根据"加印"货币的建议,流通中的钞票(显然必须包括其他形式的货币,至少应包括银行货币),像保险单那样,每月必须加贴印花,才能保持其价值;印花则可向邮政局购买。当然,印花的费用可以被规定在任何适当的水平。按照我的理论,费用应该大致等于货币利息率(不含印花费)减去相当于充分就业的新投资量的资本边际效率。为格塞尔所实际建议的费用为每周0.1%,相当于每年5.4%。以目前情况而论,这会太高,但正确的数值应该随着时间的不同而改变,只能通过逐渐矫正误差的办法来得到。

加印货币赖以成立的基本想法是健全的。确实有可能在有限的规模上来实际应用这个手段。但格塞尔没有想到许多困难之处,特别是,他不知道货币并不是唯一的带有流动性升值的资产,只是在带有的流动性升值的程度上和别的东西不同。货币的重要性来源于它比其他任何东西都具有较大的流动性升值。由此可见,如果通过加印制度使流通中的钞票失掉它的流动性升值,一个很长系列的代替品会被当做钞票使用——银行货币、随时可偿付的债券、外国货币、首饰以及一般的贵金属，如此等等。正如我已经提到的那样，在过去，有时也会出现拥有土地的渴求，而不论其收益为多少。这会提高利息率，然而，在格塞尔的体系中，这一可能性却会通过土地国有化而消失。

Ⅶ

我们在上面所考察的理论在实质上是针对有效需求中的投资诱导不足的组成部分而发的。把失业的原因归咎于另一组成部分的不足，即消费倾向的不足，也不是新近出现的事物。但这种对当今经济病症的另一种解释——同样地不为古典学派所容许——在16 和 17 世纪的思想中，起着远为要小的作用，而只有在相对晚近的时期，才逐渐扩大其影响。

虽然指责消费不足仅构成重商主义思想的非常次要的方面，但赫克舍尔教授仍然能找出一些引文；这些引文关系到他所说的"根深蒂固的对奢侈品的有利之处的信念和对节俭的有害之处的信念。事实上，节俭被认为是失业的原因，其理由有二：第一，认为实际收入的减少等于没有回到交换中的货币量；第二，认为储蓄把货币从流通中取走"。[①] 1598 年，拉斐马斯在《置国家于繁华的贵金属》中谴责反对使用法国丝织品的人，其理由为：奢侈品为穷人创造谋生之道，而守财奴使他们在贫困中死亡。[②] 1662

① 赫克舍尔，《重商主义》，第 2 卷，第 208 页。

② 同上，第 290 页。

年，配第为“娱乐、华丽的节目、凯旋门等等”进行辩护，其根据是，它们的费用会流回到酿酒者、面包房、成衣匠、制鞋者等人的钱袋中去。福特雷维护“考究的衣着”。施勒特（1686 年）反对限制奢侈的规章并宣称，他希望看到甚至更多的炫耀性的服装和类似的事物。巴尔邦（1690 年）写道：“挥霍浪费是一种罪恶，它不利于本人，但并非不利于贸易……贪得无厌是一种罪恶，它对人和贸易都是不利的”。[①] 1695 年，卡里争辩道，如果每人都花费更多的钱，那么，所有的人都会得到较大的收入，“从而可以使生活更加富裕”。[②]

然而，巴尔邦的见解主要系通过伯纳德·曼德维尔的《蜜蜂寓言》而得以广泛流传。该书 1723 年被英国中爱塞克斯郡的大陪审团宣判为伤风败俗；它在人类道德伦理科学史中以声名狼藉而著称。根据记载，为它说一点好话的只有一人，即约翰逊博士。他宣称，该书并不使他难于理解，而“在很大程度上使他对现实生活开了眼界”。莱斯利·斯蒂芬在《本国人名辞典》中的总结确切地表达了该书的邪僻的性质：

> “通过该书，曼德维尔招惹了很大反感。因为该书用别出心裁的、似是而非之论来发扬具有讽刺性的不明是非的道德观……他的繁荣可以通过花钱而不是通过储蓄得以增大的学

---

① 赫克舍尔，《重商主义》，第 2 卷，第 291 页。

② 同上，第 209 页。

说属于许多尚未绝迹的同时代的谬论。[①] 他一方面接受禁欲主义者的假设，认为人类欲望实质上是一种邪恶事物，从而会造成私人的恶行，另一方面又接受了普通观点的假设条件，认为财富是一种'公共福利'。二者放在一起，他很容易地证明，一切文明意味着邪恶倾向的发展……"

《蜜蜂寓言》的内容是一首寓言诗——"埋怨的蜂群或变为诚实的欺骗者"。该诗描述了一个富裕社会的令人吃惊的困难处境，因为，为了进行储蓄，该社会所有的公民突然放弃奢侈生活，而国家则削减军备开支：

现在不能再认为是光荣，
那种花费掉全部收入的生活类型；
车商的招牌搁置一旁，
人们放弃马车只为了一次歌唱；
同时出售掉成批的骏马，
并且为了偿债而卖掉高楼大厦。
为了虚荣的费用要被看做诈骗而加以避开，
他们不驻扎军队在海外；
不在乎外国人是否尊敬，

① 在他的《英国18世纪思想史》中，关于"由于曼德维尔而具有名声的谬论"，斯蒂芬写道(第297页)："完全驳倒该谬论所需要的学说——如此少有地被人们所理解，以致完全理解它也许是检验经济学者的最好的方法——是，对商品的需求并不是对劳动的需求"。

以及战争带来的光荣；
人们进行战争只是为了国家，
如果正义与自由是必须支付代价。

那个高贵的克洛艾：

缩小她的昂贵的购物清单，
并且整年穿着她的那套耐用的衣衫。

于是，结果如何？

现在看看那个光荣的蜂房，并且注意
诚实和贸易如何结合在一起：
奢侈浪费的表现已经走开，它迅速变为稀少；
并且看起来有着非常不同的面貌；
因为走开的不仅是奢侈浪费，
而且还有它每年的大量花费；
然而，依之为生的大量人群，
每天被迫做着相同的事情，
在绝望时转移到其他行业干活，
所有行业同样有过多的存货。
土地和住宅的价格下降，
奇迹般的宫殿的墙，
像底比斯城的墙那样，只有在戏剧中才能树起
听任这种情况继续下去……

建筑业受到很大的毁损；
工匠们不被雇用，
画师不因其作品而闻名，
石匠和雕工也没有他们的名声。

因此，“寓意”是：

单凭德行不能使国家生活之路
处于昌盛状态。能够恢复
到黄金时代的，唯有自由，
对待诚实和对待橡子都应使用这个同一范畴。

紧接着寓言之后的两段文章可以表明，上述观点并不是没有理论基础的：

由于被某些人称之为储蓄的这种谨慎节约的行为是私人增加财富的最肯定的方法，所以有些人就设想，不论一国生产能力是小还是大，如果普遍使用（这些人认为是现实可行的）相同的方法，那么，整个国家会得到相同的结果。例如，如果英国人像其某些邻国的人那样节约，那么，他们可以比现在远为富有。我认为，这一点是错误的。[①]

① 和古典学派的先驱者亚当·斯密相比较。斯密写道：“凡对私人家庭来说是行之有效的行为，对整个国家来说很难成为行之无效的。”——此话很可能是针对上述曼德维尔的语句而言的。

恰恰相反，曼德维尔作出结论：

> 使一国处于我们称之为繁荣的康乐状态之道就是向每一个人提供就业机会。为了实现这一目的，政府应该第一，促进尽可能多的不同类型的制造业、技术业和手工艺业，多到人类的智慧可以发明的程度。第二，奖励农业和渔业以及其各种分支行业，从而，迫使整个地球和人各尽其力。正是这种政策，而不是微不足道的对奢侈和挥霍的限制，才能使国家达到伟大和幸福的目标。因为，不论金和银的价值是上升还是下降，一切社会所享受之物总是取决于土地的果实和人的劳动；二者结合在一起，相对于秘鲁的金和玻利维亚的银而言，是一种更加肯定、更加难于枯竭和更加真实的财富。

这种邪僻之论无怪乎在两个世纪中一直受到正人君子和经济学者的一致抨击。他们感到他们所持有的节衣缩食的理论使他们更加合乎道德规范。按照他们的理论，除了个人和国家都从事极度的省俭和节约以外，不存在任何其他健全的解决问题的办法。配第的"娱乐、华丽的节目、凯旋门等"让位于格拉德斯通式的锱铢必究的理财方法，让位于一种国家体制，而这一体制总是表示"国家无力举办"医院、广场、宏伟的建筑，甚至文物保护，更不用说华美的音乐和戏剧。所有这一切被推诿于慈善事业或不节约的个人的宽宏之举。

在另一个世纪以后，该学说仍然没有在受到尊重的人物的圈子里再度出现，一直到马尔萨斯的晚年，那时，有效需求的不足作为对失业的科学解释取得了一定的地位。对此，由于我已经在我的关于马尔萨斯的论文[①]中加以相当完备的论述，我在这里只需要重复引用一两段该论文中已经引过的文句：

在几乎为世界的每一个部分，我们看到：大量的生产能力都未能加以利用。对于这种现象，我的解释是：由于缺乏一个正确的对生产品的分配，所以没有足够的动机使生产能继续下去……我确实认为，快速积累的意图必然意味着相当大数量的非生产性消费的减少；从而，通过这种对生产动机的巨大阻挠，快速积累的意图势必过早地制止财富的增长……但是，如果快速积累的意图确实会使劳动与资本之间的分配达到如此的程度，以致几乎会摧毁将来积累的动机和能力，从而，摧毁对日益增加的人口所维持和增加的就业量的能力，那么，我们不是必然要承认，这种积累的企图，或过多的储蓄，可以真正对国家有害？[②]

这种资本的停滞和随之而来的对劳动的需求的停滞系来自生产的增加，而又没有适当比例的地主和资本家的非生产性消费与之相配合。问题在于，这种情况发生怎么会不给国家带来损失呢？怎么会比当地主和资本家的非生产性消费和社会的自然的剩余产品保持适当比例时不造成较少的幸福和财富呢？当地主和资本家的非生产性消费与社会的自然的剩

① 《传记集》，第139～147页。

② 1821年7月7日，马尔萨斯致李嘉图的信。

余产品保持适当比例时，生产的动机会继续不受干扰，从而，对劳动的需求起先增加然后势必突然下降的情况会得以避免。然而，事实既然如此，那么，如何还能说，虽然节俭不利于生产者，却无损于国家呢？如何还能说，有的时候，地主和资本家的非生产性消费的增加并不是一个应有的办法来治疗生产动机下降的状态呢？[①]

亚当·斯密曾经说过，资本系通过节俭而得以增加；每一个节俭的人都有利于社会；以及财富的增加取决于产品与消费量之间的差额。这些命题在很大范围内的正确性是完全无需怀疑的……但很显然的是，它们并不是在任何范围内都正确无误；如果把储蓄的原理扩大到过分的程度，那么，它会摧毁生产的动机。如果每人都满足于简单的食品、最劣质的服装和最简陋的住房，那么，可以肯定，其他种类的食品、服装和住房就不会存在……这两种极端情况是显而易见的；因此，必须存在着一个位于二者之间的点；在该点，把生产的能力和消费的愿望都加以考虑后，对财富的增加才具有最大的诱导力量。当然，政治经济学的知识未必使我们能找出该点。[②]

在我接触过的才华卓越之士所提出的意见中，在我看来，M. 萨伊所说的"用掉或毁掉一件物品就等于堵塞一条出路"最直接与正确的理论相对立，而且也最全面为经验所否

① 1821年7月16日，马尔萨斯致李嘉图的信。

② 马尔萨斯，《政治经济学原理·序言》，第8、9页。

定。然而，根据这一新的学说，即只需要在商品与商品之间的相互关系中——而不是在商品与消费者的关系中——来考察商品，萨伊的说法却是应有的结果。我要问一下，如果除了面包和水以外，一切消费都停顿半年，那么，对商品的需求会成为什么样子？会出现大量的积压。出路何在！这一事实需要多么庞大的市场![1]

然而，对马尔萨斯的话，李嘉图却充耳不闻。这场争论的最后反响可以见之于约翰·斯图亚特·穆勒关于他的工资基金学说的讨论之中。[2] 该学说在他的头脑中起着重大的作用来驳斥马尔萨斯晚年的观点。当然，穆勒是在这场论战过程中被哺育出来的人物。穆勒的继承者否定了他的工资基金学说，但却没有注意到，穆勒对马尔萨斯的反驳取决于这一学说。这些继承者的否定方法是通过不谈这一问题把它置于经济学领域之外，而不是解决它。该问题完全从争论中消失掉。近来，凯恩克罗斯先生想从维多利亚时期的次要人物中找出该问题的痕迹，[3]但他所找到的甚至比预期的还要少。[4] 消费不足理论处于潜伏之中一直到1889年；那时，出现了J. A. 霍布森和A. F. 穆默利合著的《工业生理

---

① 马尔萨斯，《政治经济学原理》，第363页脚注。

② J. S. 穆勒，《政治经济学》，第1篇，第5章。在霍布森和穆默利的《工业生理学》中（第38页及其以下），对穆勒的这一方面的理论，有重要和深刻的论述，特别是对他的"对商品的需求不是对劳动的需求"学说（对于这一学说，马歇尔在很不令人满意的论述中，企图加以辩解）。

③ 《维多利亚时代的人物和投资》，载《经济史》，1936年。

④ 在他所举出的著作中，富拉顿的《论对通货的管制》一文最有意义。

学》。该书是在许多著作中的第一本并且是最重要的一本。在这一著作里，在几乎为 50 年的时期中，霍布森先生以不可阻挠的、却几乎是无效的热情和勇气来反对古典学派的正统。虽然该书在今天如此完全地被遗忘掉，但在一定意义上，它的出版却是经济思想的一个时代的标志。

《工业生理学》是与穆默利合著的。霍布森告诉我们该书的缘起如下：

> 一直到 1880 年代中期，我的经济学的异端思想才开始形成。虽然亨利·乔治先生反对土地价值的战斗、各种社会主义团体反对显然存在的对工人阶级压迫的早期鼓动以及两位布思先生对伦敦的贫困方面的揭露在我的感情上留下深刻的印象，但它们并没有毁灭我对政治经济学的信心。信心的动摇系来自可以说是一次偶然的接触。当我在埃克塞特城的一个学校教书时，我和一个名为穆默利的商人开始个人交往。此人在当时和其后被认为是一个著名的登山运动员。他发现了一条登上马托亨峰的新路，不幸在攀登著名的喜马拉雅山的南加帕拔峰时牺牲。不用说，我和他的交往并不建立在这一运动的基础上。但他也是思想上的登山运动员，具有天赋的发现自己道路的眼光和傲然藐视学术权威的态度。此人使我和他纠缠于一个有关储蓄过多的争论之中。他认为，储蓄过多是造成在贸易不振时的资本和劳动就业不足的原因。在一个长时期中，我试图用正统经济学的思想武器来反驳他的论点。但他终于把我说服。于是，我们二人一起在出版于

1889年的名为《工业生理学》一书中阐述了过度储蓄的观点。这代表我异端生涯的第一个公开的步伐，而丝毫没有理解到这一步伐的关系重大的后果。因为，正是在这个时候，我已经放弃了我在中学的教书职位并作为大学课程普及部的经济学和文学讲师开始新的事业。第一次的冲击是伦敦大学普及理事会拒绝让我讲授政治经济学的课程。我得知，这里的原因是由于一位经济学教授的干扰。他读过我的那本书并认为该书的荒谬程度相当于证明地球的形状是平坦的。既然储蓄的每一部分都被用于增加资本项目和工资基金，那么，有用的储蓄的数量如何会成为过度的呢？当任何头脑健全的经济学者看到这种企图对一切工业的增长来源加以阻挠的观点时，他决不会没有恐怖的感觉。[①] 另一个有意思的我个人的经历使我感觉到我被认为是有罪过的。虽然我不被容许在伦敦讲授经济学，但我已经为比较宽容的牛津大学课程普及运动所允许，可以在乡下讲学，只要我把内容限制在有关工人阶级生活的现实问题。当时有一个慈善事业协会正好在计划一次关于经济主题的学习活动并且邀请我讲授一门课程。我已经表示愿意承担这一讲授任务；就在此时，对我的邀请书突然被收回。甚至在那个时候，我也很难理解，对无限制的节俭的德行表现出怀疑的姿态，我就算犯下了不可饶恕的罪过。

① 在《工业生理学》第261页中，霍布森以不恭敬的语气写道："节俭是国家财富的来源，从而，一国越是节俭，它会变为越是富有。这几乎是一切经济学者所共同讲授的东西。当他们之中的为数众多的人宣扬节俭的无穷尽的价值时，他们使用一种道学家的庄重语调。在他们的阴沉的歌曲中，这是唯一的为公众所喜爱的调子"。

在这本早期著作中，霍布森和他的合作者对古典学派（他也是这一学派的学说哺育起来的）的直接评论要多于他以后的著作。由于这一原因，也由于该书代表他对其理论的第一次陈述，所以我将引用该书来表明该书作者们的批评和直觉具有多么充分的根据。在他们的序言中，他们指出为他们所攻击的论点的性质如下：

> 储蓄使个人和社会富有，而花费使他（它）们贫困；这句话可以被认为是一个论断，认为珍惜钱财的有效作用是一切经济福利的根源。它不仅使从事节约的个人致富，而且还能提高工资，使失业者有工作机会并使受益面遍及各方。从报纸到最近的经济学著作，从教会讲坛到下议院，这一结论被反复讲解和一再陈述，一直到使它似乎完全成为神圣不可怀疑的东西。然而，受过教育的人士，在大多数经济学者的支持之下，尽力否定这一学说，直到李嘉图的著作出版时期为止。它之所以最终被人们接受纯然是由于在那时，人们无法驳倒工资基金论。现在，工资基金论已告崩溃；但这一学说依然存在，并没有随着它在逻辑上赖以成立的基础的瓦解而崩溃，其唯一的理由是主张这一学说人物具有居于统治地位的权威性。对这一学说的来自经济学的批评只敢攻击其具体的细节，但批评害怕触及它的主要论点。我们的目的在于说明：第一，这些论点是没有根据的；第二，储蓄的习惯趋于过度是可能的；以及第三，这种储蓄过度的行为可以使社会贫困，令工人失业，把工资降低并把衰退扩散到整个贸易界，被称为贸易

> 的萧条状态。
>
> 生产的目的是向消费者提供“效用和方便”；从起始时的对原料的处理到它作为效用或方便之处而最终被消费掉，整个过程具有连续性。资本的唯一用处在于协助这些效用和方便之处的生产，从而资本被使用的总量必然会随着每日或每周被消费掉的效用和方便之处的总量不同而有所变化。储蓄在增加现有资本总量的同时，也会减少现在被消费掉的效用和方便之处；因此，任何过度扩大这种习惯必然会导致资本积累超过它被需要的使用量，而这个超过的部分会以一般性的生产过剩的形式存在。[①]

在这一段话中的最后一句，出现了霍布森的错误根源，即：他认为，使得**实际的**资本积累超过所需要的数量的因素是过度的储蓄，而在事实上，它不过是一个次要的原因；它的存在是由于预期的错误。主要的原因是：充分就业条件下的储蓄倾向大于相当于所需要的资本的数量，因此，除了预期的错误以外，这使充分就业不能实现。然而，在一两页以后，在我看来，他以非常精确的方式把问题表达了出来，虽然他仍然忽视了利息率和预期状态的改变可能造成的影响；因为，可以设想，他把这两个因素当做既定的：

> 这样，我们就得到一个结论，即，自从亚当·斯密以来的全部经济学说都坚持认为，一社会每年的产品数量取决于该

① 霍布森和穆默利，《工业生理学》，第3～5页。

> 社会的自然资源、资本和劳动的总量；这是错误的说法。恰恰相反，虽然产品数量永远不会超过这三个总量所规定的限度，然而，它可以，而且在实际上已经被减少到这个限度所规定的最大产量之下，其原因在于，过多的储蓄以及随之而来的过多的被积压起来的产品供给会对生产施加限制；就是说，在现代工业社会的正常状况下，消费限制了生产，而不是生产限制了消费。[①]

最后，他注意到了他的理论对正统的自由贸易论的影响：

> 我们也注意到，正统经济学者一向如此经常地谴责我们美国兄弟和其他保护主义社会，说它们对自由贸易论点愚蠢无知。这种说法不再能被继续使用下去，因为，所有这些论点都依赖于一个假设条件，即：过度的供给是不可能的。[②]

确实，他们的论点在此后的陈述并不完整。但他们却能第一次明白地宣称，资本的存在并不是为储蓄倾向所导致，而是来源于它对实际的和将来的消费所造成的需求的反应。下面的位于不同页数的引文可以表明这种思想：

> 可以清楚地看到，如果没有随之而来的对商品消费的增

① 霍布森和穆默利，《工业生理学》，第 6 页。

② 同上。

加，那么，一社会的资本便不会以有利的方式增加……要想有效，每一次储蓄和资本的增加都要求即将来临的消费作出相应的增加[①]……当我们提到将来的消费时，我们不是指迄今以后的10年、20年或50年的将来，而是指与现在距离很近的将来……如果节俭和谨慎程度的增加导致人们增加现在的储蓄，那么，他们必须同意在将来作出更多的消费[②]……除了为现有的消费提供商品所需要的资本以外，不可能有更多的资本以经济上有利的方式存在于生产过程的任何环节之中[③]……可以很清楚地看到，一人的节约数量并不影响整个社会的节约的数量；它只决定整个社会的节约总量的一个固定部分究竟是由此人还是另一人所执行。我们将说明，社会一部分的节约如何会迫使另一部分人的生活开支超过他们的收入[④]……大多数现代经济学者都否定消费会有任何不足的可能性。我们能否找到任何经济上的倾向性，其作用可以导致社会处于这种不足的状态，而如果任何这种倾向性存在的话，是否在经济机制中存在着有效的阻遏力量？我们将要说明：第一，在每一个具有高度组织性的工业社会中，总是存在着一种发生作用的倾向性，其自然的作用是导致这种过度的节俭；第二，被认为经济机制可以提供的阻遏力量不是

① 霍布森和穆默利，《工业生理学》，第27页。

② 同上，第50、51页。

③ 同上，第69页。

④ 同上，第113页。

> 完全不发生作用，便是作用不足以遏制这一严重的经济弊端[①]……李嘉图对马尔萨斯和查默斯的论点的简要回答似乎已经被大多数以后的经济学者当做反对二者论点的足够的论证。“生产品总是由生产品或由劳务所购买；货币仅仅是实现交换的媒介物。因此，生产的增加总是伴随着相应的购买和消费产品的能力的增加，从而，不可能存在着生产过剩的现象”(李嘉图，《政治经济学原理》，第362页)。[②]

霍布森和穆默利知道：除了作为借用金钱而支付的费用以外，利息并不具有其他意义。[③] 他们也知道得很清楚，他们的论敌能够宣称，存在着“利息率(或利润)的适当程度的下降来阻止储蓄，从而恢复生产与消费之间的应有的关系”。[④] 在回答论敌时，他们指出：“如果利润的下降能使人们进行较少的储蓄，那么，它也必须通过两种途径之一来发生作用；一种为使人们花费较多，另一种为使人们生产较少”。[⑤] 以前者而论，他们认为，当利润下降时，社会的总收入会被减少，从而，“我们不能说，当收入的平均量正在下降时，由于节俭所得到的补偿会作出相应的减少，所以个人会增加他们的消费量”；以第二种途径而论，“我们完全无意于否认由于过度供给而造成的利润下降会阻遏生产，而承认这种阻遏生产作用的

① 霍布森和穆默利，《工业生理学》，第100页。
② 同上，第101页。
③ 同上，第79页。
④ 同上，第117页。
⑤ 同上，第130页。

存在正是我们的论点的核心内容”。[1] 尽管如此，他们的理论缺乏完整性，其主要原因在于他们没有一个自己的利息理论，以致霍布森一方面过分强调(特别在他以后的著作中)消费不足导致投资过多的作用；这里的投资过多系指无利可图的投资而言。另一方面，霍布森未能作出解释，相对微弱的消费倾向之所以能造成失业，原因在于：在这种情况下，要想维持充分就业，必须有补偿性的新投资来弥补消费的不足，但又得不到这种新投资。虽然在有的时候，由于错误的乐观态度，这种新投资可以暂时出现，然而，一般说来，由于预期利润率下降到利息率所规定的水平之下，它完全没有出现的可能。

自从第一次世界大战以来，曾经涌现出大量的异端的消费不足论，其中道格拉斯少校的理论最为有名。道格拉斯少校的主张之所以具有影响，主要原因当然在于，正统的学说不能对他的很大一部分的毁灭性的抨击作出有道理的反驳。另一方面，他对经济疾病的详细诊断，特别是所谓 A+B 理论，不过包含着大量的故作玄妙的东西。如果道格拉斯少校把他的 B 项目限于企业家尚未动用的折旧准备金，那么，他会更接近真理一些。但即使以此而论，仍然必须考虑到这些准备金可以为其他方面的新投资所抵消，也可以为增加的消费开支所抵消。和他的正统学说的论敌们相比，道格拉斯少校有理由宣称：他至少没有遗忘我们经济制度中的那个突出问题。但他所达到的级别——在一支勇敢的异端者的军队中，也许是一名小兵，但决不是少校——很难和曼德维尔、马尔

① 霍布森和穆默利，《工业生理学》，第 131 页。

萨斯、格塞尔和霍布森相比拟。这些人凭借着他们的直觉，宁愿对真理作出模糊的和不完整的认识，但决不坚持错误的说法；而那种来自简单逻辑推理的错误说法固然明白准确，固然前后一致，但却建立在不符合事实的假设前提之上。

第二十四章　对《通论》可以引起的社会哲学的简要总结

I

我们生活于其中的经济社会的显著弊端是：第一，它不能提供充分就业以及第二，它以无原则的和不公正的方式来对财富和收入加以分配。本书的理论对第一个弊端的作用是显而易见的。但是，它在两个重要的方面也与第二个弊端有关。

自从19世纪末以来，通过直接税的手段——所得税、超额所得税和遗产税——特别是在英国，消除财富和收入方面的非常巨大的差异的工作已经取得相当大的进展。许多人愿意把这一过程推向远为更加前进之处，但是，两点考虑使他们踌躇不前。一方面，他们害怕，这会使逃避税收成为很值得干的事情，并且还会过分减少冒风险的动机。但我相信，他们的另一个方面的主要考虑之点是：他们相信，资本的增长取决于个人储蓄动机的强弱，而资本增长的一个很大比例的部分取决于富人来自他们剩余金钱的储蓄。我的理论并不影响第一种考虑；但在相当大的程度上，它可以修改我们对第二种考虑的态度。因为，我们已经看到，在到达充分就业状态以前，资本的增长完全不取决于消费倾向的数值低微的程度，而且，恰恰相反，后者会有碍于前者的实现。只有在充分就业的条件下，数值低微的消费倾向才有助于资本的增长。不仅如此，经验表明：在现有情况下，企业的储蓄以及偿债基金所代表的储蓄已经超过所需要的数量，从而，采用可能提高消费倾向的收入再分配的措施肯定会有助于资本的增长。

对于这一问题，公众思想中的困惑之处可以用非常普遍存在于他们之间的信念加以说明。他们相信，遗产税是减少英国资本财富的原因。事实上，假设国家把这一来源的税收所得使用于通常的开支，从而，对收入和消费所征收的税额会有相应的减少或免除，那么，遗产税繁重的财政政策当然具有增加社会的消费倾向的作用。由于习惯性的消费倾向的增加一般会（除了在充分就业的情况下以外）同时增加投资诱导，普通人所作出的推论正好与实际情况相反。

这样，我们的论述可以使我们得出结论，即：财富的增长远不取决于富人的节欲，像一般所假设的那样；它的增长反而会受到富人节欲的阻碍。因此，支持财富应具有很大差别的一个主要论据已经不能成立。我并不是在说，在其正确性不为我们理论所影响的各个论据中，任何一个都不能在一定情况下支持某种程度的财富分配的不平等。但我们的理论确实清除掉了其中一个最重要的理由；正是由于这个理由，我们才一直认为必须谨慎从事。这一点特别影响我们对遗产税的看法；因为，有些支持财富的不平等的论据不适用遗产的不平等。

以我而论，我相信，存在着社会上的和心理上的理由来认为：相当大的财富和收入的不平等是合理的，但不平等的程度应该比目前存在的差距为小。有价值的人类活动的一部分需要赚钱的动机和私有财产的环境才能取得全部效果。不仅如此，通过赚钱和私有财产的存在，人类的危险的癖好可以被疏导到比较无害的渠道之中，而癖好如果不以此种方式得以满足，那么，它们会被用之于残暴、肆无忌惮地对个人权力和权威的追求以及其他方式的自我高大化。人们对他们自己的银行存款实施暴政比他们对他们的同胞们实施暴政要好一些。虽然前者有时被谴责为不过是到达后者的手段，但至少在有的时候，前者提供了一个可供选择的渠道。即使如此，为了刺激这些可供选择的活动和满足这些癖好，并没有必要像现在那样，给参加游戏的赢家提供如此之多的胜利品。较少的胜利品也能达到同一目的，一旦参与者习惯于此的话。改变人类本性的任务决不能混同于管理人类本性的任务。虽然在理想的国家中，可以通过教育、感化和养育来使人们对胜利品漠不关心，但只要一般的人，甚至社会中相当多的一些人仍强烈地沉湎于赚钱的癖好，那么，稳健的政治家就应该让游戏在规则和限度的约束下继续进行下去。

Ⅱ

然而，对于财富不平等的前景，从我们的论点中，还可以得到一个远为更加重要的第二个有关之点，即我们的利息论。到目前为止，认为利息率应该具有适当高的数值的理由在于利息率必须提供足够多的储蓄诱导。但我们已经说明，有效的储蓄数量必然要取决于投资的规模，而投资规模却为低数值的利息率所推动，如果我们不以此种办法把投资规模推进到相当于充分就业之点以外的话。由此可见，如果在既定的资本边际效率之下，把利息率减少到使充分就业得以实现之处，那么，那将是对我们最有利的。

毋庸置疑，上述原则会使利息率远低于迄今在市场上存在的利息率。以我们所能推测到的资本数量的增加对资本边际效率的影响而论，如果要继续大致维持充分就业，那么，利息率很可能要持续下降——除非整个社会的消费倾向（包括国家在内）有着很大的改变。

我感到肯定的是，对资本的需求具有严格的限度；其意义为：把资本数量增加到使它的边际效率下降到很低的数值是不难做到的事情。这并不意味着使用资本设备几乎不用支付代价，而仅仅是说，资本设备的收益在补偿它的折旧和老化费用以后，再减去偿付风险以及技能和决策的运用的费用，剩下来的属于资本所有者的数量不会有多少。简言之，耐用品在它们生命期间的总收益会和非耐用品的情况一样，包含它们的生产的劳动成本**再加上**对风险以及对技能和监督代价的补偿。

虽然这种状况相当符合于某种程度的个人主义，但它意味着食利者阶级的消亡，从而也意味着资本家利用资本的稀缺性来扩大其压迫力量的消亡。在今天，利息之不代表对真正作出牺牲的补偿的程度并不亚于土地的租金。资本所有者能得到利息的原因是资本的稀缺，正和土地所有者能得到地租的原因是土地的稀缺一样。但是，土地的稀缺可以来自与土地的固有特性有关的原因；然而，资本的稀缺却没有与资本的固有特性有关的原因。如果把造成资本稀缺的原因看做与资本特性有关的原因，即必须以利息率作为报酬才能使人们作出真正的牺牲来进行积累这一原因，那么，在长期中，这一原因将不复存在，除非在个人的消费倾向具有特殊性的场合。在这种场合中，消费倾向具有如此特殊的数值，以致在资本具有足够充沛的数量以前，充分就业条件下的净储蓄量已经为零。但即使在这种场合，国家机构仍然可以使社会的储蓄被维持在一定的水平，以致能使资本数量继续增长，直到它不再稀缺时为止。

因此，在我看来，当资本主义的食利者阶级的这一方面完成了它的任务以后，它会作为一个过渡阶段而消失掉。一旦它的食利者阶级的方面消失掉，资本主义的其他方面会有重大的改变。此外，我的主张还有一个很大的有利之处，即食利者阶级和已经没有社会职能的投资者决不会突然消亡；就像我们近来在英国所看到的那样，它们的消失会是一个逐渐而漫长的过程，从而不需要进行革命斗争。

因此，在政策实践上，我们可以树立两个目标（都是可以在实际上达到的）：一方面，增加资本数量，一直到它不再稀缺时为止，从而，已经没有社会职能的投资者不再能坐享利益。另一方面，建立一个直接税制度，使得理财家、企业家和类似的人物（他们如此喜爱他们的职业，以致可以用远为便宜的代价来取得他们的劳务）的智慧、决心和经营的才能可以通过合理的报酬被引导到为社会服务的渠道。

与此同时，我们必须认识到，只有经验才能告诉我们体现于国家政策之中的群众意愿应该在何种程度上被用之于增加和补充投资诱导，以及应该在何种程度上才能安全地被用之于刺激平均消费倾向，而又不妨碍我们在一两个世代中消除资本的稀缺价值的目标。最终的结果可以是，消费倾向会被利息率下降的作用以如此容易的方式加以提高，以致只需要比现有的稍高一点的积累率便能达到充分就业。在这种情况下，对高额收入和遗产征收较多赋税的制度也许会有招致非难之处，因为按照这种制度，充分就业所要求的积累率会在相当大的程度上小于现在的水平。我并不否定这一后果的可能性，甚至它的很可能出现的概率。因为，在这种事态中，很难预测一般人如何对环境的改变作出反应。如果现实的事态表明，只需要用比现在稍大一点的积累率便能很容易地取得大致的充分就业，那么，一个突出的当代问题至少已经得以解决。至于说应以何种正确和合理的程度和手段来要求活着的一代限制他们的消费，以便在一段时期中为他们的后代建立起一个投资量已经充分的境界，那是另一个仍然存在的有待决策的问题。

Ⅲ

在其他方面，本书以上的理论在含义上是相当保守的。因为，虽然本书指出，现在主要听任于私人主动性支配的某些事物应加以集中控制的重大意义，但是，仍然存在着广泛的领域，其中的活动不受影响。对于消费倾向，国家将要部分通过赋税制度，部分通过利息率的涨落，和部分通过其他手段来施加引导的作用。还有，单靠银行政策对利息率的影响似乎不大可能决定投资的最优数量。因此，我感觉到，某种程度的全面的投资社会化将要成为大致取得充分就业的唯一手段；当然，这并不排除一切形式的折衷方案，而通过这种方案，国家当局可以和私人的主动性结合起来。但除此以外，似乎很难证实囊括绝大部分社会经济生活的国家社会主义的必要性。重要的并不是生产工具的国有化。如果国家能决定被用于增加生产工具的资源数量，并且能决定对生产工具所有者的报酬的基本额，那么，它就应被认为是完成了它应尽的职责。此外，必要的社会化的步骤可以逐渐采用，从而不会割断社会的一般传统。

我们对已被接受的古典学派理论的批评，重点不在于找出它的分析中的逻辑错误，而在于指出，它所暗含的假设条件很少或者从来没有得到满足，其后果为，它不能解决现实世界中的经济问题。然而，如果我们的中央控制机构能够成功地把总产量推进到相当于在现实中可能达到的充分就业水平，那么，从这一点开始，古典学派的理论仍然是正确的。如果我们假设总产量为既定的，即取决于古典学派思想体系以外的力量或因素，那么，我们对古典学派的分析并没有反对意见。我们不反对它所分析的私人的利己动机如何决定生产何种产品，以何种比例的生产要素来进行生产，以及如何把产品的价值在生产要素之间加以分配。还有，虽然我们在节俭问题上与古典学派的想法不同，但对现代古典学派理论关于在完全和不完全竞争的条件下的私人和社会利益的一致程度却没有意见。由此可见，除了由中央控制的必要性来实现消费倾向和投资诱导之间的协调以外，我们没有比过去提出更多的理由使经济生活社会化。

更具体地说，我看不出任何理由来认为，现有的经济制度对已经被使用的生产要素具有严重的使用不当之处。当然，存在着预期的失误问题；但是，这些问题并不会由于中央集中的决策而得以避免。当在 10000000 个愿意而且能够工作的人中，有9000000个人被雇用时，又没有证据表明，这批9000000人有被使用不当之处。对现有的经济制度，我们的不满意见并不是这批9000000人应该被使用于和过去不同的任务，而是应该为剩下来的1000000人提供使其就业的任务。现行经济制度的缺点，并不在于已就业的人如何加以使用的问题，而在于就业量的多寡问题。

因此，我同意格塞尔的意见，认为弥补古典学派理论的缺点不是把那个“曼彻斯特制度”清除掉，而是指出经济力量或经济因素的自由运行所需要的环境，以便实现生产的全部潜力。保证充分就业所必需的中央控制当然会大为扩充传统的政府职能。除此以外，现代古典学派理论本身也要求我们注意到各种不同的情况，而在这些不同情况下，对经济力量或因素的自由运行有必要加以制止，或加以引导。尽管如此，仍然会留下广阔的天地使私人在其中运用他们的动力和职能。在这个天地中，传统的个人主义的有利之处仍然会继续存在。

让我们在这里稍加停留，以便提醒我们自己，这些有利之处是什么。有利之处的一部分是效率——分散化和利己心能够运行的有利之处。决策分散化和个人负责制的有利之处甚至比 19 世纪所设想的也许还要大一些，而且，反对借助和利用利己心的意见似乎有点过火。但无论如何，如果能去掉个人主义的缺点和滥用，那么，它仍然是个人自由的最好保障，其意义为：和其他任何制度相比，它在很大程度上扩大了个人选择的范围。它也是生活多样化的最好保障，因为，生活多样化恰恰来自被扩大了的选择范围。在生活单调一致或集权国家的各种损失中,缺乏生活多样化是其中最大的损失。因为这种多样化保存了能体现已往各代人的最妥善和成功的选择的传统。它以它的多样化的方式来使现实具有光彩。此外,由于它是经验、传统和想象的结晶,它也是改善将来的最有力的工具。

因此,虽然对19世纪的政论家或当今美国理财家而言,由于使消费倾向和投资诱导相互协调而引起的政府职能的扩大是对个人主义的严重侵犯,但我要为这种扩大进行辩护。我认为,事实恰恰相反。它不但是避免现在的经济制度完全被摧毁的唯一可行之道,而且也是个人动力能成功地发生作用的前提条件。

这里的原因在于:如果有效需求不足,那么,不但资源浪费所引起的社会反对情绪会达到不可容忍的程度,而且,意图把这些资源运用于实际的私有企业也会遭受注定要失败的后果。这种危险的游戏具有许多数值为零的筹码;所以,如果参加者的精力和意志能使他们把游戏进行到底,那么,对参加者的整体而言,它是输家。直到目前,世界财富的增加量小于个人正数值的储蓄的总和。二者的差额系由那些输家所补足,因为,这些人虽然具有勇气和主动性,但却缺乏超群的技能和异常的好运。但如果存在着足够的有效需求,那么,只需要一般的技能和好运便能取胜。

今天的集权主义国家以牺牲效率和自由为代价似乎已经解决了失业问题。可以肯定,世界容忍失业的期间不会很久,而失业问题,除了短暂的局势动荡时期以外,按照我的意见,还是不可避免地和现代资本主义的个人主义联系在一起。然而,通过对问题的正确分析,也有可能把疾病治愈,而与此同时,又保存了效率与自由。

Ⅳ

我曾经顺便提到过，我们的新体制可以比旧体制更加有利于和平。重复和强调这一方面是有必要的。

战争具有种种原因。对于独裁者和其他的类似人物而言，至少在他们的期望中，战争会给他们带来愉快的兴奋状态。他们感到，比较容易利用人们的好勇斗狠的心理。但在此以外，协助他们煽起群众的激情烈火的却是战争的经济原因，即人口压力和对市场的争夺。由于很可能是上述第二类原因而在19世纪中起着决定性的作用，并且还可能再度如此，所以，在此加以讨论是相宜的。

我在上一章已经指出，处于国内的自由放任和国际上的金本位这种19世纪下半期的典型体制中，除了向外争夺市场以外，一国的政府在国内没有其他办法来缓解本国的经济不振的问题。因为，在这种体制下，除了改善国际收支中的顺差的手段以外，一切的有助于解决长期或间歇性的失业状态的办法都被排除在外。

这样，当经济学者们在一如既往地颂扬既存的国际经济体制，说它能提供国际分工的果实，同时又能调和各国的利益时，他们掩盖了一个不那么美好的作用。常识和对实际事务的正确理解使政治家们相信，如果一个在传统上为富裕的国家忽视市场的争夺，那么，它的繁荣会衰落并以失败告终。但如果各国都能学习到用国内政策来为它们自己维持充分就业（而且，我们还必须加上一句，如果它们也能使它们的人口趋向保持均衡），那么，就不会存在重要的经济原因来使一国的利益和它邻国的利益相对立。在如此的条件下，仍然存在着正当的国际分工和国际借贷活动的余地。然而，在这里，却不再有紧迫的动机来迫使一国把它的商品强加于另一国，或迫使一国排斥其他国家的商品销售，而这种强加和排斥并不是由于它是否有能力偿付它所愿意购买的商品的考虑，而是出于公开表示的破坏国际收支平衡的目标，以便为自己取得贸易顺差。国际贸易将不再像它现在那样，即作为一个维持国内充分就业的铤而走险的权宜之计，强行向外国市场推销并限制从那里购买的数量。即使是成功的话，这种方法也不过仅仅把失业问题转嫁给邻国，而邻国则因之会在斗争中受到损害。在我们的新的体制中，国际贸易会成为在互惠的条件下，合乎意愿和不受阻挠的物品和劳务的交换。

V

实现这些思想仅仅是不着边际的希望吗？它们是否奠基于足够的人类动机之上，而这种动机又能控制政治社会的演变？被它们所伤害的利益的体现者是否比它们为之效劳的人要更为强大和明确？

我不想在这里提供答案。答案需要一本与此不同性质的著作，才能仅仅以提纲的形式表示出把这些思想逐渐付诸实施的各种实际办法。但如果思想是正确的——作者必须假设如此，然后再据此而进行写作——那么，我敢作出预言：要想否定它们在一段时期后所产生的力量会是错误的。在目前，一般人都渴望有一个更加基本的诊断；特别易于接受它；而且，甚至只要它在表面上合乎情理，就急于试行把它付诸实施。然而，撇开这种当代的情绪不谈，经济学家和政治哲学家们的思想，不论它们在对的时候还是在错的时候，都比一般所设想的要更有力量。的确，世界就是由它们统治着。讲求实际的人自认为他们不受任何学理的影响，可是他们经常是某个已故经济学家的俘虏。在空中听取灵感的当权的狂人，他们的狂乱想法不过是从若干年前学术界拙劣作家的作品中提炼出来的。我确信，和思想的逐渐侵蚀相比，既得利益的力量是被过分夸大了。诚然，这不是就立即产生的影响而言，而是指一段时期以后；因为，在经济学和政治哲学的领域中，在 25 岁或 30 岁以后还受新理论影响的人是不多的，因此，公职人员、政客、甚至煽动者所应用的思想不大可能是最新的。但是，不论早晚，不论好坏，危险的东西不是既得利益，而是思想。

人名译名对照表

A

艾尔斯　Ayres
安吉尔　Angell
阿姆斯特朗，克莱门特
　Armstrong，Clement

B

巴尔邦　Barbon
巴杰霍特　Bagehot
巴特勒，H. B.　Butler，H. B.
巴锡　Bassie
布希　Büchi
布思　Booth
布劳　Blaug
布雷迪　Brady
博尔丁　Boulding
本尼昂　Bennion
边沁　Bentham
伯恩斯，A. F.　Burns，A. F.
贝弗里奇　Beveridge
比恩　Bean

C

蔡尔德　Child
查默斯　Chalmers

D

迪拉德，D.　Dillard，D.
道格拉斯　Douglas
达文南特　Davenant
丁伯根　Tinbergen

E

埃奇沃思　Edgeworth

F

弗兰德　Friend
弗勒克斯，阿尔弗雷德
　Flux，Alfred
费尔纳，W.　Fellner，W.
费雪，欧文　Fisher，Irving
福特雷　Fortrey
富拉顿　Fullarton

G

格塞尔，西尔维奥　Gesell，Silvio
格拉德斯通　Gladston
甘迪德　Candide

H

霍特里，R. G.　Hawtrey, R. G.
霍布森，J. A.　Hobson, J. A.
哈罗德，R. F.　Harrod, R. F.
哈耶克　Hayek
汉森，阿尔文　Hansen, Alvin
赫克舍尔　Heckscher
亨德森，H. D.　Henderson, H. D.

J

杰文斯　Jevons
吉尔博伊　Gilboy

K

卡莱茨基　Kalecki
卡里　Cary
卡弗　Carver
卡恩，R. F.　Kahn, R. F.
卡赛尔　Cassel
克拉克，J. M.　Clark, J. M.
克拉克，C.　Clark, C.
克鲁索·鲁滨逊　Crusoe, Robinson
克洛艾　Chloe
凯恩克罗　Cairncross
库兹涅茨　Kuznets
克拉克，科林　Clark, Colin
科克，卡林　Kock, Karin
科普兰，D. B.　Copland, D. B.

L

罗宾斯　Robbins
罗宾逊，琼　Robinson, Joan
罗伯森，D. H.　Robertson, D. H.
罗森斯坦—罗丹，P. N.　Rosenstein-Rodan, P. N.
罗斯福　Roosevelt
赖特，D.　Wright, D.
李嘉图　Ricardo
雷德韦　Reddaway
林特纳　Lintner
拉斐马斯　Laffemas
劳，博纳　Law, Bonar

M

马奇，C.　Madge, C.
马克思，卡尔　Marx, Karl
马歇尔，艾尔弗雷德　Marshall, Alfred
马克卢普　Machlup
马吉特　Marget
马歇尔，玛丽　Marshall, Mary
马尔萨斯　Malthus
马林纳斯，杰拉德　Malynes, Gerard
穆勒，约翰·斯图亚特　Mill, John Stuart
穆默利　Mummery
穆勒，詹姆斯　Mull, James
莫尔顿　Moulton
莫迪利亚尼，弗兰科　Modigliani, Franco
摩根，E. V.　Morgan, E. V.
曼德维尔，伯纳德　Mandevill, Bernard
密塞尔顿，爱德华　Misselden, Edward
米塞斯，冯　Mises, von

N

奈特，F. H.　Knight F. H.

纳克斯　Narkse
尼瑟,H.　Neisser,H.

P

庇古　Pigou
庞巴维克　Böhm-Bawerkian
配第　Petty
波拉尼　Polanyi

Q

乔治,亨利　George,Henry

S

斯特尔　Staehle
斯威齐,P.　Sweezy,P.
斯旺森　Swanson
斯拉法　Sraffa
斯皮索夫　Spiethoff
斯蒂芬,莱斯利　Stephen, Leslie
萨缪尔森　Samuelson
萨伊,M.　Say,M.
施勒特　Schrötter
施米特　Schmidt
桑兹,埃德温　Sandys, Edwin
沙克尔　Shackle

T

托宾,詹姆斯　Tobin, James
托马斯,艾尔博特
Thomas, Albert
陶西格　Taussig
特尔博　Terborgh
蒂林　Timlin

W

威廉斯,J. H.　Williams, J. H.
威克塞尔　Wicksell
维拉德　Villard
瓦尔拉斯　Walras
沃廷斯基　Woytinsky

X

熊彼特　Schumpeter

重要名词及书名对照表

A Letter to a Friend Concerning Usury 《给一位朋友的有关高利贷的信》 洛克
Aggregate demand 总需求
Aggregate supply 总供给
Animal spirit 动物的本能
Austrian school 奥地利学派

Bear 空头
Bottle-necks 瓶颈状态
Bull 多头

Carrying costs 保管费
Classical economics 古典经济学
Closed shop 限雇原则
Cost-Unit 成本单位

Deflation 通货收缩
Discourse of the Common Weal 《公共福利的谈话》 海尔斯
Distribution of Wealth 《财富的分配》

Elasticity of substitution 替代弹性
Economic Journal 《经济学杂志》
Economica 《经济杂志》
Economics of Industry 《工业经济学》马歇尔
Economics of Welfare 《福利经济学》 庇古
Economic Reconstruction 《经济复兴》汉森
Effective demand 有效需求
Elements of Pure Economics 《纯粹经济学大纲》瓦尔拉斯
Employment function 就业函数
England's Interest and Improvement 《英国的利息和改革》 福特雷
Essay on Money 《论货币的论文》 休谟
Essays in Biography 《传记集》 凯恩斯
Expectation 预期

Fable of the Bees 《蜜蜂的寓言》 伯纳德·曼德维尔
Factor cost 要素成本
Favorable balance of trade 贸易顺差
Fiscal Policy and Business Cycle 《财政政策和经济周期》 汉森
"Flight from currency" "对持有货币的逃避"
Free trade 自由贸易
Free Trade or the Means to Make Trade Flourish 《自由贸易或使贸易兴旺之道》 爱德华·密塞尔顿
Frictional unemployment 摩擦失业

General Theory 《通论》
Gross Profit 毛利润

Hoarding　贮藏现款

In Defence of Usury　《为高利贷辩护》边沁
Income velocity of money　货币的收入流通速度
Inducement to invest　投资诱导
Industrial Fluctuation　《工业波动》　庇古
Involuntary unemployment　非自愿失业

The Keynesian Revolution　《凯恩斯的革命》克莱因

Liquid capital　流动资本
Liquidity preference　流动性偏好
Liquidity premium　流动性升值

Marginal disutility　边际负效用
Marginal efficiency of capital　资本边际效率
Marginal product　边际产品
Marginal propensity to consume　边际消费倾向
Mathematical expectation　数学期望值
Mercantilism　重商主义
Mercantilism　《重商主义》赫克舍尔
Money wage　货币工资
Multiplier　乘数

National Bureau of Economic Research　国家经济研究所
National dividend　国民所得
Nature and Necessity of Interest　《利息的性质和必要性》
"New Deal"　"新政"
Non-Wage-Goods　非工资品

Open market operation　公开市场业务

Participation rate　参与率
Physiology of Industry　《工业生理学》霍布森
Principles of Political Economy　《政治经济学原理》　马尔萨斯
Principles of Political Economy　《政治经济学原理》　穆勒
Political Arithmetic　《政治算术》　配第
Precautionary motive　谨慎动机
Present value　现在值
Prime cost　直接成本
Prospective yield　未来收益
Propensity to consume　消费倾向
Protectionism　保护主义
Portfolio demand　金融资产选择需求
Real wage　实际工资

Quasi-Rent　准地租

Rentier　食利者，租金领取者
Replacement cost　重置成本
Rigidity　刚性

Shifting equilibrium　移动的均衡
Solon age　梭伦时代
Some Considerations of the Consequences of the Lowering of Interest and Raising the Value of Money　《关于利息下降和货币价值上升的后果的一些考虑》　洛克
Speculative motive　投机动机
"Stamped" money　"加印"货币
"State of bearishness"　"空头状态"
Stationary equilibrium　静止不变的均衡
Stationary state　静止不变状态
Sticky wage　粘性工资
Stock of money　货币存量
Supplementary cost　补充成本

The Theory of Money and Credit 《货币和信用理论》 米塞斯
Theory of Unemployment 《失业论》 庇古
Transaction motive 交易动机
Treatise on money 《货币论》凯恩斯

Unfavorable balance of trade 贸易逆差
User cost 使用者成本

Value of money 货币购买力或货币价值
Verbum Sapienti 《哲言》 配第
Voluntary unemployment 自愿失业

Wage unit 工资单位
Wage goods 工资品
Wealth of Nations 《国富论》 亚当·斯密
Windfall loss 意外损失
Working capital 经营资本

图书在版编目(CIP)数据

就业、利息和货币通论:重译本/(英)约翰·梅纳德·凯恩斯著;高鸿业译.—北京:商务印书馆,2017
(汉译世界学术名著丛书:120年纪念版:珍藏本)
ISBN 978-7-100-14207-6

Ⅰ.①就… Ⅱ.①约… ②高… Ⅲ.①凯恩斯主义—研究 Ⅳ.①F091.348

中国版本图书馆CIP数据核字(2017)第139277号

汉译世界学术名著丛书
(120年纪念版·珍藏本)
就业、利息和货币通论
(重 译 本)
〔英〕约翰·梅纳德·凯恩斯 著
高鸿业 译

商 务 印 书 馆 出 版
(北京王府井大街36号 邮政编码100710)
商 务 印 书 馆 发 行
南京爱德印刷有限公司印刷
ISBN 978-7-100-14207-6

2017年12月第1版 开本710×1000 1/16
2017年12月第1次印刷 印张28½
定价:138.00元